REFLEXOS JURÍDICOS DA ATUAÇÃO DO ESTADO NO DOMÍNIO ECONÔMICO

Edvaldo Brito

Professor Emérito da Universidade Federal da Bahia, onde leciona nos cursos de Mestrado e Doutorado. Professor Emérito da Universidade Presbiteriana Mackenzie (São Paulo). Livre-Docente e Doutor em Direito Tributário pela Universidade de São Paulo (USP), onde foi aprovado em dois concursos para Professor Titular da Faculdade de Direito: um de Legislação Tributária e outro de Direito Civil. Mestre em Direito Econômico pela Universidade Federal da Bahia.

REFLEXOS JURÍDICOS DA ATUAÇÃO DO ESTADO NO DOMÍNIO ECONÔMICO

Prefácio de Orlando Gomes

3ª edição
revista, atualizada e ampliada

2022

saraiva jur

saraiva EDUCAÇÃO | saraiva jur

Av. Paulista, 901, 4º andar
Bela Vista – São Paulo – SP – CEP 01310-100

SAC sac.sets@saraivaeducacao.com.br

Diretoria executiva Flávia Alves Bravin
Diretoria editorial Ana Paula Santos Matos
Gerência editorial e de projetos Fernando Penteado
Gerência editorial Thais Cassoli Reato Cézar

Novos projetos Aline Darcy Flôr de Souza
Dalila Costa de Oliveira

Edição Jeferson Costa da Silva (coord.)
Estevão Bula Gonçalves

Produção editorial Daniele Debora de Souza (coord.)
Cintia Aparecida dos Santos
Rosana Peroni Fazolari

Arte e digital Mônica Landi (coord.)
Camilla Felix Cianelli Chaves
Claudirene de Moura Santos Silva
Deborah Mattos
Guilherme H. M. Salvador
Tiago Dela Rosa

Projetos e serviços editoriais Daniela Maria Chaves Carvalho
Emily Larissa Ferreira da Silva
Kelli Priscila Pinto
Klariene Andrielly Giraldi

Diagramação Desígnios Editoriais
Revisão Caio Cobucci Leite
Silvana Cobucci Leite
Capa Tiago Dela Rosa
Produção gráfica Marli Rampim
Sergio Luiz Pereira Lopes
Impressão e acabamento

DADOS INTERNACIONAIS DE CATALOGAÇÃO NA PUBLICAÇÃO (CIP)
ODILIO HILARIO MOREIRA JUNIOR - CRB-8/9949

B862r Brito, Edvaldo

Reflexos Jurídicos da Atuação do Estado no Domínio Econômico / Edvaldo Brito. - 3. ed. - São Paulo : SaraivaJur, 2022.
280 p.

ISBN: 978-65-5559-917-6

1. Atuação do Estado. 2. Bem-estar social. 3. Gestão das Receitas e das Despesas Públicas. 4. Fundamento jurídico das agências. 5. Declaração de Direitos de Liberdade Econômica. 6. Contratos paritários e simétricos. 7. Regime jurídico da emergência. I. Título.

2022-2097 CDD 340
CDU 34

Índices para catálogo sistemático:

1. Direito 340
2. Direito 34

Data de fechamento da edição: 22-8-2022

Dúvidas? Acesse www.saraivaeducacao.com.br

CL 607909 CAE 569036

Sumário

Apresentação à 3ª edição

Este livro chega a sua 3ª edição, aumentada por força das circunstâncias que têm transformado, cada vez mais, o Estado brasileiro no seu *intervencionismo* que atinge as raias do *dirigismo*.

Ele foi escrito no limiar dos estudos acadêmicos sobre o *Direito Econômico*.

A fase que lhe é anterior – a dos idos dos anos de 1970 – é a dos pioneiros das investigações sobre essa disciplina jurídica das relações sociais travadas no campo da Economia, então identificadas também pela atividade do Estado no equacionamento e na consecução dos objetivos da produção de riqueza na sociedade.

Os *reflexos jurídicos* respectivos são muitos e aqui são estudados com a maior abrangência possível em relação ao Brasil.

A edição está revista, atualizada e se ampliou – com a colaboração, nas pesquisas, do acadêmico de Direito, Antônio Ali Iossef Paranhos de Brito – para abarcar todas as manifestações sociais no âmbito dessa produção da riqueza no país.

Espera-se que o leitor se satisfaça.

Salvador, junho de 2022.

O autor

Apresentação à 2ª edição

A 1ª edição deste livro deveu-se a Jorge Saraiva e a Orlando Gomes, que, em um almoço em um restaurante na rua da Gamboa, em Salvador, há 34 anos, conspiraram para publicá-lo à revelia do seu autor, que julgava o texto como desprovido de mérito e, assim, desejava revisá-lo, antes de publicá-lo.

A conspiração restou na publicação imediata, com o valioso prefácio, ora mantido, escrito pelo pranteado mestre Orlando Gomes, que, enquanto dirigiu o Curso de Mestrado "stricto sensu", em Direito Econômico, por ele criado, em 1975, na Faculdade de Direito da Universidade Federal da Bahia, deliberou adotar este livro como texto para os exames de seleção dos candidatos ao ingresso naquele curso.

O autor fez parte da 1ª turma de alunos dessa pós-graduação e este livro é a sua Dissertação de Mestrado, que teve como Orientador o próprio Professor Orlando Gomes e foi aprovada pela Banca composta por ele e pelos Professores Eros Grau e Sylvio Santos Faria.

Esta 2ª edição deve-se aos insistentes apelos da Professora de Direito Reginalda Paranhos de Brito e à deliberação de Thaís de Camargo Rodrigues, hoje Gerente Editorial Jurídico da Saraiva, e que, no 1º semestre do ano letivo de 2000, foi minha aplicada aluna de Direito das Obrigações na Faculdade de Direito da Universidade Presbiteriana Mackenzie, tanto que foi a monitora da disciplina em sua turma.

Agradeço a todos pelo estímulo.

Esse intervalo de tempo entre as duas edições serviu para amadurecer a revisão, a atualização e o aumento da obra, na qual se inclui a análise jurídica de temas novos, como pedaladas fiscais, compromisso de cessação e acordo de leniência.

Pensei no bom proveito do leitor. Tomara que este pensamento vire realidade.

Salvador, janeiro de 2016.

Edvaldo Brito

Prefácio

Com este título e subtítulos, o Prof. Edvaldo Brito discorre sobre a atuação do Estado moderno e designadamente do Estado brasileiro na promoção do desenvolvimento econômico e do bem-estar social, tratando o tema no intento de lhe registrar os reflexos jurídicos. O trabalho divide-se em duas partes: na primeira, estuda as formas de ação do Estado no domínio econômico e os aspectos do seu desdobramento; na segunda, a atuação do Estado no Brasil de hoje, seus fundamentos constitucionais e os principais aspectos da política interventiva.

Na simples enunciação dos temas versados, evidencia-se o propósito do autor e sua preocupação. Resume-se, realmente, em demonstrar que o desenvolvimento econômico de um país atrasado precisa contar com o apoio do Estado, por meio de uma política que se traduza juridicamente numa legislação adequada.

No Brasil, o processo de acumulação capitalística, acelerado nos últimos anos, não ocorreu por força espontânea, mas pela execução de uma política de estímulo e de incentivo à produção, levada ao extremo da participação direta do Estado na atividade empresarial. Dentre as medidas adotadas para seu incremento, emergem ao primeiro plano as que organizam a poupança voluntária e a poupança compulsória, todas elas impostas em razão do caráter forçado do processo, todas elas conduzidas coerentemente sob o signo da supremacia do Direito legislado. Mas o próprio crescimento do País exigiu do Estado novas funções para além até mesmo da realização de obras públicas necessárias à implantação da infraestrutura econômica, tornando-se indispensável a sua ajuda. Reconheceu-se, em suma, que o processo de desenvolvimento capitalístico do País não poderia desenrolar-se segundo o esquema dos países mais desenvolvidos, devendo acontecer por meio da conexão, definida por Salandra, entre "a dupla tendência à acumulação do capital e à ampliação das funções do Estado". Não obstante reconhecer-se na carta constitucional o primado da iniciativa privada, a intervenção do Estado na produção econômica, se bem que limitada por sua finalidade, está prevista sob a tríplice forma de controle, estímulo e gestão direta. Tida e assumida a economia como uma nova função do Estado, o autor não regateia aplausos ao modelo híbrido que se está generalizando nos países capitalistas e aponta com lucidez os reflexos jurídicos dessa mudança, detendo-se mais demoradamente no estudo da disciplina do planejamento e da poupança. A estes e a outros aspectos da atuação jurídica do Estado como agente promotor do desenvolvimento econômico ou como um regente na orquestração econômica da sociedade civil, dedica o autor páginas proveitosas deste estudo de grande atualidade.

Não se limitou, entretanto, a discorrer sobre a expansão do Direito Público no domínio econômico setorial onde estende seu manto legislativo sobre o processo produtivo. Preocupou-se, ainda, com a sua atividade interventiva para promover o bem-estar social. No empenho de cumpri-la, o Estado passa a prestar diretamente serviços de primeira necessidade, também chamados de assistência vital, e no exercício dessa empresa vai paradoxalmente se privatizando, em franca e aberta contradição com a "imagem do Estado que publiciza tudo no que toca". Exerce, para tal fim, uma atividade empresarial, praticando atos de Direito Privado, voltado para o mercado e despido do seu poder de império, agindo, em suma, com autonomia contratual, como se fora uma empresa privada. E como a atividade econômica nessa área pressupõe a realização em série de contratos de massa nos quais uma das partes exerce poder normativo irresistível, ele próprio terá de limitar-se legalmente, de autocontrolar o conteúdo dos contratos nos mesmos termos restritivos impostos ao particular que no seu desempenho empresarial traça normas para usuários e consumidores.

O contraste que oferecem os dois aspectos distintos da intervenção do Estado no domínio econômico sobre revelar, pelo confronto, desencontros inevitáveis numa sociedade industrial de tipo capitalista, complexa e pluralista, atesta que, no seu âmbito, o econômico encarna o espírito do Direito Privado, e Direito Privado é, na tese objetivista de Rodotá, Giorgianni, Galgano e outros, "qualquer que seja a natureza dos interesses particulares ou gerais, que as relações envolvam, qualquer que seja a natureza, privada ou pública, do sujeito-agente". Certo é que essa visão da ação do Estado não abarca a disciplina jurídica do processo de desenvolvimento, mas ainda aí a natureza publicística dos institutos *ad hoc* tem de ser interpretada na compreensão de que a promoção do desenvolvimento não é uma escalada para a estatização da economia, nem uma justificação para fazer dos planos econômicos um manifesto subversivo da ordem econômica institucionalizada na Constituição.

O autor não contraiu a doença febril e contagiosa da obsessão autoritária muito comum nos que tratam do tema da atitude e do comportamento interventivos do Estado, não obstante ser um professor da área do Direito Administrativo. A temperatura em que pensou e redigiu seu trabalho permitiu realizar obra de equilíbrio e sensibilidade. Tal é a que ora leva ao conhecimento dos estudiosos dessa temática, lúcida e instrutiva.

Orlando Gomes

PRIMEIRA PARTE

Visão descritiva da atuação do Estado no domínio econômico

Capítulo primeiro Formas de atuação do Estado no domínio econômico

Seção I – O Estado como agente de satisfação das necessidades

Cobos definiu o homem como um sujeito de necessidades[1]. Isso significa que as pessoas possuem carências e, por isso, estão constantemente em desempenho para satisfazê-las.

O estudo do *princípio da satisfação das necessidades* comporta diversas considerações sobre o êxito desse desempenho, porque são numerosas e variadas e não podem ser atendidas em um único momento. Para mais, a aquisição dos bens econômicos na sociedade de hoje depende de renda monetária disponível, para cada indivíduo e para a sociedade, em conjunto, depende da capacidade de bens que esta possa produzir, valendo ressaltar que esta quantidade decorre de vários fatores, como o trabalho dos indivíduos, os recursos disponíveis, os métodos de produção, todos eles condicionados aos padrões culturais de cada grupo humano.

Assim, as carências das pessoas nas sociedades industriais são muito maiores do que as das que vivem em sociedades de padrões culturais primitivos, porque a multiplicidade de engenhos conhecida naquelas, por força de tecnologia avançada, determina uma complexa forma de atendimento, que extrapola da simples atuação isolada do indivíduo.

Nesse ponto, o que queremos acentuar primeiramente é que há uma influência da cultura sobre as necessidades e, segundo, que no mundo moderno há uma tendência, consequente dessa influência, para que as necessidades sejam atendidas por processos coletivos, por intermédio de entidades criadas pela própria organização social, com o objetivo de permitir aos indivíduos meios para suprir as suas carências – e de tal forma ele se habitua à existência dessas entidades que ela passa a ser, também, uma *necessidade coletiva*.

Mas, apesar da variação de padrões culturais no tempo e no espaço, determinando a diversidade dos desejos humanos e dos métodos utilizados para fazer desaparecer a sensação de falta deles consequente, os agentes responsáveis pela realização do processo de satisfação são sempre os homens desempenhando um trabalho, ora individualmente, ora em conjunto, ora coletivamente, motivando, assim, a classificação de tais *necessidades*, por exemplo, a que as distingue em *individuais*, *comuns* e *coletivas*.

---

1 Cf. J. A. de Cienfuegos Cobos, *Curso de economía política*, Madrid, Reus, 1945, p. 116.

Às primeiras, atende o homem com o seu esforço próprio, individual; assim, à necessidade de se alimentar, o indivíduo acode, atuando sobre o meio ambiente, por intermédio da pesca, da caça, da coleta de frutas, que lhe asseguram a satisfação da necessidade de comer; à necessidade de se agasalhar, o indivíduo isolado, na vida primitiva, atende por meio de peles, couros e formas rudimentares e, no presente, desenvolvendo seu esforço pessoal para conseguir os recursos capazes de fazê-lo adquirir seu vestuário; à necessidade de habitar, o indivíduo atende procurando no meio ambiente onde se possa abrigar ou construindo um abrigo com o seu próprio esforço. A todas, portanto, na atualidade, só pode atender, em regra, adquirindo os bens com o seu trabalho pessoal.

Às segundas, o homem atende associando-se a outros. Já não mais atua como indivíduo, isoladamente, embora a necessidade individual continue existindo e ele a atendendo em um esforço pessoal, mas, sob um outro aspecto, o do atendimento das *necessidades humanas*, mais facilmente, por um agrupamento. Formam-se, assim, as *economias associativas voluntárias* que são sempre de base contratual, visto que não têm caráter compulsório, originando-se, sempre, na presença de *necessidades individuais* iguais de pessoas que sentem os mesmos desejos e se juntam somando seus recursos e seus esforços.

Esses dois tipos de necessidade são objeto de estudo da Economia Privada e, sob o aspecto jurídico, subordinam-se a regras aplicáveis à disciplina de interesses imediatos do indivíduo como tal.

Às últimas necessidades, da classificação que adotamos, pela sua própria natureza, é defeso a um homem, individualmente, ou a um grupo de homens, voluntariamente associados, atendê-las.

Elas envolvem interesses da sociedade, isto é, da coexistência dos indivíduos e, por isso, não podem ser submetidas a critérios individuais ou de grupos, mas sim a objetivos permanentes inerentes à convivência social e que se resumem na própria segurança da sociedade como tal.

Surge, então, o *interesse coletivo* que, em uma definição simples de Musgrave, é constituído da soma dos *interesses individuais*.

Por conseguinte, é preciso um agente que, representando esse *interesse coletivo*, tenha poderes para satisfazer os desejos daí surgidos. Poderes sobrepostos aos membros do grupo considerados, individualmente.

Assim, nasce o Estado, ou, mais precisamente, o poder de mando na sociedade, cujas justificativas variam ao sabor das correntes filosóficas, mas que, sem dúvida, há de ter raízes na humanista corrente liberal rousseauniana, em que seu objetivo é o de manter o modo paradisíaco da vida em grupo[2], traduzido, modernamente, nas teorias que consagram os fins atuais do Estado no dualismo: *bem-estar social* e *desenvolvimento econômico*.

---

2 Cf. Edvaldo Brito, *Problemas jurídicos do ICM*, Salvador, LJF, 1974, p. 18-19.

O Estado é, por conseguinte, um dos agentes de satisfação das necessidades humanas, ou seja, são os homens congregados, coletivamente, desenvolvendo um esforço para atender às necessidades decorrentes da vida em sociedade, ou da sua convivência.

Necessidades públicas. Preço, tarifa ou taxa

De logo, um destaque impõe-se, no tocante às necessidades coletivas: são as necessidades públicas.

Em regra, as *necessidades coletivas*, como as individuais e as comuns, podem ser econômicas e não econômicas. Aquelas se referem a bens que podem ser obtidos em troca de dinheiro ou de outros bens, enquanto estas últimas não carecem desses meios de troca porque nelas se traduzem os nossos desejos de amizade, amor, respeito, liberdade, saúde, felicidade e muitas outras coisas que o dinheiro não pode medir, como acentuam os economistas americanos Umbreit, Hunt e Kinter[3].

De outro lado, como o fez Aliomar Baleeiro, é possível distinguir, dentro das *necessidades coletivas*, as que podem ser chamadas de públicas, para situar estas como as que, em determinado grupo social, satisfazem-se pelo processo do *serviço público*, ou seja, quando o Estado ou outra pessoa jurídica de Direito Público, para atendê-las, institui ou mantém um regime jurídico e econômico especial, propício à sua obrigatoriedade, segurança, imparcialidade, regularidade ou continuidade a cargo de seus agentes ou por delegação a pessoas sob sua supervisão.

Concluindo que: "*necessidade pública* é toda aquela de interesse geral, satisfeita pelo processo do *serviço público*. É a intervenção do Estado para provê-la, segundo aquele regime jurídico, o que lhe dá o colorido inconfundível. A necessidade torna-se pública por uma decisão dos órgãos políticos"[4].

Surge, aí, a noção primeira de serviço público, como modo de satisfação das necessidades coletivas de caráter público.

Mas, diante das teorias da síntese dualista do Estado do bem-estar e do desenvolvimento, essa noção entra em crise, salvo se se ampliá-la para abranger o processo pelo qual o Estado cumpre a sua missão, modernamente, não só a de conseguir recursos, coativamente, para atender essas necessidades públicas, mas, também, a de atuar na definição, orientação e fiscalização das circunstâncias em que se deve processar o desenvolvimento econômico e a distribuição social dos benefícios dele decorrentes.

E, aqui, pode adiantar-se que o Estado moderno tem a função, também, de promover os meios que propiciem, até, a satisfação das *necessidades não*

---

3 Cf. *Economia, princípios e problemas*, trad. Diógenes Machado e Leopoldo Fontenele, Rio de Janeiro, Fundo de Cultura, p. 21.

4 Cf. *Uma introdução à ciência das finanças*, 12. ed., Rio de Janeiro, Forense, 1978, p. 18.

econômicas, uma vez que lhe incumbe atender a todas as *necessidades coletivas*, públicas ou não.

A participação do Estado em atividades antes executadas, exclusivamente, pelos particulares desfaz a tradicional descrição de suas funções como sujeito abstrato da ciência financeira, o que o fazia distinguir-se da pessoa física, concreta e egoísta, que era, assim, definida como sujeito da economia política[5], ao tempo em que dificulta a absorção da atuação do Estado, na ótica da noção tradicional de *serviço público* entendido como a atividade de interesse geral prosseguida por um organismo administrativo sob um regime derrogatório de Direito Comum[6].

Essa noção, portanto, ou entra em crise ou se amplia para acolher todas as prestações oferecidas pelo Estado.

Temos entendido que melhor será substituí-la pela noção de *prestações administrativas* fornecidas a particulares, a qual, ao lado das prescrições administrativas, será capaz de absorver todas as relações do Estado com os indivíduos nessa sociedade de massa em que se constitui a cidade moderna, expressão do fenômeno atual conhecido como explosão urbana.

O moderno *Estado de massas*, sujeito de *prestações*, partícipe da vida econômica como produtor ou como distribuidor de bens para o atendimento das *necessidades da assistência vital*, é, tipicamente, *intervencionista*, e, sob as mais variadas denominações, os tratadistas têm estudado essa atuação estatal que se apresenta ora como produtora de bens ou como reguladora do consumo, ora se traduz em uma ação fomentadora, disciplinar, coordenadora e fiscalizadora das atividades econômicas privadas.

Exerce o Estado um poder cujo objeto é o ***arbítrio racional*** orientado axiologicamente no sentido de promover, dentro de certos limites, modificações dirigidas à totalidade ou a uma parte considerável da ordem social, e que Forsthoff[7] designa com o nome de ***arbítrio conformador*** consubstanciado nas funções estatais, cujas formas principais de manifestação foram, magistralmente, descritas por ele, as quais têm o objetivo de satisfazer as já mencionadas necessidades da assistência vital, inseridas nas necessidades coletivas de caráter público, não atendidas, necessariamente, pelo **processo denominado de serviço público**.

É essencial fixar que a atividade de atendimento de tais necessidades, embora constitua ***prestações administrativas***, pode diferenciar-se daquela outra

---

5 Salvador Oria, *Finanzas*, v. 1, p. 43, apud Delfim M. Silveira, *Orçamento e planificação*, Porto Alegre, Sulina, 1960, p. 44.

6 Celso Antônio Bandeira de Mello, *Natureza e regime jurídico das autarquias*, São Paulo, RT, 1967, p. 159.

7 Ernst Forsthoff, *Tratado de derecho administrativo*. Versão em castelhano de Legaz Lacambra, Garrido Falla e Gómez de Ortega y Junge, Madrid, Instituto de Estudios Políticos, 1958, p. 97.

Em consequência, o *sistema tributário* e o *sistema fiscal*, elaborados com referência ao desenvolvimento, devem conter princípios consentâneos com estas bases econômicas, uma vez que um país em desenvolvimento deve determinar os critérios de potencialidade destes seus *sistemas* em razão dos fatores que assegurem uma ótima mobilização das riquezas fiscais sem provocar distorções econômicas, sociais e políticas[58].

Considerando, ainda, que há Estados federais, a organização desses *sistemas* requer muita perícia no que se refere à *discriminação de rendas*, a fim de evitar problemas de natureza política.

As considerações que se seguem, sobre o tema, dão a medida do enfoque que este trabalho objetiva no relacionamento entre esses *sistemas*, a *discriminação de rendas* e o *desenvolvimento econômico*.

Sistemas tributário e fiscal de desenvolvimento

A palavra *sistema* pressupõe um conjunto de partes ou elementos integrados e coordenados entre si. Por isso mesmo, é um conjunto ordenado, lógico e racional. E porque é assim, todo *sistema* traduz-se num conjunto de princípios os quais estabelecem um corpo de doutrina.

A palavra fornece, então, o sentido de coordenação entre os elementos que compõem o fenômeno por ela definido. Essa coordenação garante o funcionamento das partes como uma estrutura organizada.

Logo, *sistema tributário e sistema fiscal* são expressões que terão de significar um conjunto harmônico e conjugado de princípios sobre, respectivamente, os tributos e os métodos que põem em execução os princípios tributários. É nessa perspectiva que, de já, se pode afirmar terem inexistido tais *sistemas* no Brasil antes da reforma tributária de 1965.

Se se trata, pois, de um *sistema tributário*, as prestações pecuniárias, caracterizadas como espécies das formas de imposição, devem estar organizadas como um todo, de modo que, pelos seus efeitos, possam corrigir e equilibrar uns aos outros.

Se se trata, pois, de um *sistema fiscal*, os entes, representativos da Administração, devem estar harmonicamente estruturados para oferecer os resultados almejados pela política desenvolvimentista; bem assim os sujeitos passivos devidamente orientados e submetidos ao controle necessário a produzirem o rendimento deles esperado para a eficácia do *processo*.

A essa altura da exposição, deve ter relevo a questão de se saber qual o melhor *sistema tributário* e *fiscal*.

---

prosperidade geral, assim como as possibilidades de crescimento de desenvolvimento, embora alguns sustentem que este depende da concentração de capitais em grupos restritos". Também Emanuele Morselli, *Curso de ciência das finanças públicas*, trad. Elza Meschick, Rio de Janeiro, Edições Financeiras, 1959, p. 13-14.

58 Cf. Élias Gannagé, *Financement du développement*, Paris, PUF, 1969, p. 103.

Não tem faltado resposta, desde *Adam Smith* e seus *canônes*[59], cada qual a seu modo.

Hugh Dalton chega a dedicar um capítulo do seu livro, antes citado[60], para discorrer sobre as *características de um bom sistema tributário*, cujos méritos e desvantagens evidenciam-se somente por uma análise do seu conjunto. Faz coro com todos os financistas contemporâneos contra o "sistema" de imposto único que é, efetivamente, incompatível com o mundo moderno onde são múltiplas as bases de imposição, devendo o sistema a elas corresponder. Mas considera desaconselhável, para um bom sistema, uma grande multiplicidade de impostos, embora determinados impostos devam ser complexos, como o que incide, na Inglaterra, sobre a renda, porque essa complexidade é necessária, quando a multiplicidade é reduzida, para que o *sistema tributário* em conjunto seja satisfatório.

E Dalton afirma que o sistema inglês o é, porque "é mais simples e mais eficiente do que o de qualquer outra comunidade moderna".

Não se compadecem, outrossim, com o sistema, que ele valoriza, os impostos que causem ao contribuinte muito incômodo e sacrifício consciente.

E, afinal, analisando o *sistema tributário* do ponto de vista da economia[61], conclui que o melhor deles será aquele que oferecer o máximo de benefícios sociais que poderão decorrer das operações das finanças públicas em conjunto, limitando a tributação apenas ao nível em que corresponda ao menor sacrifício e distribuída de acordo com a capacidade individual de pagamento, com largas isenções para os setores mais pobres da comunidade e forte progressão para os mais ricos.

Não têm faltado os arautos da *justiça fiscal*, por via do tipo de impostos[62]. E neste trabalho, nós mesmos, já defendemos, como o melhor tipo, o *imposto direto* por permitir uma *personalização* mais precisa da carga tributária.

Certamente que prosseguir no tema é procurar espaço longo para escrever, sem atingir uma conclusão satisfatória. Desde os *cânones de Adam Smith* até os *princípios* de Fritz Neumark[63], muita tinta e muito papel têm sido gastos para

59 "Boisguillebert, Pietro Verri e Justi formularam máximas de sabedoria fiscal, segundo as quais deveriam ser organizados os impostos e, portanto, os sistemas tributários. Adam Smith condensou-as em quatro regras fundamentais, repetidas até hoje, em quase todos os livros sobre a matéria. São os chamados 'cânones' de Adam Smith: a) justiça; b) certeza; c) comodidade; e d) economia" (cf. Aliomar Baleeiro, *Uma introdução à ciência das finanças*, cit., p. 234). Adam Smith. Investigación sobre la naturaleza y causas de la riqueza de las naciones, Trad. Gabriel Franco, México, Fondo de Cultura Económico. Sexta reimpresión, 1990, p. 726 e ss.

60 *Princípios de finanças públicas*, cit., p. 37 e ss.

61 *Princípios de finanças públicas*, cit., p. 155 e ss.

62 Cf. Bernard Brachet, *Manuel de droit fiscal*, Paris, LGDJ, 1972, p. 39; Pierre Beltrame, *Os sistemas fiscais*, trad. J. L. da Cruz Vilaça, Coimbra, Almedina, 1976, p. 13-58.

63 Cf. *Principios de la imposición*, trad. José Zamit Ferrer, Madrid, Instituto de Estudios Fiscales, 1974.

identificar o melhor sistema, por isso preferimos dizer que, se o ideal, unanimemente considerado, será impossível, contudo, possível será indicar *fatores* que condicionem um sistema produtivo e que permitam caracterizá-lo como tal.

E a partir desses *fatores* se poderá concluir com grande margem de acerto qual será o tipo mais produtivo para este ou aquele sistema econômico ou para uma ou outra espécie de política tributária ou para uma ou outra forma de Estado ou regime de governo.

Os *fatores condicionantes* são, principalmente, os seguintes: psicológico, político, moral, religioso e econômico.

Sob o ângulo da Psicologia, um sistema produtivo deve conformar-se ao comportamento econômico da comunidade e, de per si, dos indivíduos que a compõem.

Realça bem a importância deste fator o trabalho de Schmolders[64], que cunhou, pela primeira vez, em 1953, a expressão: "investigação da conduta econômica das massas" para demonstrar a necessidade de se promover a pesquisa do comportamento humano na composição dos fenômenos financeiros, porque interessa ao Estado moldar a sua ação de acordo com a consciência dos cidadãos.

A opinião pública, revelada pelos mais diversos canais, parlamento, imprensa, emissoras de rádio e de televisão, para citar os principais, é uma fonte preciosa para a orientação da política financeira, tributária e fiscal e dos sistemas referidos.

Problemas de resistência à tributação gerando evasão poderão, por exemplo, determinar ao sistema a preferência pela imposição indireta, pela dificuldade de controle da exação, nas hipóteses de a carga tributária recair diretamente sobre o indivíduo.

Problemas de educação tributária diante da técnica fiscal, provocando entraves no cumprimento de certos deveres jurídicos, *v. g.*, o preenchimento de declarações que devem conter dados necessários para que a autoridade proceda ao lançamento.

São alguns exemplos de como o *fator psicológico* condiciona a produtividade do sistema e, por isso, deve ser considerado na elaboração deste.

Nesta mesma linha, colocam-se os demais fatores indicados, por exemplo, o político, situado na referência a uma organização liberal ou dirigida; o religioso, na perspectiva do culto professado, condicionando certas medidas do sistema diante de dogmas da respectiva crença, como o dos dias de guarda nos quais não se pode executar atividades; o econômico, de grande relevância porque é a base material que serve de suporte ao sistema e, em uma retroalimentação, dele se serve.

64 Cf. Gunter Schmolders e Jean Dubergé, *Problemas de psicología financiera*, trad. José María Martín Oviedo, Madrid, Editorial de Derecho Financiero, 1965, p. 9.

Dosados os fatores, o sistema terá a produtividade procurada e se caracterizará como bom para o fim a que se destina, porque a medida da influência deles, sobre o conjunto de princípios estabelecido, poderá torná-lo possuidor dos requisitos desejáveis de: suficiência, isto é, capacidade para produzir a renda adequada; elasticidade, ou seja, capacidade de produzir maior renda, se necessário; flexibilidade, vale dizer, capacidade de adaptação rápida a novas exigências; compatibilidade, portanto, conciliável com a estrutura econômica, podendo servir-lhe como instrumento incentivador do desenvolvimento; simplicidade; eliminação da regressividade; conformidade com as ideias morais do povo; supressão e solução das duplas ou pluritributações[65].

Mas, a expressão facultativa – "poderá torná-lo" –, escrita antes, demonstra que o conceito de bom sistema é, enfim, relativo.

Razão sobrada tinha Aliomar Baleeiro[66] ao afirmar que "nunca existiu, não existe, nem existirá, provavelmente, sistema tributário perfeito que concilie os requisitos de suficiência, elasticidade, equidade, compatibilidade com a estrutura econômica e política, assim como com as aspirações morais da época e do meio, flexibilidade ao comando da conjuntura econômica, simplicidade administrativa e demais virtudes reputadas fundamentais nesse assunto da vida estatal. Neste, como noutros setores, o perfeito cede lugar ao perfectível".

E é na visão do perfectível que se devem elaborar os sistemas, condicionados, como já visto, pelos fatores que agora generalizaremos como sociopolíticos e socioeconômicos para propiciar a classificação deles em sistemas:

a) dos países desenvolvidos;
b) dos países em desenvolvimento;
c) dos países socialistas.

Sob o aspecto do *número de impostos*, é conhecida a enumeração dos sistemas em:

a) de *imposto único;*
b) de *multiplicidade de impostos.*

Sob o aspecto do tipo de *discriminação de rendas* que adota, são agrupados os sistemas como:

a) *flexíveis*:
b) *rígidos*

Pierre Beltrame caracteriza os três sistemas da primeira classificação, tomando por base o seu rendimento, a sua estrutura e as modalidades de administração. Assim:

---

65 Cf. Aliomar Baleeiro, *Uma introdução à ciência das finanças*, cit., p. 234; Bernardo Ribeiro de Moraes, Sistema tributário da Constituição de 1969, *Curso de direito tributário*, São Paulo, RT, 1973, p. 208.

66 Cf. *O direito tributário da Constituição*, Rio de Janeiro, Edições Financeiras, 1957, p. 7, publicação n. 8 do Instituto Brasileiro de Direito Financeiro.

Nos países desenvolvidos, os sistemas são de alto rendimento; muito bem estruturados, havendo equilíbrio na tributação das fontes de receitas, que são: a despesa, o rendimento e o capital, além das quotizações sociais; administrativamente, são sistemas do tipo "muito elaborado", o qual é denominado pelos ingleses, e "sofisticado", denominado por Beltrame.

Nos países em vias de desenvolvimento, o mencionado autor francês caracterizou os sistemas como de fraco rendimento, mas equilibrados e subadministrados.

O mau equilíbrio resulta: a) da forte preponderância dos impostos indiretos, contra a qual já verberamos, e b) da parte excessiva ocupada pela "fiscalidade externa", expressão com que Duverger batiza as receitas tributárias provenientes de direitos alfandegários, impostos sobre a importação e a exportação. Nesses países, é regra que a maior parte dos ingressos tributários decorra da incidência sobre as importações dos produtos de grande consumo necessários à alimentação de suas populações, bem assim da importação dos bens essenciais ao funcionamento da economia nacional.

Demonstra-se, dessa forma, a base econômica artificial, porque se, de um lado, as importações a nível elevado revelam a inexistência da produtividade satisfatória da economia interna – embora a tributação destas seja necessária para proteger a produção interna nascente –, de outro, as exportações são sempre essenciais para o equilíbrio do balanço de pagamento, tornando-se inconveniente a sua tributação.

Todo o quadro paradoxal, contraditório dos sistemas, nestes países, é desenhado com as tintas recolhidas na sua pobreza, na fraqueza de sua produção por habitante determinada por uma economia essencialmente agrícola e formada por uma indústria e um comércio voltados para o exterior e dominados por sociedades multinacionais.

Em consequência desta economia, socialmente o quadro completa-se pela existência de uma minoria rica e dominante, tradicionalmente perdulária, copiadora dos padrões de consumo das sociedades de países desenvolvidos, consumo este a que já nos referimos como ostentoso e a que Veblen chamou de *conspicous consumption* e que decorre da necessidade psicológica de provocar o efeito-demonstração da terminologia do economista americano Walter W. Heller.

Ao lado dessa minoria convive a grande parte da população formada por massas camponesas analfabetas ou semialfabetizadas, vivendo em economia de subsistência; por pessoas em situação de subemprego, cabendo aos melhores assalariados compor uma franja de privilegiados a serviço do Estado ou das grandes sociedades, entre nós, conhecidos como "executivos", via de regra, constituindo, na nossa sociedade, uma classe média bem responsável pelo *conspicous consumption*, tão prejudicial, sob todos os aspectos, nas comunidades provincianas em que se retratam a maioria das capitais e a quase totalidade das cidades brasileiras.

Esse quadro revela por que os sistemas são de fraco rendimento e por que são subadministrados. É óbvio que o pessoal que alimenta, como recurso humano, o sistema fiscal, é pouco qualificado, gerando serviços mal organizados, encarregando-se da baixa qualidade da fiscalização, aqui incluídas as tarefas de aplicação das normas jurídicas.

Beltrame ainda aponta um terceiro tipo de sistema: o dos países socialistas, cujo rendimento, estrutura e forma de Administração são tão típicos que se poderá dizer que se encontram a serviço da planificação – vale relembrar que nela inexistem os mecanismos do mercado – e, por isso, devem assegurar a redistribuição planificada do rendimento nacional.

Sob outro aspecto, o do *número de impostos*, os sistemas têm sido classificados em *sistema de imposto único* e *sistema de multiplicidade de impostos*. Generalizada é a argumentação contrária ao sistema de imposto único. As vantagens que teria quanto a simplicidade, economia na arrecadação, comodidade do contribuinte e conhecimento do montante da arrecadação não compensariam as inúmeras desvantagens resumidas no desatendimento da justiça fiscal e dos princípios antes mencionados como caracterizadores de um sistema produtivo.

Ademais, que base econômica seria a escolhida para a incidência do imposto? Que critério nortearia a escolha? A resposta sempre conduziria à invalidade pelo subjetivismo com que se carregaria. Por que escolher a terra, por exemplo, como única fonte – como o fizeram os *fisiocratas* – e, ainda assim, do produto de sua exploração, por que somente a renda líquida do proprietário, recebida do agricultor que nela trabalha? A resposta aqui só encontra explicação em razões históricas, mas enseja a indicação das desvantagens que têm sido largamente apontadas, contemporaneamente, à unanimidade, a ponto de não se encontrar país que adote o imposto único, porque *impôt unique, impôt inique*, disse Voltaire.

A *multiplicidade de imposto* é a regra.

Ela deve fundamentar-se na *multiplicidade* de bases econômicas e deve considerar certos atributos das pessoas nas relações sociais que travam.

Tomando em conta essa multiplicidade de bases e a complexidade das relações, várias espécies de imposto têm sido admitidas.

O fenômeno da *repercussão fiscal* ou *translação*, que tem sido objeto de estudo cuidadoso da doutrina e que entre nós gera interesse de análise jurídica diante do disposto no art. 166 do Código Tributário Nacional[67], é um critério que

67 Cf. Maffeo Pantaleoni, *Teoria della traslazione dei tributi*, Milano, Giuffrè, 1958; Horst Claus Recktenwald, 2. ed., trad. Pedro Moles Roca, Madrid, Editorial de Derecho Financiero, 1970. Art. 166 do Código Tributário Nacional: "A restituição de tributos que comportem, por sua natureza, transferência do respectivo encargo financeiro somente será feita a quem prove haver assumido o referido encargo, ou, no caso de tê-lo transferido a terceiro, estar por este expressamente autorizado a recebê-la".

permitiu a classificação dos *impostos em diretos e indiretos*. Se aquele que paga o tributo (sujeito passivo da obrigação tributária principal, portanto, ligado direta e pessoalmente ao fato gerador) é também quem suporta o encargo financeiro, esse tributo é *imposto direto*. Se, porém, quem o paga (sujeito passivo) transfere, pelo fenômeno da *repercussão* ou *translação fiscal*, o encargo a outrem, o tributo é *imposto indireto*.

A classificação aqui leva em conta a pessoa do sujeito passivo. Propriamente, a do sujeito passivo direto: o contribuinte, porque a hipótese não se confunde com a de sujeição passiva indireta, em que há, apenas, responsabilidade tributária, figura que não se identifica com a repercussão fiscal, porque na responsabilidade quem sofre o encargo financeiro nunca é o sujeito passivo, mas sempre e inapelavelmente o alguém de quem se retira integralmente, ou se mantém subsidiariamente pela solidariedade, o dever Jurídico, decorrente da relação jurídica em que está envolvido.

Há outros critérios de classificação:

a) o que leva em conta a *matéria tributável*: *impostos pessoais e reais*, conforme, respectivamente, considerem-se as condições personalíssimas de cada sujeito passivo ou se leve em conta, unicamente, a matéria tributável, desprezando as condições peculiares do sujeito passivo e as quais "poderiam ser tomadas como dados de fato sobre a *capacidade contributiva*; o imposto sobre o consumo onera o mesmo grama de penicilina, quer seja adquirido por um milionário, quer por uma cozinheira"[68];

b) o que leva em consideração o sujeito ativo da obrigação tributária, isto é, a pessoa jurídica de Direito Público a que a lei pertinente outorgou a competência para instituir o imposto. Entre nós essa outorga é constitucional e, em consequência dela, temos impostos federais, estaduais e municipais, conforme o poder de tributar[69] decorra da competência deferida, pela Constituição, à União, Estados e Municípios[70]. Este critério

---

68 Cf. Aliomar Baleeiro, *Uma introdução à ciência das finanças*, cit., p. 278.

69 Sobre a possível diferença entre competência tributária e poder de tributar e entre sujeito ativo do poder tributário e sujeito ativo da obrigação tributária, veja-se Aliomar Baleeiro, Da competência tributária, *Curso sobre teoria do direito tributário*, São Paulo, Secretaria da Fazenda do Estado de São Paulo, 1975, p. 17 e ss. Pelo nosso texto, verifica-se que não adotamos tais distinções, convencidos de que o *poder de tributar* só se recebe de uma lei que define a *competência tributária*. Logo, ele se enquadra no conteúdo desta. A competência consiste na capacidade tributária do sujeito ativo; ela legitima o sujeito ativo para exercer, na relação jurídica, o direito de exigir a prestação. Esse direito é a prerrogativa ou o poder de tributar, consequência, portanto, da "capacidade" para tributar. Daí podermos falar em obrigação tributária como vínculo jurídico que liga o sujeito ativo ao passivo, dando àquele o poder jurídico de exigir, deste, a prestação. Bernardo Ribeiro de Moraes tece considerações interessantes sobre poder fiscal, para as quais remetemos o leitor, nas p. 183-210.

70 O texto da Constituição brasileira de 1967, com a redação das Emendas n. 1/69, 5/75 e 8/77, que são as que interessam à matéria tributária, outorga competência à União no § 4º do art. 18 e nos arts. 21 e 22; aos Estados, no art. 23, e aos Municípios, no art. 24.

permite-nos dizer que esta é uma classificação jurídica e que comporta, ainda, a distinção dos impostos em privativos, comuns ou de competência concorrente, de competência residual e de participação;

c) o que distingue os impostos, levando em conta a *técnica utilizada para apurar o crédito tributário, no que se refere às alíquotas*. Assim, teremos *imposto fixo*, quando a alíquota for imutável, não se alterando em função das variações da base de cálculo. O crédito tributário será sempre igual à unidade tomada como referência. Por exemplo: o imposto sobre serviço de qualquer natureza (ISS) incidente sobre a atividade de certos profissionais liberais é *fixo*, pouco importando qual o preço cobrado pelo profissional pelo serviço prestado.[71]. O *imposto* será *proporcional* quando, embora a alíquota seja um percentual imutável, o crédito tributário variar na razão direta da variação da base de cálculo. Se ela aumentar, o crédito também aumentará; se ela diminuir, o crédito também. É o caso do imposto sobre operações relativas à circulação de mercadorias e sobre prestações de serviços de transporte interestadual e intermunicipal e de comunicação (ICMS). Já o *imposto* será *progressivo* se a alíquota for mutável na razão direta da mudança da base de cálculo. É um tipo dos genericamente chamados *impostos graduados (progressivos e regressivos)*. Assim, fixam-se as alíquotas incidentes até certo limite do valor da matéria tributável, isto é, até certo montante da base de cálculo, aumentando, progressivamente, à medida que vai aumentando esse limite. É o exemplo da tributação das disponibilidades econômicas ou jurídicas da pessoa física, pelo Imposto de Renda brasileiro. Cobra-se um percentual a partir de certo valor de renda líquida – que é a base de cálculo – até atingir outro certo valor, a partir do qual a alíquota será maior e, em escala progressiva, passa por diversos índices até atingir o máximo para qualquer valor de renda líquida a partir do, então, fixado, o que permite a conclusão de que, a partir deste valor, a alíquota passa a ser proporcional, tornando-se inconstitucional, pois a Constituição estabelece que esse imposto será informado pelo critério da progressividade (inc. I do § 2º do art. 153);

---

71 Na Cidade do Salvador, Capital do Estado da Bahia, o crédito tributário corresponde a valor fixo de ISS, pouco importando quanto recebeu durante o mês . Este tema, sob o aspecto jurídico, foi estudado por Paulo de Barros Carvalho, Dificuldades jurídicas emergentes da adoção dos chamados "tributos fixos", São Paulo, Resenha Tributária, 1975, p. 30, com as seguintes conclusões: "É formulação inadequada estabelecer o legislador quantia fixa a ser paga pelos profissionais liberais, no exercício de suas atividades próprias, a pretexto de ISS. Com representar grave injustiça, nivelando profissionais que realizam, em intensidades diferentes, o mesmo labor, dificulta, sobreposse, o controle da natureza estrutural do imposto, válvula por onde se subverte a própria discriminação de competências impositivas. 2) Haverá inconstitucionalidade quando o imposto for exigido de profissional que não exerça qualquer serviço, dentro do período considerado".

d) o que leva em conta as *bases econômicas a tributar*. O Brasil, pela Reforma Tributária de 1965, consolidou os impostos até então existentes, tomando como referência a base econômica sobre a qual incidiam e os classificou em quatro grupos: a) comércio exterior; b) patrimônio e renda; c) produção e circulação; d) especial.

Além destes, outros critérios podem ser utilizados, uma vez que os arrolados, linhas atrás, não esgotam o assunto, servindo, apenas, de exemplo. Mas demonstram que a complexidade das relações travadas pelos homens não pode admitir o *imposto único*, embora, também, não deva justificar *sistemas tributário* e *fiscal* que se afastem dos requisitos tidos como caracterizadores do tipo bom.

Examinemos, por fim, a última das classificações que relacionamos e que toma em consideração o tipo de *discriminação de rendas* adotado, para agrupar os *sistemas* em *flexíveis e rígidos*:

a) chama-se *flexível* o sistema em que há competência concorrente para cobrar impostos, isto é, mais de um governo que administra o território de um Estado tem poder para cobrar o mesmo imposto. O exemplo mais típico é o dos Estados Unidos da América do Norte;
b) *rígido* é o sistema em que o quinhão de impostos de cada governo é perfeitamente exclusivo. A distribuição dos impostos é feita *numerus clausus* entre os governos que exercem ação sobre o mesmo território, sendo absolutamente vedada a cobrança do mesmo imposto por mais de um deles. O do Brasil é o exemplo.

Uma advertência cabe aqui: um tipo – rígido ou flexível – pode transformar-se um no outro pelas circunstâncias dentro das quais funcionar.

Assim, o sistema estadunidense resulta, afinal, rígido, não pela discriminação instituída, mas diante do controle jurisdicional norte-americano, o célebre governo dos juízes, exercido pela famosa Corte Suprema na defesa dos direitos dos contribuintes, em face da discriminação *numerus apertus* adotada. Verdadeiro, portanto, será afirmar-se que a rigidez da discriminação institucionalizada pode tornar-se flexível, na prática do sistema, se não for observada a técnica de imposição estabelecida para cada espécie, inclusive quanto à aplicação, interpretação e integração das normas jurídicas que o disciplinam.

Outra *advertência* é a de que não é indiscutível a conclusão de incompatibilidade entre discriminação de rendas e Estados simples.

Aliomar Baleeiro parece ter entendido existir a incompatibilidade ao afirmar que a discriminação é uma peculiaridade das federações, nascidas com o aparecimento da primeira delas no mundo, os Estados Unidos[72].

---

72 Cf. *Uma introdução à ciência das finanças*, cit., p. 235: "O problema da discriminação das rendas, como é óbvio, quase não tem sentido para os países de tipo unitário, como a França,

Nossa opinião é diferente, coincidindo com as de Antonio Roberto Sampaio Dória e Pedro Manso Cabral[73], porque aceitamos que a divisão de receitas tributárias entre os órgãos administrativos tem caráter preferencialmente federativo, mas não exclusivamente.

Na federação, a partilha é instrumento que garante o poder político, uma vez que, sem recursos devidamente especificados, não há *autonomia* porque surgem a submissão e a dependência financeiras.

Nos Estados simples ou unitários a distribuição de rendas "é matéria de conveniência administrativa, segundo critérios de discricionarismo, expediência e economia, mutáveis pelo influxo de comandos livremente emanados do governo central. A experiência da França e Itália, onde o poder se concentra maciçamente, é ilustrativa a tal propósito"[74].

Nessa ótica, vemos a *discriminação de rendas* como fator importante para a *autonomia política* das entidades que compõem a *federação* e, por via de consequência, é essencial a uma política de desenvolvimento que somente pode ser executada nessa forma de Estado, com a integração de todos os órgãos públicos incumbidos do atendimento das necessidades coletivas, os quais deverão ter, na suficiência de recursos, os meios para cumprir as suas tarefas dentro da política traçada.

Esse esboço com que anunciamos o tema carece de melhor configuração porque dos seus traços surge um binômio indissolúvel, a exigir contornos mais vivos, identificadores do seu desempenho no contexto da *política desenvolvimentista* em uma *federação:*

a) *autonomia político-administrativa;*

b) *suficiência de recursos.*

Esse é o ponto de partida para a análise de outros detalhes relacionados com o regime de governo e com o planejamento desenvolvimentista e as suas implicações com os *sistemas tributário* e *fiscal* apropriados a tal política.

O problema mais discutido, sob essa referência, é o da *suficiência de recursos* das *entidades locais*, motivo de preocupação antiga dos estudiosos dos aspectos institucionais do desenvolvimento urbano[75] em seus matizes econômicos, fi-

---

Itália, Uruguai, a maioria deles, aliás. É uma peculiaridade das federações, nascidas com o aparecimento da primeira delas – os Estados Unidos, na Convenção de Filadélfia em 1787, muito embora já se esboçasse nas confederações e Estados compostos. Aliás, é mais exato dizer-se que foi a discriminação de rendas a causa última e decisiva da criação da figura jurídica e política do Estado federal, como novidade do fim do século XVIII".

73 Cf. Antonio Roberto Sampaio Dória, *Discriminação de rendas tributárias*, São Paulo, Bushatsky, 1972, p. 14-6. Pedro Manso Cabral, *Discriminação de rendas*, Salvador, Progresso, 1960, p. 13.

74 Cf. A. R. Sampaio Dória, *Discriminação*, cit., p. 15, arrimando-se em Louis Trotabas, A. D. Giannini, Alessi e Stammati, Benvenuto Griziotti, Gustavo Ingrosso.

75 Damos notícia de dois congressos realizados em duas épocas diferentes, com dois objetivos, obviamente, diversos porque compatíveis com o estágio de civilização dentro do

nanceiros e jurídicos, sobretudo pela importância desse *desenvolvimento* para o sucesso do crescimento global da economia nacional com repercussão na efetiva divisão da renda bruta entre os indivíduos e da qual resultará o real aumento da renda *per capita*[76].

E se na federação estão ligadas, por vínculo indissolúvel, a *autonomia política* e a *suficiência de recursos*, este binômio carece adiante de estudo, sob o ângulo jurídico, de forma apropriada na perspectiva deste trabalho.

Agora, basta notar que o exaustivo exame dos elementos que compõem a *noção de desenvolvimento econômico* e de *sistemas tributário e fiscal* fornece a caracterização desses fenômenos na síntese que a seguir se expõe em conclusão do tema:

Costuma-se confundir *subdesenvolvimento* com *atraso econômico* e *social* para situá-lo como fenômeno histórico que se repetiria, independentemente de tempo e de espaço. Essa forma de colocar o assunto não corresponde ao tratamento técnico que ele comporta.

Subdesenvolvimento tem conotação histórica e, também, refere-se a atraso econômico e social, mas em termos: historicamente, se o examina com o propósito de retratá-lo no tempo como fenômeno que surgiu em decorrência da expansão do capitalismo industrial, que a partir do seu núcleo britânico encontrou condições similares no Ocidente europeu e em algumas poucas áreas de ultramar, como os Estados Unidos, Canadá e Austrália, regiões que apresentaram uma repetição das condições favoráveis a um vigoroso processo industrializador responsável pela destruição do modo de vida feudal.

---

qual se processaram: A) las *Jornadas Latino-americanas de Direito Tributário*, realizadas em Montevidéu, em fins de 1956, pelo Instituto Uruguaio de Direito Financeiro, para o qual Aliomar Baleeiro e Amilcar de Araújo Falcão prepararam trabalhos sobre autonomia dos governos locais relacionada com a discriminação (cf. Baleeiro, *O direito tributário*, cit., e Falcão, *Sistema tributário brasileiro, discriminação de rendas*, Rio de Janeiro, Edições Financeiras, 1965; B) 2° Congresso Interamericano de Direito Tributário, realizado em São Paulo, em 1975, no qual foram discutidos temas dos seguintes trabalhos, relacionados com o desenvolvimento urbano: Adolfo R. Gabrielli, *El poder tributario municipal y el desarrollo urbano*; Benedito Garcia Hilário, *Os quadrantes da poluição ambiental e incentivo fiscal*; Edgard Neves da Silva, *Extrafiscalidade dos tributos municipais*; Edvaldo Brito, *Da necessidade de fixação das linhas mestras de uma política tributária para o crescimento econômico integral, a partir da solução de problemas tributários municipais*; Fábio Leopoldo de Oliveira, *O problema das competências tributárias e das discriminações de renda em face das exigências do Estado moderno*; Fábio Nusdeo, *Custos sociais da urbanização*; Henry Tilbery, *Aspectos financeiros do desenvolvimento urbano no Estado federal*; Ives Gandra S. Martins, *Desenvolvimento urbano e política tributária*; J. J. Philippe, *La fiscalité française et le développement urbain*; Luiz Salem Varella, *Desenvolvimento urbano, transporte coletivo e incentivos fiscais*; Manuel de Juano, *Política y derecho tributario de los municipios*; Walter Barbosa Corrêa, *Impostos de competência estadual e municipal para o desenvolvimento urbano*; Yves J. de Miranda Guimarães, Da necessidade de cobrança da contribuição de melhoria.

76 Cf. Alberto Deodato, *Manual de ciência das finanças*, 8. ed., São Paulo, Saraiva, 1963, p. 153-154.

As mesmas condições não se repetiram em outros lugares do mundo: na América Latina, na África e muitas porções da Ásia, as quais, como já se disse linhas atrás, atrelaram-se ao sistema capitalista como fornecedores de matéria-prima e adquirentes dos produtos manufaturados, e viram apenas transplantados para seus territórios o dinamismo da vida industrial, em áreas isoladas, ficando a grande parte da atividade econômica sujeita ao processo anacrônico do sistema colonial, antes político para algumas e, então, econômico, ou também econômico, para todas.

Subdesenvolvimento é, portanto, do ponto de vista histórico, fenômeno consequente do surgimento do capitalismo industrial. Uma vez surgido, ele se identifica em qualquer parte onde as condições para o *desenvolvimento* não se realizaram e onde permaneçam os caracteres listados por Yves Lacoste[77] e aos quais nos referimos anteriormente.

É típico de economias tecnologicamente atrasadas e, via de regra, de consumo sofisticado nas altas esferas da sociedade com poder aquisitivo potente, as mais das vezes por uma questão psicológica caracterizadora do *conspicous consumption*, estimulado pelas próprias áreas industriais mais desenvolvidas no afã de receber, com presteza, as matérias-primas e os alimentos essenciais às suas economias.

Comprova-o a ajuda que os países subdesenvolvidos, em tais circunstâncias, recebem dos desenvolvidos que se colocam na sua linha econômica. Exemplifica-o a ajuda do capital estrangeiro, no século XIX, para remodelação de portos, construção de ferrovias, exploração das fontes de energia, nas áreas mais atrasadas tecnologicamente.

Portanto, não se situa o *subdesenvolvimento* como uma determinada fase histórica da vida da humanidade, mas como caracterizador de uma estrutura econômica, nos moldes pincelados por Yves Lacoste, requerendo, nos termos em que estamos descrevendo, uma melhor preparação dos recursos humanos e materiais para modificá-la.

Se, de *um lado*, o simples aumento da renda *per capita* não pode ser tomado como sintoma de *desenvolvimento*, porque vários países africanos, de absoluto *subdesenvolvimento*, têm alta renda *per capita* em virtude da produção bruta de certas minas, uma vez que essa renda não é dividida, mas açambarcada por diminuta classe capitalista – e, por isso, subdesenvolvimento definir-se-ia pela falta de condições no homem e na técnica para conseguir transformar em bens econômicos os recursos de que dispõe, resultando daí a baixa renda *per capita*[78] –, de *outro lado*, não se pode simplificar a questão e apresentá-la como se fosse apenas uma questão de investimento suficiente de capitais em países nas condições em apreço.

O problema apresenta-se também mediante a falta de outros elementos relacionados, como dito antes, com outros recursos materiais, além do capital,

---

77 Cf. p. 56.

78 Cf. Alberto Deodato, *Manual*, cit., p. 153-154.

e com recursos humanos[79], ensejando, muitas vezes, a coexistência em um mesmo momento histórico (no tempo) e, às vezes, no mesmo espaço (dentro de um mesmo território de um Estado) de duas economias: uma atrasada, no sentido pré-capitalista, e outra equipada pelas condições propiciadoras do aumento constante da renda *per capita*, portanto, em plena situação do dinamismo industrializador das nações europeias e de ultramar que mencionamos, mas, sem conseguir dividir essa renda entre todos os indivíduos e mantendo o status quo subdesenvolvimentista.

Por tudo isso, os fatores relacionados com a *política desenvolvimentista*, por exemplo, os *sistemas tributário e fiscal*, devem compatibilizar-se com os meios necessários à preparação desses elementos porque senão serão sempre incapazes de formar capital, apesar de formalizados com esse objetivo.

Devem ser sistemas que cubram todas as áreas de atividade econômica, inclusive a doméstica, porque se tem omitido na sua formulação um adequado tratamento tributário da família como núcleo importante no desenvolvimento comunitário.

No que concerne ao *sistema fiscal* não se deve descurar de promovê-lo:

a) ao nível estrutural "sofisticado" ou "muito elaborado", antes referido;
b) funcionando com órgãos bem constituídos e procedimentos administrativos simples e eficientes equipados de tal forma que assegure o mínimo de custo e o máximo de produtividade, inclusive pela utilização

79 Cf. Edward Nevin, *O capital*, cit., p. 12: "O capital, como o patriotismo, não é suficiente. A expansão econômica requer muito mais do que o simples influxo de capital; requer um mínimo de recursos naturais, mão de obra bem treinada, sadia e móvel, um número adequado de empresários, engenheiros, instrutores e administradores, e, inclusive, a modificação de atitudes e comportamentos sociais, bem como das próprias instituições, a fim de que possam conduzir – ou ao menos acompanhar – a produção crescente. Em resumo, todo o ambiente terá se preparado, para que possa unificar-se com o processo inicialmente delicado da expansão econômica, que nele deverá florescer"; E. F. Schumacher, O negócio é ser pequeno; um estudo de economia que leva em conta as pessoas, Rio de Janeiro, Zahar, 1977, apud Augusto da Silveira Mascarenhas, *Os programas de desenvolvimento comunitário*, Salvador, Univ. Bahia, 1978, p. 22: "entre as causas da pobreza, estou certo disso, os fatores materiais são inteiramente secundários – coisas tais como a escassez de riquezas naturais, ou a falta de capital, ou a insuficiência de infraestrutura. As causas primárias da pobreza extrema são imateriais e consistem em certas deficiências de educação, organização e disciplina. O desenvolvimento não se inicia por bens materiais; começa com pessoas e sua educação, organização e disciplina. Sem estes três elementos, todos os recursos permanecem latentes, inexplorados, potenciais. Há sociedades prósperas cuja base de riquezas naturais é ínfima... Aqui temos, pois, o problema central do desenvolvimento. Se as causas primárias da pobreza são deficiências nestes três aspectos, então, o alívio da pobreza depende primordialmente da remoção dessas deficiências"; Jorge Wilheim, *Planejamento*, cit., p. 23: "Ao contrário da 'modernidade', atraente e enganosa, temos utilizado a seguinte definição de desenvolvimento: é, ao mesmo tempo, o crescimento da economia, a melhoria da qualidade de vida e a busca da equidade social"; Alberto Deodato, v. nota 75 deste capítulo.

de processos mecanizados, por exemplo, o processamento de dados por computador;

c) possuindo pessoal qualificado capaz de aplicar e interpretar as normas jurídicas em uma perspectiva conjuntural projetada além da visão que o legislador teve no momento da concepção legislativa, mas contida na norma dada, não só pela abrangência desta a situações supervenientes[80], mas também consciente de que, sob esta metodologia, o efeito jurídico não se determina apenas em decorrência da ótica singular da norma aplicável, mas em função do sistema jurídico inteiro assim considerado como um conjunto de normas[81], porque não se pode interpretar uma norma isolada do sistema, porque ela não é isolável[82].

Seção IV – O aspecto jurídico

Exatamente a coexistência, referida ao final da seção anterior, é que se reflete nos mais variados modos de controle da convivência social, entre os quais se salienta o Direito, uma vez que, na sua função instrumental, legitima as relações aí travadas que abrangem desde a atuação do Estado até a atividade privada e as recíprocas influências entre as duas.

A colocação do assunto deve iniciar-se pelo questionamento referente ao papel das *normas jurídicas* neste quadro, porque, na perspectiva de romper os grilhões do *subdesenvolvimento*, sob a inspiração de que a salvação do homem está no *desenvolvimento econômico*, "o ordenamento jurídico deixa de ser, em princípio, um sistema de limites à ação dos indivíduos em prol da coexistência social, para se tornar um conjunto de preceitos dirigidos principalmente a disciplinar, sob a inspiração de nova política legislativa, os quadros da economia. Essa tendência economista determinou novos critérios na apreciação do valor das leis e abalou estruturas tradicionais do Direito. O estado de espírito hoje predominante é, segundo Maspetiol, o de aplaudir-se ou condenar uma lei consoante incite ou dificulte o desenvolvimento econômico. O

---

80 Cf. Ives Gandra da Silva Martins, coord. Miguel Colassuono, Tributação sobre solo criado e as prefeituras do Norte, *A desconcentração econômica do Brasil:* Norte/Nordeste, São Paulo, Resenha Universitária, 1978, p. 9 (Estudos sobre o Amanhã, Caderno n. 3).

81 Cf. noção de sistema que oferecemos, e Geraldo Ataliba, *Sistema constitucional tributário brasileiro*, São Paulo, RT, 1968, p. 4: os elementos de um sistema não constituem o todo, como sua soma, como suas simples partes, mas desempenham cada um sua função coordenada com a função de outros.

82 Cf. Angelo Falsea, Efficacia giuridica, *Voci di teoria generale del diritto*, Milão, Giuffrè, 1976, p. 249: "a solução de um problema jurídico não seria satisfatória se se limitasse a considerar somente os interesses que emergem de um setor isolado do ordenamento positivo, descurando de outros interesses que, a partir de outras regiões do ordenamento, poderiam influir sobre as decisões do caso em exame e resultar eventualmente mais relevante".

valor normativo transferiu-se para o comportamento político na medida em que estimula e concorre para o desenvolvimento material da sociedade. A regra de Direito não se ordena mais a uma ideia de *justiça*; passa a ser aferida pela eficácia técnica (*Brèves reflexions sur la règle de droit en tan qu'obstacle ou stimulant du développement économique et social*, Archives de philosophie du droit, 14:321). Empolgado por esse pensamento, o legislador convenceu-se de que as leis devem ser, antes de mais nada, um meio, um instrumento, uma técnica a serviço do Estado no cumprimento da programação econômica nacional"[83].

Nesse quadro, o manipulador do Direito deve compreender a inutilidade de tentar reconduzir a realidade jurídica a modelo incompatível com a nova organização econômica, compenetrando-se de sua missão diante dele.

Mas não se deve descurar de que mesmo quando o país já se encontre em fase de transição do estado subdesenvolvido para o desenvolvido, isto é, na fase do chamado *país em desenvolvimento*, o legislador, o juiz e o jurista, diante da falada coexistência, devem atentar para a circunstância de que as *normas jurídicas* não podem ser elaboradas, aplicadas ou interpretadas como se o sistema econômico estivesse sujeito, integralmente, a um mesmo modo de ser e de progredir, porque, em caso contrário, os problemas aparecem de modo gritante, especialmente na aplicabilidade de tais normas, uma vez que o legislador, ao elaborá-las, descuide-se de que há coexistência de dois regimes econômicos compondo o sistema, carecendo, por isso, de elementos que se comportem dentro da construção da estrutura típica de tal convivência.

O caso brasileiro serve de exemplo, como ficará demonstrado neste trabalho e já foi advertido em outro[84].

Esta fase de atuação de um Estado, que se propõe a desempenhar uma *política intervencionista* para proporcionar o *bem-estar* e o *desenvolvimento*, provoca numerosos aspectos jurídicos, resultantes das influências recíprocas entre a evolução do Direito e esta promoção estatal específica.

Tais aspectos, por serem numerosos, apresentam-se em todos os ramos do Direito, como adverte Farjat. Razão por que aqui limitaremos a análise àqueles que se relacionam bem particularizadamente com o tema sob dissertação.

De passagem, vale lembrar dois aspectos genéricos, porque aplicáveis a todos os ramos do Direito durante o *processo* de desenvolvimento:

1º) *diversificação das fontes legislativas*;

2º) *hipertrofia legislativa*.

---

83 Cf. Orlando Gomes, *Direito econômico*, cit., p. 21-22.

84 Cf. Edvaldo Brito, É necessária uma reforma tributária para o Nordeste, *A desconcentração econômica do Brasil*: Norte/Nordeste, São Paulo, Resenha Universitária, 1978, p. 249-254 (Estudos sobre o Amanhã, Caderno n. 3).

Com efeito, as mudanças nas técnicas de atuação do Estado, às quais se referiu Farjat[85], ao comparar *liberalismo* e *intervencionismo*, e que têm reflexo no Direito, causam essas duas aparências, percucientemente aprofundadas em estudo contemporâneo de Santos Briz[86].

A *diversificação das fontes legislativas* é consequência da abundância de normas que as transformações sociais incumbem-se de produzir ou de modificar as já existentes.

O processo legislativo, via de regra, moroso, não está atendendo à velocidade das mudanças que se vêm operando, seja porque os parlamentos – tradicionais fontes legislativas – não se encontrem, no mundo moderno, tecnicamente equipados, salvo o norte-americano[87], seja porque as tendências representadas pelas diversas correntes de opinião componentes dessas casas legislativas, quando atuando, entrechoquem-se, em razão da natural defesa de interesses políticos, respaldados pelas diversas aspirações das bases eleitorais, com inevitável reflexo no comportamento parlamentar dos membros dessas correntes, o qual muitas vezes não corresponde com aquele que deveriam adotar no interesse coletivo imediatamente configurado e carecedor de providências, também, imediatas.

Disso resulta mais um elemento para integrar a *hipertrofia* do Poder Executivo de hoje, justificada, sobretudo, pelo fato de estar mais bem equipado, já porque administra os recursos e dispõe deles para o crescente aprimoramento de sua estrutura e funcionamento, já porque a tanto lhe autoriza a infinidade de encargos que lhe atribui a maioria esmagadora das tarefas voltadas para o atendimento das *necessidades coletivas*, passando ele a ser o melhor juiz no julgamento desse interesse coletivo e das oportunidades e métodos para atendê-lo.

Explica-se, assim, e até se justifica que em certos Estados a organização política defira ao Poder Executivo as funções legislativas, para elaborar normas

---

85 Cf. Farjat, *Droit économique*, cit., p. 177, tecendo considerações a estas mudanças já referidas nesta dissertação.

86 Cf. J. Santos Briz, *Derecho económico y derecho civil*, Madrid, Revista de Derecho Privado, 1963, p. 42-50.

87 Cf. André Chandernagor, *Un parlement pour quoi faire?*, Paris, Gallimard, 1967, p. 9: "L'institution parlamentaire souffre en France d'un discrédit grave. p. 23:... L'évolution économique et sociale est un motif supplémentaire de transfert de responsabilités des parlementes aux gouvernements. Déjà, sous la pression des exigences d'une plus grande justice sociale, le passage progressif, depuis la fin du siècle dernier, de l'État-gendarme à l'État-providence, a entraîné des interventions de plus en plus fréquentes de l'État dans la vie économique, à partir du moment où il est apparu clairement que le libre jeu des initiatives personnelles ne suffisait plus à régler ces sortes de problèmes. p. 128:... Le parlement américain est le mieux outillé du monde. p. 170:... Henreaux, là encore, le parlamentaire américain qui, disposant d'un secrétariat de quatre à trente membres selon la population de son État ou de son district électoral, peut à son gré et utiliser le personnel soit à Washington soit dans sa circonscription".

de natureza legal sobre certas matérias[88], mesmo quando, paralelamente, o parlamento encontre-se em pleno funcionamento.

Aliás, essa atribuição legislativa acentua-se, realmente, nessa fase desenvolvimentista, na qual o Direito Positivo perde dois dos seus caracteres mais tradicionais: a) o da *generalidade* da norma e b) o da *abstração* da norma, por causa da tendência ao particularismo, expresso na utilização frequente, pela fonte normativa, de regulamentações particulares ou medidas administrativas que têm a *materialidade da lei.*

Lembra Santos Briz que, em consequência disso, as normas apresentam-se complicadas a tal ponto que passa a haver necessidade de especialistas para assessorar, na interpretação mais elementar que porventura necessitem, os órgãos incumbidos de sua aplicação[89].

Enfim, as mudanças causam a *diversificação das fontes normativas,* subtraindo a exclusividade dos parlamentos, pelo que o Poder Executivo passa a constituir-se em tal para ocasionar certas consequências negativas no campo jurídico, porque, na Administração, sendo a tarefa desempenhada por especialistas nas diversas matérias a regulamentar, totalmente carecedores de formação jurídica, resulta que a norma torna-se espúria pela sua origem, dificultando a sua aplicação, a sua interpretação e, por conseguinte, perturbando o critério lógico, sistemático, recomendado por Falsea, conforme já vimos.

A *hipertrofia legislativa,* segundo aspecto generalizado do Direito nesses novos tempos, resulta da velocidade com que se operam essas mudanças causadoras de necessidades coletivas que requerem celeridade no atendimento pelo Estado e que se refletem no campo do Direito, como demonstra Briz, pela *inconstância* e *instabilidade da regulamentação das questões econômicas,* uma vez que se torna difícil manter essa regulamentação em conformidade com a ideia do Direito.

---

88 Cf. Constituição brasileira de 1967, com a redação da Emenda n. 1/69: "Art. 55. O Presidente da República em casos de urgência ou de interesse público relevante, e desde que não haja aumento de despesa, poderá expedir decretos-leis sobre as seguintes matérias:

I – segurança nacional;

II – finanças públicas, inclusive normas tributárias; e

III – criação de cargos públicos e fixação de vencimentos.

§ 1º Publicado o texto, que terá vigência imediata, o Congresso Nacional o aprovará ou rejeitará, dentro de sessenta dias, não podendo emendá-lo; se, nesse prazo, não houver deliberação, o texto será tido por aprovado".

Observe-se que, nos termos do § 1º deste art. 55, o *decreto-lei,* entre *nós era, também, lei no sentido formal* e não só em sentido material. Observa-se, ainda, que a disciplina jurídica da *Medida Provisória* é diferente: Cf. o art. 62 da Constituição de 1988, com a redação da Emenda n. 32/2001.

89 V., por exemplo, a Lei n. 4.380, de 21 de agosto de 1964, que criou o Sistema Financeiro de Habitação e todas as normas expedidas para regulamentá-lo.

O traço mais marcante desse episódio é o de que a obra legislativa destinada a ter duração ilimitada passa a não encontrar mais receptividade.

Os *códigos*, sobretudo os civis, alguns deles centenários, envelheceram tanto que se transferiu para a jurisprudência dos tribunais e, em quantidade já assustadora, a dos órgãos administrativos, incumbidos de dirimir conflitos neste setor da vida estatal, a tarefa de adaptá-los à evolução dos fatos que estão forçando, rapidamente, que se sucedam novas leis e modificações nas vigentes.

Afinal, cabe a conclusão de Carbonier, citado por Orlando Gomes[90], de que o alargamento do *intervencionismo estatal* provocou tamanha abundância de normas que "as férias do Direito são hoje uma necessidade da higiene social", mesmo porque, no arremate de suas considerações, Santos Briz assevera que "não se deve olvidar que o aumento do Direito legislativo é prejudicial à autoridade da norma legislativa quando se ultrapassa certa medida". A fidelidade à lei necessariamente é menor quando o cidadão, ante a abundância de leis, não pode conhecê-las e cumpri-las todas.

O sintético exame que acabamos de fazer sobre os dois aspectos genéricos fortalece as colocações iniciais que se vinham desenvolvendo nesta parte da dissertação, conduzindo-nos a aspectos específicos do Direito diante da *política desenvolvimentista* adotada pelo *Estado de iniciativa dualista*.

Conduz-nos, enfim, aos *aspectos jurídicos do desenvolvimento econômico*, aquartelando-nos, diante da magnitude do tema, na área dos assuntos aflorados sob este ângulo do dualismo *intervencionista* estatal: a *poupança*, o *planejamento*, *a autonomia política* das unidades federadas.

A *poupança* – Elemento essencial à formação de capital para os investimentos reclamados pelo desenvolvimento – sugere a análise de sua disciplina jurídica, especialmente a do esboço do quadro jurídico da tributação, que é uma forma de poupança – a compulsória.

O *planejamento* – Técnica necessária à consecução do desenvolvimento – motiva o estudo da *eficácia jurídica do plano*, de modo particular, diante da forma de Estado federal e em face de um regime democrático de governo.

A *autonomia* – Consistente no poder de autodeterminação no que se refere, pelo menos, à obtenção de recursos financeiros para o custeio dos serviços destinados ao atendimento das necessidades públicas – reclama uma nova caracterização no plano jurídico, especialmente para situar a posição das entidades locais que terão de ter relevante atribuição no sucesso de uma política desenvolvimentista, mas que são carecedoras dos instrumentos, não só os financeiros, mas também os legais, para cumprir esta importante tarefa na promoção de parte específica dessa política: o *desenvolvimento urbano*.

---

90 Cf. *Direito econômico*, cit., p. 28.

Se estamos conscientes de que a amplitude dos *aspectos jurídicos do desenvolvimento* obriga-nos ao encurralamento na área dos três assuntos mencionados, estamos, também, compenetrados do dever de relembrar, pelo menos, alguns outros que ajudam a penetrar na compreensão do que se dirá sobre os escolhidos:

1º) Já acentuamos a *nova posição do Direito* como uma das técnicas ou um dos instrumentos para o desenvolvimento: é o aspecto da relação de instrumentalidade travada entre Direito e desenvolvimento. Essa maneira de encará-lo é importante para identificá-lo como promocional, e não como um meio de solucionar o problema do subdesenvolvimento. Mas, de outro lado, essa maneira não deve conduzir a posições que têm exagerado essa função instrumental do Direito, as quais têm base em pequena minoria atuante de economistas, administradores e políticos, reunida sob a denominação de tecnocratas, que se está incumbindo de negar ao Direito a sua majestade promocional ao reduzi-lo a mera técnica de controle social.

2º) Uma *nova modalidade de interpretação das normas jurídicas* é outro aspecto das mudanças que ocorreram com reflexo na experiência jurídica. Tal consiste na influência que essas mutações exercem no intérprete provocando uma mentalidade antiformalista do jurista, gerando o abandono de uma jurisprudência de conceito por uma teleológica, ensejando que se incense a já referida legalidade conjuntural. Adota-se, enfim, a interpretação que vai influenciando a modificação da estrutura e vai mudando a função dos institutos jurídicos.

3º) O aparecimento de novas instituições, às vezes importadas de outros povos, que se encontram à frente em desenvolvimento, é mais um aspecto. O nosso Direito, cujas origens são completamente desvinculadas das que deram vida ao Direito norte-americano, está cheio de expressões designativas de relações jurídicas aqui travadas e que só encontram guarida nas formas disciplinadas por esse Direito até então estranho a nós: a disciplina jurídica da empresa sob a forma de sociedade anônima demonstra-o, em grande parte, ao lado de outras manifestações no campo contratual, como o exemplificam os contratos de *know-how*, de *franchising*, de *engineering*, de *factoring*, de *leasing*.

4º) É também aspecto dessas mudanças, diante da sua multiplicidade a que já tivemos ocasião de referir, arrimados em Santos Britz, a inexistência de uma legislação ordenada e esquematizada dentro de um sistema que coordene todas aquelas regras e institutos que respondem à orientação dirigista.

5º) Também é aspecto jurídico do desenvolvimento a *manipulação do contrato pelo Judiciário*, mediante os dois princípios antes mencionados, o da *noção objetiva de causa* e o da *boa-fé*, utilizados com o sentido moralizador do Direito ou para concretização do sentido novo da norma jurídica. Esse aspecto revela a adoção de conceitos elásticos, que permitem a distensão das normas básicas, enfileirados por Orlando Gomes, sob a denominação de *amortecedores*[91], como os *conceitos de equidade, bons costumes, boa-fé, lealdade* e *confiança recíprocas, usura, lesão, imprevisão* e *abuso de direito*.

6º) É, ainda, aspecto a mencionar o apelo à doutrina e à jurisprudência como fontes do Direito, sobretudo porque a jurisprudência, como já asseveramos, tendo a função de adaptar velhas normas à nova realidade e a de manipular o contrato, tem mudado a função dos institutos jurídicos, "criando", de certo modo, o Direito[92], embora não lhe caiba mudar a estrutura do instituto, que é tarefa da lei, e ao juiz não cabe mudar a lei.

7º) Por fim, relembre-se a *publicização do contrato*, como um outro aspecto, resultante das técnicas dirigistas, que o fazem perder o significado de livre estipulação reguladora de interesses próprios dos particulares, das quais podem servir de exemplo:

- a *técnica da substituição automática do conteúdo do contrato*, consistente na estipulação de regras administrativas que se inserem, necessariamente, no contrato; e se as partes não as incluem, o contrato não resulta nulo, mas as regras que valem não serão somente as inseridas no contrato pelas partes, mas também aquelas que, automaticamente, dele participam, preestabelecidamente por força do fenômeno aqui destacado. Por exemplo: *preços, tarifas, locação de imóveis*;
- a técnica da *conversão de um contrato em outro*. Veja-se o exemplo, entre nós, do *contrato de compromisso de compra e venda*, diante dos seus efeitos[93].

Os aspectos aqui alinhados, e mais aqueles decorrentes da influência causada na ordem jurídica pelas *transformações na estrutura política e econômica*, dão um quadro da reciprocidade das modificações operadas nestes três campos.

---

91 Cf. *A crise do direito*, cit., p. 10.

92 Sobre o tema, é interessante a posição da escola egológica de Cossio definindo o Direito como *conduta* humana na sua interferência intersubjetiva, cabendo à *norma* pensar essa conduta em liberdade. Disso decorre a conclusão de que o juiz não é fonte de norma positiva, mas o é do Direito enfocado sob o ângulo da plenitude do ordenamento jurídico: o Direito não tem lacunas, a lei sim (cf. Carlos Cossio, La *teoría egologica del derecho y el concepto juridico de libertad*, 2. ed., Buenos Aires, Abeledo-Perrot, 1964, p. 102 e 531). V., também, Alberto Vicente Fernandez, *Función creadora del juez*, Buenos Aires, Abeledo--Perrot, especialmente a conclusão, p. 117.

93 Cf. Barbosa Lima Sobrinho, *As transformações da compra e venda*, Rio de Janeiro, Borsoi, [s.d.]; J. M. Antunes Varela, *Direito das obrigações*, Rio de Janeiro, Forense, 1977, p. 133; Orlando Gomes, *Contratos*, 4. ed., Rio de Janeiro, 1973, p. 277 e ss.; Afonso Dionysio Gama, *Theoria e prática dos contractos por instrumento particular no direito brasileiro*, 5. ed., Rio de Janeiro, Freitas Bastos, 1935, p. 125 e ss.

Vejamos, então, os três aspectos específicos que destacamos em função do tema desta dissertação:

Disciplina jurídica da poupança

As disponibilidades de capital provêm do apelo a fontes externas ou internas, conforme se originam, respectivamente, do empréstimo ou de inversão em moeda ou bens de outro país ou se originem do próprio país, por meio da *tributação* ou de *medidas monetárias* (empréstimos, voluntários ou compulsórios; atuação dos mercados financeiro e de capitais; expansão [inflação] monetária).

A nossa apreciação cinge-se, apenas, à disciplina jurídica das fontes internas expressas pela *poupança voluntária* e pela *compulsória*.

A atuação do Estado intervencionista deve-se fazer sentir, em todos os meios de poupança, de forma sistematizada e integral. Em decorrência, a disciplina jurídica deve ser abrangente, envolvendo os sistemas monetário, bancário, de mercado de capitais, tributário e fiscal.

As regras de Direito devem:

a) visar à obtenção de maior volume de moedas considerando-se que o fator monetário é importante canal para o qual convergem as poupanças de uma parcela substancial da população;

b) objetivar a organização do *sistema bancário*, a partir da intervenção nesta atividade por intermédio de um Banco Central com a função de controlá-la, objetivando a estabilização da economia no desempenho de um papel de assessoria indispensável para o desenvolvimento econômico. Embora se possa optar por um Banco Central, sob a forma de uma entidade independente da estrutura estatal, apenas submissa, como qualquer outro Banco, à política governamental traçada para o fim específico, nos países em desenvolvimento, contudo, é aconselhável que o Banco Central seja instituição oficial;

c) integrar, sob o comando deste Banco Central, toda a atividade bancária particular, comercial, de investimento ou de desenvolvimento, diante da importância da sua função creditícia na realização de investimentos capitalizadores. Passam a ser necessárias, ao lado dos Bancos, instituições financeiras outras, de crédito e de investimento, atuando no setor de obtenção de fundos, captados de uma variedade de fontes, de tal forma que somente sociedades constituídas e organizadas com tal finalidade poderão realizar, porque geralmente a coleta, individualmente, tem volume reduzido e decorre de numerosas fontes;

d) estruturar o *mercado de capitais*, em todos os seus aspectos, provendo os meios para manter a rentabilidade e a liquidez dos investimentos, garantidos contra os riscos e controlados por uma forma de comercialização dos valores mobiliários por meio de *Bolsa de Valores*;

e) criar *estímulos e incentivos de natureza tributária* e dotar o sistema de espécies tributárias adequadas às bases econômicas, estabelecendo uma política de *não incidências* e de *isenções* necessária à promoção do desenvolvimento, permitindo a expansão da atividade privada, ao mesmo tempo em que favorece a obtenção, pelo Estado, dos meios essenciais com os quais contribua para o processo desenvolvimentista. Em suma: o *sistema tributário* deve ser um eficiente instrumento jurídico de promoção do desenvolvimento;

f) fazer funcionar um *sistema fiscal* em que os órgãos administrativos estejam legalmente bem estruturados, inclusive quanto a pessoal qualificado para aplicar os textos normativos na perspectiva da política desenvolvimentista, mediante procedimentos dinâmicos, eficientes, de pouco custo e de máxima produtividade.

É importante acentuar que essa estrutura institucional da *poupança* não deve modelar-se a qualquer das adotadas por economias mais avançadas em *desenvolvimento*, para não frustrar o objetivo perseguido, e deve atentar para as diferenças regionais que exigem equilíbrio durante o processo.

Disciplina jurídica do planejamento

A política de desenvolvimento tem de ser equacionada em duas fases:

1ª) *a da elaboração do plano* (planejamento) e

2ª) *a de sua execução* que consiste na atividade administrativa desenvolvida para a aplicação do dito plano.

Isto posto, afirmamos que tanto em uma, quanto em outra, há um quadro institucional dentro do qual essa política se realiza e cujos aspectos jurídicos especialmente se vinculam à forma de Estado e ao regime de governo.

Colocam-se, diante disto, questões como:

- É possível elaborar plano e executá-lo em uma federação?
- A que entidades federadas cabe elaborá-lo e qual delas deve executá-lo?
- A democracia, como regime de governo, comporta um planejamento de economia imposto a todos os setores, privado e público?
- Qual a eficácia jurídica de um plano diante de tal organização política?

Vejamos como respondê-las:

Federação e planejamento

Tomando o planejamento como fase de elaboração de um plano, isto é, como preparação de um instrumento para a ação coordenada de elementos a serem utilizados na perspectiva de um determinado fim, certamente que não há incompatibilidade entre *Estado federal* e *planejamento*, porque com ele visa o Estado, simplesmente, programar a sua ação futura, visa propor o futuro, como bem o disse Jorge Wilheim[94].

No particular, o que cumpre é, apenas, compatibilizar o *planejamento* com a execução do plano, diante da coexistência de mais de um governo com poder de autodeterminação. Em princípio, nem este poder – que define *autonomia* – atrapalha, considerando que à sua natureza deve ser inerente um quinhão de atribuições privativas, mas não excludentes na medida em que prevaleça a necessidade de integração essencial à sobrevivência do convívio entre as diversas esferas do governo.

A tendência mundial é a de *progresso solidário* na cena internacional, como o exemplificam vários acordos para integração econômica regional em diversas áreas do globo.

O cultivo dessa tendência é inevitável entre as unidades federadas e alguns elementos que a compõem são comuns a diversos Estados federais, condicionando a modelagem do quadro institucional do planejamento e de sua execução e das correlações com a própria forma de organização política federal e democrática.

Assim, é comum, como observa Seabra Fagundes[95] – e nem a federação é mais exceção –, que o poder político, qualquer que seja a sua origem ou modalidade de exercício, tende sempre, ainda que com intensidade variável, para o fortalecimento da *autoridade central*. Arremata esse ilustre jurista que é

---

94 *Planejamento para o desenvolvimento*, São Paulo, Secretaria de Economia e Planejamento, 1978.

95 Cf. Novas perspectivas do federalismo brasileiro, *Revista de Direito Público*, 3(10):7-8, out./dez., 1969: "A tendência centrípeta se manifesta até mesmo nos organismos oriundos, historicamente, da necessidade de agregar, para a vida política em comum, pela conveniência de atuação conjunta, no quadro geopolítico de certas regiões, povos com diversidades de origem racial, de idiomas, de costumes, de religião... O Estado federal não foge à vocação centralista do poder político. E há quem nele veja, como o nosso Ruy Cirne Lima, que se faz acompanhar de Dicey e Schmitt, 'meramente uma forma de transição para o Estado unitário' (Federalismo e Feudalismo, *Revista Brasileira de Estudos Políticos*, 6:80-6)... Não incluindo a Rússia, cujas peculiaridades a colocam em categoria à parte, *três são os fatores* conducentes à acentuação da tendência centralizadora no Estado federal contemporâneo: o panorama econômico, no plano da competição internacional (produção, importação, exportação, câmbio), a exigir unidade de ação governativa que, convertendo a economia nacional de cada país em um todo harmônico, permita protegê-la diante das economias nacionais dos outros países; a *atribuição do poder público*, em consequência de fatores sociais, de amplas tarefas nos campos previdenciários, da saúde e da educação, solicitando recursos financeiros de vulto nacional e *planejamento nacional* no *aplicá-los*; finalmente, a *problemática da segurança nacional*, sugerindo unidade de critérios e vigor de ação para a preservação da soberania, e mesmo da tranquilidade interna, em um mundo abalado pela Segunda Grande Guerra e premido, ainda hoje, pelo clima de guerra fria e por lutas armadas em diversas áreas. No processo centrípeto do federalismo, o peso de cada qual desses fatores poderá variar, de Estado para Estado, em razão de circunstâncias peculiares a cada um, mas no mundo hodierno estarão presentes, concomitantemente, em todos eles" (nossos os grifos).

da natureza mesma desse poder que o seu exercício se aprimora, sob certos aspectos, com a unidade de ação a que sucede a concentração da autoridade resultante da vocação humana para o mando, geradora da natural situação de *poder* atraindo poder, porque *poder* pede sempre *poder*.

A atenuação da *autoridade central* em favor das periféricas é, nas organizações políticas, algo episódico, conclui Seabra Fagundes. Logo, um elemento básico no *planejamento* consiste na sua centralização: o plano, mesmo na federação, deve ser elaborado pela *autoridade central* a que se deferiu a atribuição das amplas tarefas econômicas e sociais que requerem coordenação na execução.

Por isso, em vez de incompatíveis, *federação* e *planejamento* passam a ser reciprocamente vinculados porque, em face da magnitude das tarefas do poder público contemporâneo, a sobrevivência da federação carece da falada coordenação.

Daí, também, a conclusão de que a execução do *planejamento*, nesta forma de Estado, embora deva ser descentralizada, terá forçosamente de admitir um comando central até para evitar o desequilíbrio econômico entre as regiões, diversamente dotadas quanto a recursos humanos e materiais de que carece o *processo* de desenvolvimento, não implicando, negativamente, em nada, a preservação do poder de autodeterminação dos governos das *unidades federadas periféricas*.

Democracia e planejamento

Ainda com socorro na noção de planejamento que vem sendo enfocada, não há como alegar sua impropriedade para um regime de governo democrático. Claro que se a pergunta é formulada nos termos em que o foi – A democracia comporta planejamento da economia imposto à atividade privada? –, a resposta será negativa, porque essa imposição não se coaduna com a *liberdade econômica* desses regimes de governo.

Novamente volta aqui a colocação de que o planejamento é a coordenação que garante a sobrevivência da federação, mas também o é da democracia. Se os governos têm a finalidade de proporcionar o *bem-estar* e o *desenvolvimento* a que se propõe o *Estado social moderado*, tal somente será conseguido por intermédio da execução de um plano que programe a ação governamental nesta direção.

Afinal, estamos afirmando, por toda esta dissertação, que o Estado contemporâneo, que assumiu a feição social moderada, tem de ser intervencionista não para esvaziar ou suprimir o conteúdo das liberdades individuais, mas, ao contrário, para preservá-las no interesse coletivo, mantendo a *liberdade econômica* compatível com os ideais de *bem-estar e desenvolvimento*, mediante o cultivo de uma *economia de mercado*[96].

---

96 Eros Roberto Grau, *Planejamento econômico*, cit., p. 22-23: "A evolução do Estado liberal para o Estado social segue sobre a necessidade de preservação do mercado, 'habitat'

Há desavença entre *democracia* e *economia planificada*, que consiste no *planejamento total* e não entre tal regime de governo e a *economia planejada*, porque o "*planejamento econômico*, na democracia, terá que se conformar e se condicionar às limitações impostas pelos princípios que definem aqueles direitos inalienáveis da pessoa humana e aos princípios normativos básicos da Constituição, quanto à forma que se atribuírem os requisitos de autoridade e se lhe der execução por meio de um órgão com poder legítimo"[97].

E, porque não há incompatibilidade, a estrutura jurídica democrática deve ser o fundamento do plano, cuja eficácia jurídica tem de ser admitida como elemento essencial à validade da própria eficácia da coordenação que se pretende executar em prol da *economia de mercado*.

Eficácia jurídica do plano

Qual a natureza jurídica do plano? É norma jurídica com caráter de *jus cogens*? Obriga a quem: ao Estado, às atividades econômicas privadas?

As respostas a essas indagações e a tantas outras formuladas não têm sido uniformes e partem até do ponto de se saber se realmente há ou não *valor jurídico do plano*.

A Constituição da República Federativa do Brasil atribui valor jurídico ao plano ao dar-lhe eficácia de determinante para o setor público e de indicativo para o setor privado (art. 174).

---

essencial para a dinamização dos valores de liberdade contratual e de iniciativa e de propriedade dos bens de produção. Encontramo-nos, sem dúvida, diante de um processo dinâmico de atuação do Estado sobre as relações econômicas que se travam no âmbito social. As ações episódicas, isoladas, que anteriormente se praticavam, durante o período neoliberal, são agora substituídas por outras, racional e programadamente dispostas. Não obstante, é o processo intervencionista que prossegue – chame-se-o ou não de dirigista – sob múltiplos aspectos, aqui e ali, no sistema capitalista, ora se manifestando como sistemático, ora, ainda, como meramente circunstancial".

97 Cf. J. C. de Assis Ribeiro, *Financiamento*, cit., p. 46, e Manoel Gonçalves Ferreira Filho, *A democracia possível*, São Paulo, Saraiva, 1972, p. 42-43: "Nos Estados Unidos, como na Grã-Bretanha e noutros países, o desenvolvimento econômico se acelerou e avançou independentemente da ação estatal. Esse desenvolvimento espontâneo, porém, já se deu onde deveria ocorrer. Na maioria dos Estados, em virtude de causas inúmeras, não ocorreu esse processo espontâneo, nem, onde apareceu, ganhou rapidez e sustentação. Por isso, é lugar-comum a observação de que aumenta dia a dia a distância entre os países desenvolvidos, cada vez mais desenvolvidos, e os países subdesenvolvidos que permanecem estagnados, ou progridem lentamente. É por isso plenamente compreensível que o desenvolvimento seja encarado, na maior parte do mundo, como missão de Estado e até como a principal e a mais urgente de todas as missões do Estado, contemporaneamente. Onde, por falta de condições, o desenvolvimento econômico mal deu alguns passos, ou não deu passo algum, tem o Estado de procurar induzi-lo, estimulá-lo, acelerá-lo e sustentá-lo. Ora, a promoção do desenvolvimento tem grandes consequências para a estrutura do Estado e de seu governo. Esta intervenção do Estado exige planejamento. De fato, ela pressupõe a definição de objetivos a curto, médio e longo prazos, o que importa na seleção de metas e no estabelecimento de prioridades".

Eros Roberto Grau[98], examinando as colocações postas em doutrina sobre a existência ou não desse valor, resume-as assim:

1. Negativas do valor jurídico do plano:

> "– o *plano* é um ato político (Farjat, Quermonne, Corbel, Vlachos), consubstancia um simples relatório anexado a uma lei (Madar) e não assume força legal em razão do fato de ter sido aprovado através de uma lei (Corbel, Vlachos, Goguel);
>
> – o *plano* não representa nenhuma obrigação jurídica, configurando mera obrigação moral (Jean de Soto, Farjat), mesmo porque não há sanção pela sua inexecução (Madar, Vlachos, Goguel);
>
> – as diretrizes do *plano* não são dotadas de nenhuma força jurídica (Madar, Jean de Soto, Farjat, Burdeau), não podendo o plano limitar o poder discricionário da Administração (Madar, Jean de Soto, Farjat, Quermonne)".

2. Afirmativas do valor jurídico do plano:

> "Salientem-se, entre estas, as colocações de Anabitarte – que divisa na afirmação de que a lei do plano somente vincularia o Poder Executivo, e não o Poder Legislativo, a configuração de um 'absurdo jurídico e constitucional' –, de Kaiser – que inclui o plano em uma terceira categoria, junto à lei e ao ato administrativo –, de Laubadère – para quem o plano é um ato jurídico cuja natureza apenas pode ser definida pelos efeitos que possa ele produzir – e toda a postulação desenvolvida por Jacquot".

Diante dessas duas posições extremadas, parece-nos que cabe lugar as ponderações de Ramón Martín Mateo e Francisco Sosa Wagner[99].

Iniciam distinguindo os *planos* em três classes:

a) *imperativos;*
b) *indicativos;* e
c) *mistos.*

Os primeiros têm caráter coativo e correspondem aos planos econômicos dos países socialistas e são possuidores de incidência decisiva no conjunto das relações econômicas. "Juridicamente configuram-se com um valor superior ao das leis ordinárias, com um caráter supralegal, pelo que durante seu prazo de vigência seu conteúdo deve ser respeitado, inclusive pelas próprias normas emanadas do Poder Legislativo."

Os segundos contêm previsões que serão seguidas voluntariamente pelos diversos agentes econômicos, uma vez que neles o Estado não assume a sua tradicional posição eminente, atuando apenas como orientador para as

98 *Planejamento econômico*, cit., p. 224.
99 Cf. *Derecho administrativo económico*, Madrid, Pirámides, 1974, p. 55-56.

diferentes estratégias empresariais. Contudo, é difícil encontrar planos puramente indicativos, especialmente porque tendem a desencadear adesões pelo manejo de um amplo e generoso leque de estímulos, mediante técnicas próprias da Administração de fomento, gerando, assim, respaldos mais ou menos voluntários à adoção dos objetivos do planejamento.

Daí os planos mistos que vinculam o Estado e as Administrações e empresas públicas e são indicativos para o setor privado.

Como misto, os citados autores apontam o plano espanhol que deve ter servido de base à afirmativa idêntica de Baena del Alcazar[100].

Mateo e Wagner alinham as teses sobre a natureza jurídica do plano, sintetizando-as em quatro:

1ª) contrato social de conteúdo econômico;

2ª) ato-programa;

3ª) lei ordinária;

4ª) forma atípica de produção normativa.

Considerando a adesão dos particulares necessária à efetivação do plano, ele seria um *contrato social de conteúdo econômico*, mas, diante da imprecisão desta colocação, outras teses foram formuladas, resultando nas três outras mencionadas. Contudo, entendem os citados juristas espanhóis ser estéril querer dar tratamento unitário ao plano porque ele conduz ao fracasso, dada a dificuldade de assimilá-lo a categorias jurídicas tradicionais, visto que o seu conteúdo é muito heterogêneo – normativo e não normativo, enquanto contém uma série de estudos setoriais, análises, precisões, magnitudes econômicas etc.

Por sua vez, as normas contidas no plano não gozam todas de valor análogo: umas têm caráter de jus cogens, outras são simplesmente dispositivas; outras tantas têm caráter puramente programático e, por isso, necessitam de um desenvolvimento legal ou regulamentar adequado à sua completa aplicação.

Aqui já temos campo para assumir a nossa posição no sentido de que um plano, na perspectiva da exposição que estamos fazendo, terá de ser *misto*: indicativo, enquanto puder orientar a economia privada sem perturbar o objetivo primordial do bem-estar e do *desenvolvimento*, mas imperativo quando estiver em jogo esta finalidade de atuação estatal.

Há setores fundamentais para o sucesso da política do *Estado de iniciativa dualista*, que deverão ser explorados pelos particulares em regime de liberdade, mas, até o ponto, obviamente, em que não comprometam a eficácia desta política.

O plano, assim, terá de ser um instrumento jurídico eficaz, vinculativo dos setores privado e público, na medida em que já o colocamos aqui. Sua

100 *Régimen jurídico*, cit., p. 145.

forma, como lei ou como outro ato jurídico qualquer, dependerá do sistema jurídico em que for medrar, contanto que tenha a eficácia ora sugerida.

Autonomia política

A autonomia política das unidades federadas é o último dos três assuntos aflorados na dissertação do tema central deste trabalho e os quais reservamos para examinar quanto aos aspectos jurídicos.

O poder de *autodeterminação* das unidades federadas carece de perfeita caracterização no plano jurídico, uma vez que certa política desenvolvimentista poderá desajustar-se deste fenômeno e até ser fadada ao insucesso se não souber equacionar-se dentro do quadro institucional que contém a *federação democrática*.

De nossas afirmações anteriores, colhe-se que estão intimamente ligadas *autonomia política* e *suficiência de recursos*, mas este binômio não prevalecerá se, embora garantido o seu entrelaçamento, por via da destinação legal de rendas para cada unidade federada no plano prático da execução, outras normas o embaraçarem.

Assim, é necessário atentar-se não apenas para a disciplina jurídica da *discriminação de rendas* como também para todo o arcabouço jurídico dentro do qual se colheram tais receitas.

Em regra, tem-se de considerar que, para o *desenvolvimento*, o melhor sistema é o da *discriminação rígida*, porque ele garante um campo mínimo e exclusivo de tributação e, por isso, preserva a autonomia com este quinhão, mas, diga-se de pronto, que tal somente acontece se o quinhão for capaz de oferecer a necessária suficiência de recursos.

Aliomar Baleeiro[101]arrola mais duas vantagens na perspectiva do desenvolvimento: a de segurança dos contribuintes quanto à inexistência de bitributação, porque mais de um governo não poderá exigir tributação sobre o mesmo fato gerador e a de simplificação.

Mas, a formulação jurídica da autonomia, em termos de assegurar o seu exercício para o sucesso de uma política de desenvolvimento, não carece, apenas, da adoção de um determinado tipo de *discriminação* de receitas, mas ainda do seguinte:

a) correlação entre quinhão de receitas e as atribuições da unidade federada;
b) ressalvada a competência do poder central para editar *normas gerais*, plenitude no exercício do poder tributário no sentido de ter competência para legislar irrestritamente sobre o tributo (fato gerador, base de cálculo, alíquotas), sobre fiscalização e arrecadação (lançamento e demais procedimentos administrativos) e sobre a estrutura do sistema

101 Cf. *Uma introdução à ciência das finanças*, cit., p. 237.

fiscal, observadas as normas fundamentais inseridas na Constituição e as normas gerais referidas.

Verdadeiro é que essa *autonomia* não pode ser nem muito fraca nem muito forte para umas unidades em relação às outras, porque gerará desordem incompatível com o propósito *desenvolvimentista*.

Exige-se que ela se equilibre dentro de uma articulação harmônica das *competências tributária e fiscal*, especialmente em relação às unidades locais, para evitar que ocorra hipertrofia de uma em relação às outras, como no Brasil, onde sempre, são relegadas a plano inferior quando, tendo papel relevante no processo, deveriam ter tratamento jurídico correspondente.

SEGUNDA PARTE

Visão descritiva da atuação do Estado brasileiro no domínio econômico

Capítulo primeiro Fundamentos constitucionais

Seção I – Generalidades sobre a constitucionalidade da iniciativa dualista no Estado brasileiro

O assunto leva a se procurar saber se a Constituição brasileira assegura a *intervenção no domínio econômico* e, em caso positivo, de que forma o faz, a fim de se poder verificar se, juridicamente, o Brasil é um *Estado social moderado*, na perspectiva do *bem-estar social* e do *desenvolvimento econômico*.

Começamos por afirmar que sim, cabendo, então, demonstrá-lo nos fundamentos constitucionais da atuação do Estado brasileiro no *domínio econômico*.

Esses fundamentos encontram-se nas regras *limitadoras* do direito de propriedade, as quais a Constituição estabelece, após *garanti-lo*.

Essas *limitações* decorrem ou do exercício do *poder de polícia* genericamente considerado, ou do *direito expropriatório* que tem o Estado.

A colocação conduz à *noção de poder de polícia*. Na Constituição inexiste qualquer norma que conceitue ou dê a noção de *poder de polícia*, o qual, em termos gerais, consiste na necessidade de harmonização dos interesses da ordem econômica e social com os interesses individuais, já que este poder constitui uma limitação à liberdade do indivíduo, imposta pelo Estado em benefício da convivência social[1].

O *poder de polícia* seria, assim, um poder implícito pela falta de explicitude do texto constitucional[2]. A definição como poder implícito decorre da inteligência do exercício da *competência* da União deferido no art. 21 da Constituição Federal; do Estado, no art. 25; e do Município, no art. 29. Assim, por exemplo, a União exerce-o mediante "posturas" do Ministério da Saúde e da Agricultura e o Município, quanto à disciplina da utilização do espaço urbano em razão dos interesses da comunidade.

---

1 Cf. Héctor Adolfo Schuldreich Talleda, *Derecho administrativo y legislación fiscal*, Buenos Aires, Ergon, 1970, p. 81: "Poder de policía es la potestad jurídica que posee el Estado para restringir la libertad individual en beneficio del orden público, permitiendo garantir la seguridad, la moralidad, la salubridad, la convivencia armónica y la tranquilidad y el bienestar general de todos los habitantes... El poder de policía es una parte de la actividad legislativa, ya que es una atribución innegable de la autoridad legislativa el regular los derechos privados de las personas y la propiedad".

2 Não se trata aqui dos "poderes implícitos" do § 1º do art. 25: "São reservadas aos Estados as competências que não lhes sejam vedadas por esta Constituição". Cf. Josaphat Marinho, *Poderes remanescentes na Federação brasileira*, Bahia, Artes Gráficas, 1954.

O *direito expropriatório* é outra forma de *limitação* do direito de propriedade. Essa *limitação* deve decorrer da necessidade que se manifeste de assegurar o cumprimento, dentre outros, dos princípios:

I – liberdade de iniciativa;

II – valorização do trabalho como condição da dignidade humana;

III – função social da propriedade;

IV – repressão ao abuso do poder econômico, caracterizado pelo domínio dos mercados, a eliminação da concorrência e o aumento arbitrário dos lucros;

V – expansão das oportunidades de emprego produtivo;

VI – livre concorrência;

VII – defesa do consumidor; e

VIII – defesa do meio ambiente.

Diga-se de pronto, também, que a Constituição não regula propriamente a *autonomia privada*, mas sim a *iniciativa econômica* deferida em regra ao particular (art. 170) – pois ao Estado, somente é deferida, por exceção e como limitação a essa *iniciativa privada* (arts. 173 e 177). Mas, considerando-se que a *iniciativa econômica* do particular instrumentaliza-se na *autonomia privada*, poderemos concluir que a Constituição, a rigor, contém princípios básicos pertinentes, que se resumem nos três seguintes:

1º) livre iniciativa ou liberdade de iniciativa;

2º) subordinação da livre iniciativa ao desenvolvimento econômico e ao fim social, ou seja, ao bem comum ou ao *bem-estar social*;

3º) subordinação da *livre iniciativa* a um plano ou a um programa.

O segundo princípio básico mencionado expressa-se, especialmente, no campo das sanções negativas impostas mediante proibições de fazer ou mediante permissões para fazer sob certas restrições.

O terceiro princípio insere-se no campo das sanções positivas, uma vez que a *liberdade de iniciativa* está condicionada às finalidades estabelecidas no *planejamento do desenvolvimento econômico*.

Assim, é a atuação do Estado brasileiro *intervindo para modificar autoritariamente a ordem social*.

Isto posto, cumpre concluir lembrando que, sendo essa atuação do Estado brasileiro, no *domínio econômico*, uma decorrência das *limitações*, meras exceções ao direito de propriedade, ela, embora seja importante, é bastante restrita, ocupando uma posição secundária, quando se reveste da *participação direta*, dado que esta somente é admitida supletivamente, diante do princípio da *subsidiariedade* contida no art. 173, ou diante do atendimento de *necessidades da assistência vital*[3].

3 Cf. sobre o tema dos direitos e ações positivas do Estado em Robert Alexy, versión castellana, Ernesto Garzón Valdés, *Teoría de los derechos fundamentales*, Madrid: Centro de Estudios Políticos y Constitucionales, 2001.

Seção II – Atuação do Estado brasileiro modificadora da ordem social

A Constituição brasileira respalda a atuação estatal interventiva para *conformar a ordem social*. É o *arbítrio conformador*, a que já nos referimos com apoio em Forsthoff, pelo qual o Estado, dentro de certos limites estabelecidos pela ordem jurídica, exerce uma ação modificadora de direitos e relações jurídicas dirigida à totalidade ou a uma parte considerável da *ordem social*.

A Constituição de 1988, à semelhança daquela que lhe antecedeu, a de 1967, com a redação original ou com a redação da Emenda n. 1/69 e a das demais emendas, estabelecendo, sobretudo, a técnica do *planejamento* como modo de atuação estatal, fixa as seguintes bases do ordenamento jurídico da *intervenção do Estado no exercício da sua função conformadora* da *ordem social*:

> 1ª) planejamento do desenvolvimento econômico nacional, que é uma das finalidades da ordem econômica e social, baseada nos princípios da liberdade de iniciativa; *função social da propriedade*; repressão ao abuso do poder econômico, caracterizado pelo domínio dos mercados, a eliminação da concorrência e o aumento arbitrário dos lucros; e expansão das oportunidades de emprego produtivo, na busca do pleno emprego, livre concorrência para viabilizar, inclusive, a defesa do consumidor;
>
> 2ª) elaborar e executar planos nacionais e regionais de ordenação do território e de desenvolvimento econômico e social (art. 21, IX);
>
> 3ª) planejar e promover a defesa permanente contra as calamidades públicas, especialmente as secas e as inundações (art. 21, XVIII);
>
> 4ª) atuação no setor de crédito, câmbio, capitalização, seguros, comércio exterior, transferência de valores para fora do país, mediante a expedição de leis que estabeleçam a sua política e a fiscalização das respectivas operações;
>
> 5ª) atuação no setor financeiro, mediante a expedição de leis sobre sistema monetário, política creditícia e cambial, sistema tributário;
>
> 6ª) atuação no setor da atividade individual, expedindo leis sobre condições de capacidade para o exercício das profissões liberais e técnico-científicas e sobre Direito Civil, Comercial, Agrário, Marítimo, Aeronáutico, do Trabalho;
>
> 7ª) atuação contra o abuso do poder econômico, exercendo seu *poder de polícia* por meio de órgãos controladores da economia, protegendo a livre concorrência, com objetivo na defesa do consumidor.

Toda essa *ação conformadora estatal* obedece a certos valores que a própria Constituição estabelece como direitos e garantias individuais e como base do ordenamento econômico e social, que, a partir do texto de 1967, recebeu a "influência da doutrina social da Igreja e, particularmente, dos documentos pontifícios mais recentes, como a *Mater et Magistra*", segundo afirma Manoel Gonçalves Ferreira Filho[4].

---

4 Cf. *Curso de direito constitucional*, cit., p. 316-317.

Seção III – Atuação do Estado brasileiro por meio de participação ativa

O *arbítrio conformador* do Estado brasileiro também é legitimado na Constituição quanto à sua participação ativa nas funções da vida social como produtor, comerciante ou distribuidor de bens.

Aqui é necessário distinguir duas situações:

1ª) a atuação para atendimento das *necessidades da assistência vital;*

2ª) a atuação supletiva e corretiva.

O atendimento das *necessidades da assistência vital* tem determinado, há muito tempo, a participação ativa do Estado na vida econômica como produtor ou distribuidor de bens.

Forsthoff, consoante já expusemos[5], define a *assistência vital* como todas as prestações estatais em favor do indivíduo e que lhe são tão essenciais que ele não tem margem para decidir se quer ou não as aceitar, como o são as de fornecimento de água, eletricidade, gás e meios de transporte.

A Constituição brasileira defere essa atuação estatal sob a forma ou não de *monopólio* – uma vez que há atividades no setor da *assistência vital* que podem ser objeto de autorização ou de concessão – ao outorgar competência à União para explorar diretamente, ou mediante *autorização* ou *concessão,* os serviços de telecomunicações, os serviços e instalações de energia de qualquer origem ou natureza, a navegação aérea e as vias de transporte entre portos marítimos e fronteiras nacionais ou que transponham os limites de Estado ou Território.

Mas, a participação ativa do Estado também se pode dar, entre nós, em *atividades econômicas* que não sejam desempenhadas para atendimento de *necessidades de assistência vital.*

Aqui, a atuação estatal assume o caráter meramente supletivo ou corretivo, uma vez que a atuação direta do Estado no setor privado, desvinculada da *assistência vital,* somente é autorizada excepcionalmente pela Constituição e em duas circunstâncias:

1ª) quando indispensável, por motivo de segurança nacional, ou

2ª) quando houver relevante interesse coletivo[6].

Processa-se tal *participação,* mediante lei, por meio do *monopólio* de determinada indústria ou atividade, ou pela intervenção direta no *domínio econômico.*

Se a intervenção for *indireta,* isto é, o Estado não exerce as funções de tipo empresarial, mas as tutela, será possível instituir uma prestação pecuniária

5 Cf. *Tratado de derecho administrativo*, p. 16 e ss.

6 Cf. art. 173.

compulsória, uma *contribuição econômica*, para custear as *prestações* ou as *prescrições administrativas* e encargos com a *intervenção* (art. 149)[7].

Alguns conceitos dos elementos constitutivos dessa *participação* (atividade de prestação) devem ser considerados:

- O de *segurança nacional* é matéria discricionária, de natureza mais política do que Jurídica, havendo órgãos próprios para identificação das oportunidades em que ela se caracteriza.
- O *monopólio* é a forma de atuação estatal que suprime a regra geral da liberdade de iniciativa, caracterizando-se pelo *privilégio tributário*[8], porque se a atuação estatal não é exclusividade, então terá de haver igualdade tributária diante do *princípio da igualdade econômica* entre as empresas do Estado e as empresas privadas[9].
  - A *igualdade econômica* é, pois, a regra geral e a única exceção é o *monopólio*, o que significa ser tributável toda *atividade econômica estatal* não monopolizada.

A interpretação sistemática do texto constitucional, desde a "Carta de 1967", com a redação da Emenda n. 1/69, conduz a entender-se que a *atividade econômica estatal* é *corretiva* e é *supletiva*.

O Estado, assim, atua ou *supletiva* ou *corretivamente*, suprindo *espaços vazios* porque:

a) a *atividade econômica estatal* somente é permitida quando necessária aos imperativos da *segurança nacional* ou a *relevante interesse nacional*;
b) potencialmente, não há condições de atuação da empresa privada;
c) inexiste, totalmente, empresa privada atuando no setor que se reconheça de atendimento necessário;
d) a empresa privada atua ineficazmente (atuação corretiva);
e) existe empresa privada atuando, mas não em nível suficiente para atender a todo o setor; e
f) está substituindo, totalmente, a empresa privada ineficiente e ineficaz.

A exegese das disposições constitucionais do texto de 1967 (redação da EC 1/69) não é diferente da que se impõe com a leitura do texto de 1988, porque permite entender, em um e no outro, que a *ordem econômica* é fundada na *livre iniciativa*, como o elemento parceiro da *valorização do trabalho humano*.

---

7 Cf. Edvaldo Brito, *Direito tributário:* imposto, tributos sinalagmáticos, contribuições, preços e tarifas, empréstimos compulsórios, São Paulo, Atlas, 2015, p. 181 e ss.

8 Cf. Sylvio Santos Faria, *A intervenção do Estado no domínio econômico.* Legislação e jurisprudência fiscal – uma revista da Bahia, ano 21, abr. 1977, p. 80.

9 Cf. § 1º, II, do art. 173: "a sujeição ao regime jurídico próprio das empresas privadas, inclusive quanto aos direitos e obrigações civis, comerciais, trabalhistas e tributários".

Consequentemente, quem organiza a economia (ordem econômica) é a *livre iniciativa*, porque a Constituição elege-a como um dos princípios fundamentais que servem de base à República Federativa, a qual se constitui em Estado Democrático de Direito (cf. art. 1º, IV, combinado com o art. 173, todos da Constituição).

Logo, a exegese, aqui exposta, autoriza concluir-se que a noção de *supletividade* é extraída do texto constitucional, porque a ação somente se legitima se for movida pela exceção causada pelos *imperativos da segurança nacional* ou por *relevante interesse coletivo*.

Lembre-se que a alternativa à regra geral de organização da economia, pela iniciativa privada (*livre iniciativa*), é o *monopólio*, somente deferido à União para:

> I – a pesquisa e a lavra das jazidas de petróleo e gás natural e outros hidrocarbonetos fluidos;
>
> II – a refinação do petróleo nacional ou estrangeiro;
>
> III – a importação e exportação dos produtos e derivados básicos resultantes das atividades previstas nos incisos anteriores;
>
> IV – o transporte marítimo do petróleo bruto de origem nacional ou de derivados básicos de petróleo produzidos no País, bem assim o transporte, por meio de conduto, de petróleo bruto, seus derivados e gás natural de qualquer origem;
>
> V – a pesquisa, a lavra, o enriquecimento, o reprocessamento, a industrialização e o comércio de minérios e minerais nucleares e seus derivados, com exceção dos radioisótopos cuja produção, comercialização e utilização poderão ser autorizadas sob regime de *permissão*, conforme as alíneas *b* e *c* do inciso XXIII do *caput* do art. 21 da Constituição Federal.

O conteúdo semântico técnico da expressão "a exploração direta de atividade econômica pelo estado só será permitida (...) conforme definida em lei" (art. 173) soluciona impasse na interpretação que existia quanto ao que se continha no art. 163 da Constituição de 1967 (redação da Emenda n. 1/69), porque aquele dispositivo exigia lei federal para veicular os casos excepcionais, antes mencionados.

Lá se dizia, portanto, que a atuação estatal no *domínio econômico* carecia de *lei federal*, como modo de legitimá-la e, assim, inviabilizava a iniciativa dos Estados-membros e a dos Municípios. Portanto, não se poderia invocar o § 1º do art. 13 daquela Constituição de 1967, para, com ele, alegar os então chamados "*poderes implícitos*" do Estado-membro hoje; corretamente, a Constituição fala de *competências* (art. 25), e não de "*poderes*", porque essa matéria não se configura como tal, diante da disciplina do seu art. 173.

Há, pelo exposto, ensejo para recolocação das dúvidas quanto à validade ou não da *atuação direta do Estado-membro* ou do *Município* no *domínio econômico*, como agentes de *prestação administrativa*, mesmo não se exigindo, como antes, *lei federal*.

É que, no caso do Estado-membro, tal não se enquadra entre as competências residuais ou *remanescentes* ou *implícitas* (§ 1º do art. 25 da Constituição) e, no caso do Município, ter-se-ia, ainda, de identificar o *interesse local* que permitisse a exceção à regra geral da organização da economia pela *livre iniciativa*.

Fora daí, somente a União quando, constitucionalmente, couber a alternativa já referida *supra*.

Quanto às *formas jurídicas* das entidades que exercerão as funções estatais de tipo empresarial, a Constituição exemplifica as de *empresa pública* e de *sociedade de economia mista*, cujos conceitos jurídicos incumbiram-se de traçar não somente o Decreto-lei n. 200, de 25 de fevereiro de 1967, que organiza a Administração federal, mas também a Lei das Sociedades Anônimas que a estas nivela as *sociedades de economia mista*, apesar de ser discutível a possibilidade de nivelar-se interesse privado e interesse público[10].

A Constituição, outrossim, enseja esse entendimento da *liberdade de formas jurídicas* contanto que não se faça uso de uma organização legalmente

---

10 Cf. Constituição, § 1º do art. 173.

Cf. Decreto-lei n. 200, art. 4º: "A Administração federal compreende:

I – A Administração direta, que se constitui dos serviços integrados na estrutura administrativa da Presidência da República e dos Ministérios.

II – A Administração indireta, que compreende as seguintes categorias de entidades, dotadas de personalidade jurídica própria:

a) autarquias;

b) empresas públicas;

c) sociedades de economia mista;

d) fundações públicas.

Parágrafo único. As entidades compreendidas na Administração Indireta vinculam-se ao Ministério em cuja área de competência estiver enquadrada sua principal atividade.

Art. 5º Para os fins deste decreto-lei, considera-se:

(...)

II – empresa pública – a entidade dotada de personalidade jurídica de Direito Privado, com patrimônio próprio e capital exclusivo da União, criada por lei para a exploração de atividade econômica que o governo seja levado a exercer por força de contingência ou de conveniência administrativa, podendo revestir-se de qualquer das formas admitidas em direito;

III – sociedade de economia mista – a entidade dotada de personalidade jurídica de Direito Privado, criada por lei para a exploração de atividade econômica, sob a forma de sociedade anônima, cujas ações com direito a voto pertençam em sua maioria à União ou à entidade da Administração indireta.

§ 1º No caso do inciso III, quando a atividade for submetida a regime de monopólio estatal, a maioria acionária caberá apenas à União, em caráter permanente".

Cf., também os arts. 235 e ss. da Lei n. 6.404, de 15 de dezembro de 1976.

típica para o atendimento das *necessidades da assistência vital*, mediante *prestações administrativas*, em lugar daquela legalmente típica para execução de *atividade econômica estatal*.

São inconfundíveis os objetos da *sociedade de economia mista* e da *empresa pública*, por isso, a *composição do patrimônio* de cada qual ser diferente um do outro.

Ambos terão sua regulação no *estatuto jurídico* destinado a disciplinar a exploração de atividade econômica de produção ou comercialização de bens ou de *prestação administrativa*, o qual disporá sobre:

> I – sua função social e formas de fiscalização pelo Estado e pela sociedade;
>
> II – a sujeição ao regime jurídico próprio das empresas privadas, inclusive quanto aos direitos e obrigações civis, comerciais, trabalhistas e tributários;
>
> III – licitação e contratação de obras, serviço, compras e alienações, observados os princípios da administração pública;
>
> IV – a constituição e o funcionamento dos conselhos de administração e fiscal, com a participação de acionistas minoritários;
>
> V – os mandatos, a avaliação de desempenho e responsabilidade dos administradores.

Ambos se submetem ao *princípio da igualdade econômica* entre as empresas do Estado e as empresas privadas, quando exploraram *atividade econômica*.

Contudo, necessário é advertir que, enquanto o *patrimônio* da *empresa pública* é constituído por valores exclusivamente públicos, o da *sociedade de economia mista* é composta por valores oriundos, também, do *patrimônio privado*, por isso, o seu objeto, ao contrário daquele da *empresa pública*, não pode ser o de oferecimento de *prestações administrativas*.

Enfim, falar-se de liberdade de *forma jurídica* não implica esquecer a lição de Alessi[11], segundo o qual há limites para o Estado-Administração – pelos seus órgãos legislativos e executivos – renunciar aos seus poderes de supremacia e submeter-se ao regime do Direito Privado.

Há duas condições:

- A *primeira* é que exista, efetivamente, um meio jurídico equivalente, oferecido pelo Direito Privado, e uma equivalência entre o meio de caráter privado e o meio de caráter público, como a troca de uma caução por uma contribuição pecuniária.
- A *segunda* é a de que não existam graves razões para considerar que a atuação com o caráter público seja essencial, quer dizer, que a lei não exija e presuma de maneira determinante que na consideração do ente público se encontre em primeiro plano o interesse público.

11 Renato Alessi, *Instituciones de derecho Administrativo*, Barcelona, Bosch, 1970, p. 220 e ss.

Efetivamente, há graves razões para considerar que a *atuação*, com caráter público, é essencial toda vez que a *prestação administrativa* envolva o *interesse público* porque, mesmo a *empresa pública*, será inconveniente, neste caso, por sua flexibilização inaceitável à Administração *soberana*, inconfundível com a Administração de Soberania Simples a que pertence essa entidade da administração indireta, ainda que aquele tipo tenha *forma* excessivamente rígida e pouco eficaz, como já se acentuou[12].

12 Cf. p. 35.

Capítulo segundo Aspectos da política brasileira de bem-estar social e de desenvolvimento

Seção I – Súmula histórica

Tomada a noção de *desenvolvimento econômico*, esboçada nas linhas anteriores, resumidamente, como o aumento da renda *per capita* capaz de ter repercussão na vida individual, pela revelação de melhores índices de consumo global de todos os bens, verifiquemos se o Brasil sempre manteve uma política coerente com esse conceito, considerando que o conteúdo dessa política tem variado muito, inclusive por via dos *sistemas tributário* e *fiscal*, que servem de referência desta dissertação.

Com vistas ao *desenvolvimento econômico* brasileiro, basta lembrar a variação no fato de que dos fins da década de 1960 aos dias atuais o seu conceito envolveu uma política de equilíbrio regional, substituída por uma política de maximização das exportações, e hoje está voltada para as proibições das importações onerosas para o *balanço de pagamentos*.

Tal enfoque credencia um exame histórico um pouco mais recuado para além destes últimos cinquenta anos até chegarmos de volta aos anos iniciados em 1930, no começo dos quais se tem fixado o marco de uma *política desenvolvimentista*, cujo modelo manteve-se até 1960[1].

Antes de 1930 – e, aliás, por muitos anos depois, hoje, menos acentuado – o Brasil experimentou o fenômeno a que Nelson Sampaio[2] chama de distância entre o *país legal e o país real* e que Orlando Gomes[3] descreve nesta apreciável síntese:

> "Antes de 30, o regime político, instituído em 1889, era uma democracia de cúpula, sem maior penetração popular, que favorecia a restritas camadas sociais. As classes populares viviam, por assim dizer, alheias à vida política e estranhas às formas de cultura urbana típicas dos países desenvolvidos. A Constituição Federal, inspirada no modelo americano, permaneceu inautêntica, divorciada da realidade nacional, ao longo de quase meio século de nossa vida republicana. Fazia-se a escolha dos governantes com o

---

1 Cf. Orlando Gomes, *Direito e desenvolvimento, 2. ed. revista e atualizada* por Edvaldo Brito, Rio de Janeiro, GZ Editora, 2022, p. 19 e Mário Henrique Simonsen, O modelo brasileiro de desenvolvimento, *Ensaios Econômicos*, Rio de Janeiro, Expressão e Cultura, 1974, p. 12.

2 Cf. Perfil sesquicentenário, Separata da *Universitas*, Salvador, 14:5, jan./abr. 1973.

3 Cf. *Direito e desenvolvimento*, cit., p. 37 e ss.

emprego de processos e expedientes que desnaturavam completamente o regime representativo. Como só alguns grupos sociais se encontravam em condições de participar de modo efetivo na vida política do país, dominavam inteiramente o aparelho governamental e o manobravam de acordo com os seus interesses, procurando adotar atitudes correspondentes à ideologia que os identificava a despeito da divergência de seus interesses imediatos. Impregnados da filosofia política da época, procuravam vestir o país segundo o figurino dos países desenvolvidos, transplantando para o nosso meio instituições e processos que não se coadunavam ao grau do nosso desenvolvimento, mas, na prática, refletindo fielmente as condições objetivas da vida social e cultural do país. Bem característico no particular é a legislação. Quer no campo do Direito Público, quer no terreno do Direito Privado, as leis traduziam aspirações progressistas da classe dominante, sem possibilidade de aplicação e, não raro, opondo-se à tradição cultural do país. Essa atitude das elites em relação ao Direito positivo do país foi focalizada com extraordinária lucidez por Oliveira Viana, em relação ao nosso Direito Público. Qualificou-a de marginalismo jurídico, analisando-a como expressão de um idealismo utópico que se caracterizava por um alheamento total de nossa realidade social e pela crença errônea na eficácia dos preceitos da Constituição. A mentalidade dos políticos e juristas nacionais era ainda a que dominara entre os colonizadores espanhóis nos séculos XVI e XVII, conforme o registro de Ingenieros. Quem ler as leis promulgadas nessa fase, desde a própria Constituição, tem a falsa impressão de que o país atingira alto grau de civilização. No entanto, divorciadas da realidade nacional, existiam apenas no papel. A legislação, como observara René Davi em relação aos povos ibero-americanos, refletia, antes de tudo, o ideal de justiça de uma classe dirigente, europeia por sua origem e cultura, não levando em conta as condições de vida, os sentimentos ou as necessidades de outras partes da população. Com inteiro desapreço pela realidade subjacente, nossos juristas importaram o Direito estrangeiro de povos mais cultos e acreditaram que a importação desse Direito era suficiente para converter a realidade cultural do país ao modelo ideal que buscavam no exterior. Verifica-se em toda a extensão o fenômeno da *alienação* cultural, marcado na esfera jurídica pela transplantação acrítica de normas e institutos dos povos mais adiantados. Não admira que esse Direito teórico permanecesse inaplicado, exercendo, quando muito, uma função educativa, ou simplesmente programática.

As transformações sociais iniciam-se a partir desse momento. No mundo sociocultural produzem-se modificações que acompanham o desenvolvimento econômico com maior ou menor velocidade. Nos planos político, econômico e social processaram-se, então, importantes mudanças. Enfim, a olhos vistos, o país chega a 1960 com a sua fisionomia modificada, caminhando penosa, mas firmemente, para atingir o nível dos países desenvolvidos. Industrializa-se rapidamente. Novas formas de produção são empregadas. O consumo expande-se. A economia organiza-se em novos moldes, multiplicando-se as empresas de grandes dimensões. O Estado abandona sua atitude abstencionista e passa a intervir na vida econômica, fazendo-se empresário, dirigindo a economia, controlando ou fiscalizando certos setores da atividade econômica, estimulando a iniciativa privada. Muda completamente o panorama. Novos hábitos introduzem-se e se dissemina em todas as classes a aspiração de melhoria do '*standard* da vida'. É nessa fase que o país toma conhecimento de suas potencialidades, amadurecendo a consciência coletiva pela compreensão da necessidade de superar a estrutura colonial e organizar a sua economia em condições de levar avante o processo do desenvolvimento nacional.

O desenvolvimento econômico provocou modificações na estrutura social do país, tornando-a mais complexa e definida. É verdade que, não se tendo realizado a reforma agrária, permanecem muitos traços da antiga estrutura. Os 'fazendeiros' compõem ainda uma camada social prestigiosa, mas perderam o poder de comando que conservaram até a aceleração do processo de desenvolvimento. O crescimento do comércio e a ampliação do parque industrial deslocaram para essa fração da burguesia o eixo da esfera de influência na vida econômica e social do país, assegurando-lhes a prerrogativa de impulsionar psicologicamente o desenvolvimento do país. A classe média cresceu consideravelmente e passou a exercer forte pressão sobre o governo, constituindo-se em força respeitável, apesar das vacilações que restringem seu poder reivindicatório. As forças armadas continuam a ser a fração mais importante dessa classe, e estão imbuídas da convicção de que lhes cumpre desempenhar papel de relevo no processo de crescimento do país. Mas, fora de toda dúvida, a mais importante alteração na estrutura social se deu pela formação do proletariado industrial. O aparecimento dessa força, ainda incipiente e recrutada principalmente entre camponeses atrasados ou imigrantes sem seleção, teve e continua a ter notável repercussão na vida social e política do país".

Esses antecedentes históricos revelam que a comunidade carecia – já que não se pode falar em *desenvolvimento espontâneo* – das motivações, classificadas por Roberto Campos[4] em *políticas, ideológicas e econômicas*, para formar a *vontade de desenvolver* de que falamos antes[5]. Essa *vontade*, em certa fase da vida brasileira – e já o expusemos, também –, foi motivada ideologicamente pelo *nacionalismo* responsável por uma conscientização política nacional no sentido de que forças econômicas externas eram o mais poderoso obstáculo ao nosso desenvolvimento[6] e, por isso, era chegada a hora da mudança radical de

4 Cf. Arrancada e colapso – a peripécia dos países em desenvolvimento, *A nova economia brasileira*, Rio de Janeiro, José Olympio, 1974, p. 33.

5 Cf. Arrancada e colapso, cit., p. 50.

6 Cf. Nelson Werneck Sodré, *Raízes históricas do nacionalismo brasileiro*, Rio de Janeiro, MEC/ISEB, 1959, p. 34-35.

uma posição reflexa e passiva que fazia do país objeto, e não sujeito da história para uma posição de autopromoção do desenvolvimento[7].

Mas, no período entre 1930 e 1960, viveu o Brasil sob o fluxo e influxo das importações e das suas *substituições*, estas últimas processadas pelo realce dos fatores de produção para exportação e para o consumo interno e pela proteção aduaneira à industrialização substitutiva de importações, permitindo-lhe atingir, nos anos iniciados em 1950, um estágio de industrialização que demonstrava o seu avanço para além da fase de país produtor de bens primários.

Durante a década de 1950, ocorreram distorções que refletiram negativamente na continuidade do *crescimento econômico* com uma *inflação* a taxas altas e ensejando desordem salarial, ilusões de rentabilidade, desestímulo aos investimentos em serviços básicos, balanço de pagamentos sistematicamente deficitário, inexistência de um mercado de capitais financiador a médio e longo prazos e instrumento de crédito ao consumidor, empresas com lucros fictícios porque eram simples ilusão inflacionária enfrentando crescentes obstáculos à sua capitalização.

Chegado o país a 1960[8] com essa situação comprometedora do seu crescimento, mergulhou em uma *crise política* de reflexos sem precedentes, viu a inflação atingir 100% em 1964, agravando-se a situação com o retraimento dos investimentos ameaçados de estatização, tudo isto gerando o movimento político de março de 1964 que mobilizou a nação na perspectiva de implantar-se uma nova fase da vida brasileira, objetivando, também, a *recuperação econômica*.

Caracteriza-se o período, então, iniciado pelo combate ferrenho à inflação, o que carecia de complexas providências, inclusive no campo institucional, as quais não poderiam ser tomadas "sem apreciáveis dores de transição", tais eram as imposições de "uma política monetária e fiscal bastante severa, a qual não se podia compatibilizar com a obtenção de altas taxas de crescimento do produto real a curto prazo", limitando-se, essas taxas, à média de 3,7% ao ano no período de 1964 a 1967, embora Mário Henrique Simonsen[9] arrole 11 grandes conquistas, dentre elas a redução da inflação, a restauração do crédito externo e do balanço de pagamentos e a promulgação de amplas reformas institucionais em prol do *bem-estar social* e do *desenvolvimento, v. g.*, o *Fundo de Garantia do Tempo de Serviço* – FGTS, o Sistema Financeiro de Habitação, o desenvolvimento de um *mercado de capitais* e melhoria do *sistema tributário*.

Particularmente a partir de 1968, enfatizou-se a política de maximização das exportações, o que, a nosso ver, trouxe vantagens discutíveis. De um lado,

---

7 Cf. Cândido Antonio Mendes de Almeida, *Perspectiva*, cit., p. 20-21.

8 Cf. Ignácio Rangel, Desenvolvimento e projeto, Separata da *Revista da Faculdade de Ciências Econômicas da Universidade de Minas Gerais*, Belo Horizonte (9):72, 1957; e Mário Henrique Simonsen, O modelo brasileiro, *Ensaios*, cit., p. 12.

9 Cf. O modelo brasileiro, *Ensaios*, cit., p. 15-17.

tende a equilibrar o *balanço de pagamentos*, mas, de outro, provoca o aumento das carências internas de certos produtos, influenciando no preço em decorrência da diminuição da oferta. No caso específico, houve uma real consequência negativa porque com o retraimento do mercado externo, causado pela *crise econômica mundial* deste momento, vários exportadores, sobretudo nordestinos, surgidos ou que se expandiram por força desta política, viram-se repentinamente privados de sua atividade.

Mas, essa política visava, especialmente, equilibrar o *balanço de pagamentos*, por isso a sua ênfase era consequência da necessidade de conseguir-se elevada taxa de exportação, a fim de financiar a crescente demanda de importações exigida pelo *processo desenvolvimentista*.

Desenvolveu-se, por isso, uma política de estímulo por meio de mecanismos tributários e de financiamentos, com resultados satisfatórios para o objetivo almejado, isto é, o aumento das exportações.

Aqui comporta uma outra razão deste objetivo, o de absorver capitais estrangeiros para os quais se apelou para o financiamento do *processo* e que fez crescer a dívida externa de contraditórios resultados.

Descrevendo o *modelo brasileiro de desenvolvimento*, sob a ótica do economista e com a responsabilidade de Ministro da Fazenda desde 1974 e depois a de Ministro do Planejamento, Mário Henrique Simonsen[10] conclui colocando certas condições que também poderão não ser as condições certas, mas que ele sintetiza assim:

> "Por quanto tempo poderá o Brasil sustentar as atuais taxas de crescimento, eis uma questão que não comporta respostas incondicionais. O crescimento autossustentado não é um processo puramente endógeno, mas algo que depende da política econômica. O que parece importante notar é que o atual modelo de desenvolvimento brasileiro não parece estar gerando tensões comprometedoras de sua continuidade. Desde que os governantes resistam à tentação do distributivismo prematuro, mantenham o atual pragmatismo da política de crescimento, de combate à inflação e de absorção de capitais estrangeiros, e continuem incentivando prioritariamente a expansão das exportações, podemos confiar, com bastante otimismo, na vitalidade do desenvolvimento econômico do Brasil".

Durante a realização do *processo desenvolvimentista*, o Brasil tem adotado o *planejamento* como método, dentro dele institucionalizando fatores decisivos para os investimentos capitalizadores, como as *poupanças voluntária e compulsória*, que pela sua importância terão estudo destacado adiante.

10 Cf. O modelo brasileiro, *Ensaios*, cit., p. 38-39.

Seção II – Planejamento do desenvolvimento econômico brasileiro

Confundindo *planificação* com *planejamento*, muito se sustentou que a elaboração de *planos econômicos e sociais* era incompatível com o ordenamento jurídico brasileiro, legitimador da *economia de mercado*, tomada esta como processo garantidor da liberdade econômica e da correlata propriedade privada dos bens de produção.

Mesmo sem distinguir os dois fenômenos – *planificação e planejamento* – alguns estudiosos mais perspicazes concluíram pela compatibilidade dos planos econômicos com a Constituição de 1946.

Assim, ao ensejo da realização, na Bahia, de um Congresso de Direito Constitucional, em 1949, comemorativo do nascimento de Ruy Barbosa, o tema foi colocado[11].

---

11 Cf. Josaphat Marinho, *Compatibilidade do orçamento cíclico e da planificação com a Constituição de 1946*, Salvador, Artes Gráficas, 1950, p. 13-14, 21-22 e 36-37: "Ora, a planificação e o orçamento cíclico, à semelhança de outras instituições, são resultantes ou expressões desse longo processo de mudança, que, através de conflitos culturais e de interesses, por duas vezes já retratados em guerra e por diversas em revoluções isoladas, vem alterando as bases do Estado de economia liberal, para convertê-lo na força positiva e atuante de nossos dias. Trata-se de instituições geradas da necessidade de prover à segurança das nações e de atenuar os desequilíbrios e os desajustamentos decorrentes das oscilações da vida econômica. Nascidas assim, só devem ser examinadas, em face de qualquer Constituição, tendo em vista, precipuamente, o conjunto das circunstâncias que as formaram e as solicitações humanas de sentido universal que as justificam. As peculiaridades da cultura de cada povo dar-lhes-ão o limite de sua incidência na esfera nacional (...) De fato, a economia dirigida, que, a partir do fim da guerra de 1914/1918, se introduziu, gradativamente, no mecanismo dos Estados, visa a regular, sobretudo, a produção e a repartição dos bens, assim como a garantir o maior índice de ocupação, para reduzir as oscilações e os seus efeitos. É política de sistematização das atividades econômicas. *Lhomme* a conceituou como 'a política pela qual a autoridade procura organizar e fazer funcionar a economia segundo plano metódico'. (...) Nestas condições, interpretadas e aplicadas com inteligência e espírito público, as constituições podem adaptar-se às inovações do progresso e às variações gerais da vida humana, não obstante a limitação dos textos. No que respeita aos fatos econômicos e financeiros, podem segui-los e ordená-los, inclusive a brasileira, sem prejuízo dos princípios essenciais do regime democrático. De modo geral, basta, para tanto, que seja definitiva e corajosamente assentada a convicção de que 'a liberdade implica a ausência de limitações arbitrárias, não a imunidade frente a regulamentações ou proibições razoáveis, impostas no interesse da comunidade'"; e Aliomar Baleeiro, neste mesmo trabalho, na condição de seu Relator, uma vez que representava uma tese oficial do Instituto da Ordem dos Advogados da Bahia no Congresso de Direito Constitucional, realizado em 1949, afirma à p. 44: "O espírito dessa Constituição, ainda que seja, nas linhas mestras, o sistema de 1891, não afugenta, antes acena e insinua o dirigismo econômico por parte do Estado, como se pode observar nos arts. 146, 147 e tantos outros". Igual conclusão sobre a Constituição de 1946 tem Delfim M. Silveira, *Orçamento*, cit., p. 294: "A Constituição Federal possibilita e está, se assim podemos dizer, apontando a planificação (arts. 145-154)".

E porque *planejamento* da economia em nada se apresenta incompatível com a federação e com a democracia – respectivamente, forma brasileira de Estado e regime de governo –, não havia porque renegá-lo, conforme relata Eros Roberto Grau[12], pois o *planejamento* no Brasil já encontra seus marcos originários no setor de transportes ferroviário e fluvial com a obrigatoriedade, nos termos do Decreto n. 524, de 26 de junho de 1890, de inclusão de todas as estradas brasileiras em um *"plano geral de viação"*.

Mas, além disso, a Constituição de 1934 fez já menção a planos (arts. 5º, XI, e 150, *a*), os quais, diga-se de passagem, nunca faltaram neste país, desde o de viação, passando pelo *Salte* (Saúde, alimentação, transporte e energia) do Presidente Dutra, até os PNDs (I e II *Planos Nacionais de Desenvolvimento*).

Demonstrado que o assunto é pacífico no ordenamento jurídico brasileiro, importa, agora, ver o tratamento que, dentro dele, tem tido o *plano*.

Atualmente, como vimos, a Constituição arrola vários planos que devem ser elaborados para comportar a atuação do Estado brasileiro como modificadora da ordem social: plano do desenvolvimento econômico nacional (art. 48, IV, e § 4º do art. 165), plano nacional de educação (art. 214), planos regionais de desenvolvimento (art. 43, II).

Qual, então, a *eficácia jurídica* deles? São indicativos, imperativos ou mistos? Entendemos que são *mistos*, porque ora vinculam a atividade privada, ora são para ela meramente indicativos.

Seis anos após a 1ª edição deste livro, a Constituição Federal, promulgada em 1988, adota esta tese no seu art. 174.

Mas, na prática, são sempre imperativos e, portanto, vinculantes da atividade pública, não só a federal, mas as estaduais e municipais, por causa da atuação do Estado contemporâneo no *domínio econômico*, consoante se conclui dos arts. 25, § 3º, 30, VIII, 43, § 1º, II, e 48, II, IV, da Constituição.

Sujeitam-se os *planos* ao *princípio da legalidade*, com prevalência do *planejamento*.

Assim, mesmo antes da Constituição de 1988, o II PND comportou-se no figurino econômico-social da *economia de mercado*[13], ora definindo indicações para o setor privado, ora condicionando de tal sorte a sua atuação que traça realmente normas impositivas; mas, para o setor público é *imperativo*. É, assim, um plano *misto* sem qualquer incompatibilidade com a *liberdade de iniciativa*, considerando que esta define-se a partir da sua subordinação ao *bem-estar social* e ao *desenvolvimento*, conforme já demonstramos.

Dentro dessa técnica, o *planejamento* brasileiro incluiu a institucionalização de uma das fontes formadoras do investimento capitalizador que é a *poupança*, tratando-a também como estratégia de *desenvolvimento social*, tal

12 *Planejamento econômico*, cit., p. 128 e ss.

13 Cf. II PND, *Campos de atuação da estratégia de desenvolvimento*, p. 34-36.

como o fez a Constituição de 1988, ensejando que a lei complementar integrativa (Lei de Responsabilidade Fiscal[14]) submetesse a gestão fiscal a uma *ação planejada*.

Seção III – A poupança no planejamento desenvolvimentista brasileiro

Já dissemos páginas atrás que a *poupança* é condição indispensável ao *desenvolvimento* porque proporciona a soma dos investimentos necessários à capitalização que o gera.

Dentro dessa verdade também se comporta o *planejamento* para o desenvolvimento brasileiro, elaborado a partir de 1964, que, por isso, forjou um quadro institucional onde se enquadrasse não somente a *poupança compulsória*, já tradicionalmente inserida na ordem jurídica nacional, mas, sobretudo, a *poupança voluntária* cuja disciplina no Direito pátrio era difusa e caótica.

O tema desta dissertação não alinha a *poupança voluntária*, mas não custa registrar, sumariamente, a atuação *conformadora* do Estado brasileiro neste setor, dados os seus reflexos no campo da *poupança compulsória*.

Organização da poupança voluntária no Brasil

Antes de 1964, inexistia organização deste setor, seja porque não havia tradição de *poupança* no país, seja porque não havia incentivo por meio de uma deliberada ação governamental, inclusive para garantir os investimentos e sua rentabilidade, seja porque o nível econômico da grande maioria da população correspondia, muito mal, à faixa de consumo, e o da minoria, mesmo se potencialmente capaz de induzir *poupança*, a tanto não se animava diante das circunstâncias descritas nestas linhas e diante do *conspicous consumption*, característico dessas fases de acintosa desigualdade entre as pessoas.

Desencadeado o então processo de desenvolvimento, cuidou-se de disciplinar a *poupança voluntária* criando-se os mecanismos apropriados mediante a reestruturação dos sistemas financeiros, nele incluídos os sistemas monetário, bancário e de *mercado de capitais*.

Aqui prevalecem as observações de Santos Briz, antes mencionadas, sobre a diversificação das fontes legislativas e suas consequências negativas. É tão grande o emaranhado normativo desse sistema, formado de leis, decretos, resoluções dos mais diversos órgãos, circulares, avisos e *quejandos*, que se torna necessário o auxílio de especialistas para deslindá-lo à visão dos não iniciados. Essa situação é lamentável porque, envolvendo interesses patrimoniais coletivos, a sua sistematização deveria ser a mais acessível para propiciar a confiança gerada pelo conhecimento dos mecanismos.

14 Cf. Lei Complementar n. 101, de 4 maio de 2000, v. p. 184.

Sistema monetário

A *moeda* é uma instituição social de natureza pública e, por isso, a sua regulamentação é de Direito Público. É objeto de monopolização do Estado e tem *curso forçado* no respectivo território, razão porque exerce influência sobre a economia, considerando que ela é um dos meios pelos quais o Estado intervém na economia. Tem a *função de intermediária nas trocas* e de *poder liberatório* que decorre do *curso forçado* da moeda nacional, circunstância que impossibilita sua rejeição sob pena de contravenção.

Entre nós, a Constituição deferiu dupla competência privativa à União: a de legislar (art. 22, VI, *j*) e a de emitir (art. 164) moeda[15], cabendo ao Congresso Nacional (art. 48, XIV) a expedição das normas respectivas, de forma indelegável. As emissões processam-se por autorização do Conselho Monetário Nacional (Lei n. 4.595, de 31 de dezembro de 1964, art. 4º, I).

Por tudo isto, o sistema monetário contém-se no sistema financeiro nacional que se compõe de:

a) Conselho Monetário Nacional;
b) Banco Central do Brasil;
c) Banco do Brasil;
d) Banco Nacional de Desenvolvimento Econômico e Social;
e) todas as demais instituições financeiras públicas e privadas.

No Conselho Monetário, por sua vez, têm assento o Ministro da Fazenda e os Presidentes do Banco do Brasil, Banco Nacional do Desenvolvimento Econômico e Social, além de sete membros nomeados pelo Presidente da República, após aprovação do Senado Federal, com mandato de sete anos.

Esse Conselho tem atribuições relativamente à disciplina da moeda cujo exercício visa impedir o desequilíbrio econômico[16].

O Banco Central integra a estrutura administrativa da União, sob a forma de autarquia de natureza especial caracterizada pela ausência de vinculação a Ministério, de tutela ou de subordinação hierárquicas. Caracterizada também pela autarquia técnica, operacional, administrativa e financeira; pela investidura a termo de seus dirigentes, pela estabilidade durante seus mandatos[17], embora acumule funções tipicamente empresariais e tenha entre suas atribuições a de emitir *moeda*, autorizado pelo Conselho Monetário Nacional.

É, assim, integrante do *sistema financeiro nacional*.

Foi criado em 1964, pela Lei n. 4.595, de 31 de dezembro daquele ano.

Sucedeu às atribuições respectivas de três instituições: SUMOC – Superintendência da Moeda e do Crédito, Banco do Brasil S.A. e Tesouro Nacional.

---

15 Cf. art. 164. A competência da União para emitir moeda será exercida exclusivamente pelo Banco Central.

16 V. art. 3º da Lei n. 4.595/64.

17 Cf. Lei Complementar n. 179, de 24 de fevereiro de 2021.

A Constituição de 1988 faculta a esse banco regular a oferta de *moeda*, mediante a compra e venda de títulos de emissão do Tesouro Nacional.

Essa *intervenção* é recomendável para assegurar a liquidez e o bom desempenho dos *mercados*, evitando que eles se tornem disfuncionais. Portanto, o objetivo, aqui, não é garantir o valor da *moeda*, mas, favorecer o desempenho regular da economia nas fases de produção e consumo.

Consequentemente, são providências que devem ser tomadas no interesse coletivo, implicando, por isso, uma influência sobre a economia, com *intervenção* do Estado.

Os devedores, cujo cumprimento da prestação pecuniária expressa-se em dólar, devem proteger-se, buscando sua produtividade, ainda que essa *intervenção*, através do Banco Central, seja a forma de tentar controlar, enfim, os efeitos inflacionários das flutuações da *moeda*.

Mercado, aqui, é signo que tem conteúdo semântico idêntico àquele com que é empregado na p. 43. Trata-se de um conjunto de seres humanos que produzem e trocam bens, independentemente de prévia *decisão* do Estado típica das *economias planificadas*.

Vê-se, diante do exposto, que o campo do *sistema monetário* produz destacados *reflexos jurídicos*, porque, nele, a *atuação* do Estado é saliente, no *domínio econômico*.

Repitam-se, então, as duas já faladas funções da *moeda*: a) *intermediária nas trocas* e b) *poder liberatório*.

Intermediária nas trocas

Aqui, identificam-se dois aspectos: o *curso legal* e o *curso forçado* da *moeda*.

Consiste o *curso legal* na circunstância de o Estado determinar, por lei, qual *moeda*, ou quais *moedas*, pode, ou podem, circular no seu território, portanto, com legitimidade para servir de instrumento nas trocas de *moeda* pelos outros bens, exprimindo o *poder aquisitivo* do dinheiro em relação a esses demais bens que se deseja *comprar*.

Essa é a forma pela qual a sociedade facilitou o intercâmbio de bens materiais, superando as limitações das trocas[18].

Nussbaum examina as consequências jurídicas dessa situação social, expondo as duas teorias sobre o dinheiro: *teoria estatal* e *teoria societária*.

A *teoria estatal* sustenta que ao Estado deve reconhecer os mais amplos direitos para atuar com império absoluto em tudo que disser respeito à *moeda*, considerando que esta representa, apenas, uma unidade ideal, uma criação do próprio Estado.

---

18 Cf. Arthur Nussbaum, *Teoría jurídica del dinero*, trad. Luis Sancho Seral, Madrid, Librería General de Victoriano Suárez, 1929, p. 1.

Consequentemente, a ordem jurídica não pode reconhecer à *moeda* um *valor* de realidade, porque isto passa a ser uma ficção e, por isso, os particulares, em seus negócios jurídicos, que servem de fonte mediata às obrigações pecuniárias não podem reconhecer nenhum *valor* da *moeda*, senão o *valor nominal*, ou seja, aquele que a lei estabelece e que se presta, sobretudo, para a entrega, no termo final, de uma soma de dinheiro fixada na constituição da dívida.

Há salientes *reflexos jurídicos* decorrentes dessa *atuação do Estado* no que se refere ao *direito das obrigações*, dado que ela implica impossibilidade de os particulares derrogarem o princípio do *valor nominal* para darem espaço à *autonomia da vontade*[19].

É indiscutível essa atuação do Estado no campo monetário, mas, não o é quanto aos *reflexos* que ela pode causar no *domínio econômico*. Vale, então, a afirmativa de Tullio Ascarelli[20] de que necessária é a distinção entre *dívida de dinheiro* e *dívida de valor*, para admitir a pertinência do *valor nominal*, somente, nas *dívidas de dinheiro*, porque, nestas, o objeto da *prestação* de uma obrigação pecuniária é o próprio dinheiro.

Nesse caso, portanto, a discussão abranda-se, salvo se comprovado o nominalismo absoluto e imperativo, como o é o adotado pelo § 2° do art. 3° da Lei do Plano Real, a de n. 9.069, de 29 de junho de 1995 – "a paridade a ser obedecida, para fins da equivalência a que se refere o *caput* deste artigo, será de um *dólar dos Estados Unidos da América* para cada *REAL* emitido" – ainda que o faça deferindo ao Banco Central do Brasil a emissão mediante prévia vinculação de reservas internacionais, observados os limites fixados na própria Lei n. 9.069/95, art. 4°.

Assim, no Brasil, juridicamente, um *real* sempre deve ser igual a outro *real*, razão pela qual não é possível aos particulares assumirem prestações em dinheiro, nos seus negócios, em que busquem manter, em termos de realidade, o *valor* dessas prestações.

Enfim, para essa *teoria estatal*, o *valor nominal* corresponde melhor à soberania do Estado.

Mas, observe-se, também, que, aqui, a *moeda* funciona, somente, como meio de pagamento, *legal* e ou *forçadamente*, por determinação do Estado.

A *teoria societária* sustenta que o Estado, para satisfazer o interesse público, deve exercer suas atribuições monetárias a ponto de prover a sociedade de uma *moeda* sã, em termos de realidade, com funções de *unidade* e de *medida de valor*, meio geral de trocas, reserva de valor e instrumento geral de pagamento, com as quais funções a moeda seja fator de justo equilíbrio nos negócios jurídicos.

---

19 Cf. Tullio Ascarelli, *Problemas das sociedades anônimas e direito comparado*, 2. ed., São Paulo. Saraiva, 1969, p. 169. Também, *Obbligazioni pecuniarie* – Art. 1.277-1.284, Ristampa della prima edizione, Bologna, Nicola Zanichelli Editore, Roma, Soc. Ed. del Foro Italiano, 1968, p. 95-182 e 441-555.

20 Cf. *Problemas*, cit., p. 177.

Já se vê que a *moeda* não é simples meio de pagamento.

Essa forma de pensar da *teoria societária* impedirá o abuso do poder monetário do Estado, conferindo-se a um banco central autonomia mediante normas de proteção ao dito interesse público, balizando as responsabilidades do Estado.

O *poder monetário absoluto* do Estado, incluída a depreciação frequente do *valor intrínseco* da *moeda* circulante, origina a necessidade de distribuição da competência para o exercício das faculdades monetárias do Estado e amplia, consideravelmente, na ordem jurídica, a aplicação do princípio da *autonomia da vontade*, no campo das obrigações em dinheiro.

Há espaço, aqui, para os particulares buscarem proteção para as mutações do valor da *moeda*, mediante as cláusulas monetárias inseridas nos negócios jurídicos, estipulando, ao lado da *moeda de pagamento*, as *moedas de conta*, como aconteceu por largo tempo no Brasil[21].

Esse contexto é o que comporá direitos e deveres do Estado no exercício de suas competências no campo monetário, por isso o direito positivo tem adotado os princípios pregados pelas duas *teorias*, a partir de que é defeso contestar a titularidade do monopólio monetário do Estado, mas, não se lhe deve reconhecer como *absoluto*, dado que a depreciação frequente do valor da *moeda* tem *reflexos jurídicos* na disciplina do patrimônio do particular, na linha de sua proteção, a fim de manter o *poder aquisitivo* da *moeda*.

A variação desse *poder* desafiou os juristas embevecidos com a *pacta sunt servanda*. Buscaram vencer o desafio, incluindo nos negócios jurídicos critérios para proteger o patrimônio do particular, nas suas relações jurídicas, diante das mutações, as quais ou que as partes não previam ou que, mesmo prevendo, seriam de efeitos *imprevisíveis*.

O âmbito do *direito monetário deixou* de ser, exclusivamente, uma parte do direito público para compor, também, o panorama do direito privado, ou, como se pretende, neste livro, uma parte do *direito econômico*.

Cláusulas contratuais – portanto, matéria de *direito privado* – passaram a conviver com a matéria de direito público, descrita por Nussbaum[22] como "o conjunto de disposições que normam a estrutura e a operação do sistema monetário, estabelecem a natureza e condições que a legislação nacional reconhece às moedas estrangeiras, regulam a criação e o cumprimento das obrigações em dinheiro e consignam o regime aplicável à troca de moedas emitidas por distintos países, quando uma delas seja a moeda nacional"; assim, considerando esse autor que a maioria dessas disposições são de *ordem pública*.

O *direito pretoriano* fez sua parte, colaborando para a derrocada do embevecimento pela *pacta sunt servanda*, e, com os juristas, a jurisprudência venceu

---

21 Cf. sobre o assunto, Arnoldo Wald, *A cláusula de escala móvel* – um meio de defesa contra a depreciação monetária, 2. ed., Rio de Janeiro, Editora Nacional de Direito, 1959.

22 Cf. Arthur Nussbaum, *Teoría jurídica del dinero*, cit., p. 13.

o desafio da variação do *poder aquisitivo* da *moeda*. Restaura-se a *rebus sic stantibus* e se adotam critérios buscados na *teoria da imprevisão* e na doutrina da *onerosidade excessiva*. O Brasil não discrepa dessa atuação.

A matéria, no plano jurídico, é *reflexo* inovador conduzindo à ideia do surgimento de um novo ramo, o do *Direito Econômico*.

Orlando Gomes, na Bahia, Washington Peluso, em Minas Gerais, Geraldo de Camargo Vidigal, Eros Grau e Ives Gandra da Silva Martins, em São Paulo, inspiraram novos estudos do Direito, nessa linha do novo ramo, chegando Orlando Gomes a criar o Curso de Mestrado em Direito Econômico, *"stricto sensu"*, em 1975, na Faculdade de Direito da Universidade Federal da Bahia, de cujas pesquisas resultou este livro, como uma de suas Dissertações.

O *Direito Econômico* passou a ser o repositório dessas normas do limbo do direito positivo resultantes da desmoralização da dicotomia direito público e direito privado, tanto que elas constam, por hipótese, no Código Civil, no Código Penal e na Constituição.

O *direito positivo brasileiro* reconhece os princípios invocados pelas *teorias estatal* e *societária* e, sem dar exclusividade a qualquer das duas, mantém, sem caráter *absoluto*, a inquestionável *potestade* do Estado para emitir *moeda* e estabelecer as regras do *sistema monetário*, mediante a diversificação de *competência* entre o legislativo e o executivo, com a necessária vigilância do judiciário, esta responsável pela preservação dos interesses privados, ainda que seja relativa à *autonomia da vontade*, de modo que esteja, sempre, monitorada.

Aqui, já se admitiu o pagamento em *moeda* estrangeira nos contratos celebrados como *fontes mediatas* de obrigações assumidas no âmbito do comércio exterior, cujo lugar de suas constituições tivesse sido diverso do Brasil, contanto que fossem executadas em nosso território. Depois se proibiu[23].

O advento da Lei n. 8.880, de 27 de maio de 1994, dotou de *curso legal* e de consequente *poder liberatório*, além da *moeda Cruzeiro Real*, também, ao mesmo tempo de circulação, a *URV – Unidade Real de Valor*, época em que acabou com todas as *moedas de conta*, por exemplo, a *ORTN – obrigações reajustáveis do Tesouro Nacional*, bem assim, acabou com os reajustes de *valor monetário* vinculados à *variação cambial*.

As Leis n. 9.069, de 29 de junho de 1995 e 10.192, de 14 de fevereiro de 2001, estabelecem, insofismavelmente, o *valor nominal* para a *moeda* brasileira, o *Real*, e, doravante, somente ela tem *curso legal*, tendo-lhe atribuído o *valor corrente* mediante a paridade a um dólar dos Estados Unidos da América.

> "*Valor nominal* ou extrínseco da *moeda* é o que se acha impresso na cédula ou na peça"[24].

---

23 Cf. Decreto-lei n. 23.501, de 27 de novembro de 1933; Lei n. 28, de 18 de fevereiro de 1935; Decreto-lei n. 6.652, de 29 de junho de 1944; Lei n. 238, de 28 de fevereiro de 1967; Decreto-lei n. 316, de 13 de março de 1967.

24 Cf. Orlando Gomes, *Obrigações*, 19ª. ed., revista, atualizada e aumentada; atualizador Edvaldo Brito, Rio de Janeiro, Forense, 2019, p. 43.

Logo, a peça fala em "*um real*", este é, portanto, o *valor nominal*.

Contudo, a própria Lei n. 9.069/95 atribui, também, o *valor corrente* do *real*, ou seja, "o de certa moeda em relação à outra", no caso, o do *real* confrontado ao dólar, já referido *supra*.

Impõe-se a esta altura mencionar o *valor intrínseco* da moeda, em relação ao qual o legislador silencia, e tem razão esse seu procedimento, porque assim se entende o valor que corresponde à qualidade e ao peso do metal em que ela, a moeda, é cunhada, daí, também, a denominação de *valor metálico*, porque a sociedade tinha interesse em possuí-lo e porque tinha durabilidade, densidade de valor, divisibilidade que não afetava esse valor e facilidade de manejo; tudo isto encontrado em três metais monetários: o ouro, a prata e o cobre[25].

É, apesar disso, um valor que enseja muitos *reflexos jurídicos*, porque ele "pode ser inferior ou superior ao valor nominal"[26].

É que o Estado, sendo titular da *moeda*, atribuindo-lhe, pois, um valor, obviamente que não tenha correspondência com as suas qualidades *intrínsecas*, gerará diminuição ou acréscimo patrimonial ofensivo à propriedade privada dos bens.

É explicativa a situação anterior ao *real*, porque, àquele tempo, o *papel-moeda* trazia impressas, em volta da efígie do homenageado que nele estava gravada, frases à moda da seguinte:

Ano de 1911:

> República dos Estados Unidos do Brazil – Um Conto de Réis – A *Caixa de Conversão* pagará ao portador, à vista, no RIO DE JANEIRO, a importância deste bilhete em *ouro amoedado* ao câmbio de quinze dinheiros por mil reis, valor recebido, nos termos da Lei n. 1.575 de 6 de dezembro de 1906.

A história da *moeda*, no Brasil, começa quando o rei de Portugal, D. Sebastião, em 1568, determinou a circulação, aqui, de *moedas portuguesas*.

A transmigração da família real, em 1808, com o seu séquito de, aproximadamente, 15.000 pessoas e respectivos pertences, inclusive *pecúnia*, ou seja, bens corpóreos e incorpóreos, é um fato que causou desordem monetária, porque não se fez a unificação de *padrões*, considerando-se que, em 1805, cunhou-se *moeda de ouro*, nas Casas da Moeda da Bahia e do Rio de Janeiro, juntando-se à de cobre, emitida em 1802, em Lisboa.

Já, no Brasil, D. João VI autorizou ao Banco do Brasil, por ele criado[27], a primeira emissão, em 1810, de *bilhetes*, e, durante seu período como Regente, foram feitas, também, várias cunhagens de *moedas de cobre* pela Casa da Moeda do Rio de Janeiro nos valores de 80, 40 e 20 *rés*, para atender à falta de dinheiro miúdo e para circularem nas outras colônias portuguesas.

---

25 Cf. Arthur Nussbaum, *Teoría jurídica del dinero*, cit., p. 1.

26 Cf. Orlando Gomes, *Obrigações*, cit., p. 43.

27 V. p. 142.

A população cresceu, o *metal de cunhagem* tornou-se raro e as emissões em papel vão substituindo-se para atender ao crescimento dos negócios, cada vez maiores, exigindo mais recursos; os bancos particulares passaram a gozar do direito de emitir, resultando em grande número de letras e vales bancários privados em circulação, ao lado dos papéis das emissões oficiais.

A inscrição, que se encontra no destaque supratranscrito, é de um *bilhete* da *Caixa de Conversão*, instituição criada pela Lei n. 1.575, de 6 de dezembro de 1906, regulamentada pelo Decreto n. 6.267, de 13 subsequente, e inaugurada no dia 22 seguinte.

O governo transferiu para essa Caixa, em 1907, a importância de £1.016.666-13-4 que, convertida em *bilhetes* seus, era empregada no resgate do papel-moeda.

A Caixa destinava-se a "estabilizar o valor da moeda e atrair a entrada de ouro, preparando, assim, terreno à futura conversão de todo o papel-moeda corrente e ao alcance da paridade de *27 pence*[28]".

A ideia da Caixa, na opinião de Inglez de Souza, teria sido salutar, mas "nascem sempre – nas ocasiões em que se alvitram quaisquer medidas salutares para determinado problema em foco – as contradições partidárias, às vezes infundadas, sacrificando os próprios interesses acionais" e, malgrado algumas "falhas na organização da Caixa, que motivaram o seu fracasso, fossem devidas, em parte, às controvérsias suscitadas naquele momento", esse aparelho estabilizador da moeda "provou, por muito tempo, a sua eficácia"[29].

Enfim, para esse autor, "o principal fator que destruiu a Caixa de Conversão foi, inegavelmente a duplicidade de moedas em circulação, isto é, os bilhetes conversíveis e os não conversíveis, que, por infelicidade ficaram em promiscuidade, dando margem a que os últimos caçassem os primeiros para com estes retirarem o ouro da referida Caixa"[30].

Contemporânea desse fato de fechamento da Caixa é a *Primeira Guerra Mundial*, entre 1914 e 1918. Essa guerra causou flutuações no valor das moedas, no mundo, introduzindo confusões não somente nas relações econômicas, mas também nas coisas do Direito, para repetir-se o pensamento de Henri de Page[31].

As receitas públicas brasileiras estão nesse contexto: em *déficit*, câmbio desamparado, moratória, e o governo do presidente Wenceslau Braz, em junho de 1915, portanto, há pouco mais de 100 anos, embora verberando os abusos dos gastos públicos, solicitou autorizações ao Congresso, dentre as

---

28 Cf. Carlos Inglez de Souza, *A anarchia monetaria e suas consequencias*, São Paulo, Monteiro Lobato & Cia. Editores, 1924, p. 459.

29 Cf. Carlos Inglez de Souza, cit., p. 461.

30 Cf. Carlos Inglez de Souza, cit., p. 464.

31 Cf. *Traité élémentaire de droit civil belge*, Tome troisième, Deuxième édition, Bruxelles, Établissements Émile Bruylant, 1950, p. 431.

quais as de emissão de apólices da dívida pública, chamadas de *sabinas*, em razão do nome do ministro da Fazenda de então, Sabino Barroso.

Sem lastro metálico, o *Real* daquela época, *moeda portuguesa* adotada no Brasil desde os tempos coloniais e nos demais países de domínio lusófono, tinha uma medida chamada *conto de réis*, correspondente a um milhão de *réis* (plural de *Real* daquele tempo), porque um *conto de réis* era uma moeda de *valor intrínseco*, chegando, em 1833, a representar 1,4 quilogramas de ouro. A palavra *conto* deriva do latim *computus* (dez vezes cem mil).

A República portuguesa, proclamada em 5 de outubro de 1910, substituiu o *Real* pelo *Escudo*, e o Brasil o fez em 5 de outubro de 1942, pelo *Cruzeiro*, portanto, em pleno período da *Segunda Guerra Mundial* que durou de 1º de setembro de 1939 a 2 de setembro de 1945.

O *saldo acumulado de divisas*, durante essa guerra, fez com que o Brasil experimentasse uma estabilidade que permitiu a realização de obras de infraestrutura necessárias ao seu *desenvolvimento econômico*.

A tranquilidade, decorrente desse saldo, não era suficiente para que se cunhasse a *moeda* com frases à moda daquela descrita *supra* e, por isso, adotou-se a seguinte, mantida, também, a partir do *Cruzeiro*:

> República dos Estados Unidos do Brazil – no Thesouro Nacional se pagará ao portador desta a quantia de 500 – quinhentos reis – valor recebido.

Essa frase não está mais gravada no *papel-moeda* de hoje, o do *Real* contemporâneo, o que significa que a moeda é, agora, meramente, *fiduciária*, quer dizer, não se fia mais no lastro ouro supostamente existente no Tesouro Nacional, naquelas épocas das inscrições supratranscritas, mas fia-se em outra *fidúcia*, qual seja, a *capacidade econômica do país*, traduzida nas reservas internacionais passíveis de utilização para emissão do *Real*, de hoje, constituídas pelos ativos de liquidez internacional denominados ou conversíveis em dólares dos Estados Unidos da América[32].

Esta fórmula esotérica, por isso, confusa, hiperbórea e "uorofrástica" – expressão com que Orlando Gomes, nos nossos saudosos diálogos, denominava os objetos esotéricos – somente pode exprimir *fidúcia* para os *iniciados* que a compuseram.

Significa, então, todo o exposto, que o Estado brasileiro tem uma moeda *fiduciária* inserida no seu *determinismo monetário*, pelo que, os particulares, partes nos *negócios jurídicos*, não podem derrogá-la, submetendo-se o devedor a essa única modalidade de *liberar-se* da *prestação*, seja porque o *objeto* desta *prestação é* o próprio *dinheiro – dívida de dinheiro –*, seja porque o dinheiro é substitutivo do *objeto da prestação*, em *obrigação* caraterizada como

32 Cf. § 1º do art. 3º, combinado com o art. 4º, ambos da Lei n. 9.069, de 29 de junho de 1995.

dívida de valor, na qual o devedor tenha inadimplido e o juiz, sem outro modo de fazê-lo cumprir a *prestação*, assim determina.

O Estado que tem esse *determinismo monetário* não fica impune, porque tem de estabelecer uma *ordem social justa*, uma vez que exerce o *arbítrio conformador*, tantas vezes mencionado neste livro, e porque, já se disse antes, os indivíduos não admitem mais *fatalidades econômicas*, reagindo, em consequência, à vida em desigualdade econômica, a qual não se considera mais uma fatalidade, mas um mal social curável.

Poder liberatório

Consiste em o Estado, ao estabelecer o *curso forçado* da moeda à qual já tenha atribuído o *curso legal*, proibir qualquer outro meio de pagamento; por isso o devedor somente se *libera* da *obrigação*, cumprindo, então, a sua *prestação* de modo *satisfatório* para o credor se utilizar dessa moeda de *curso forçado*.

Esse *determinismo monetário* resulta em proibição para que os particulares possam adotar, nos seus negócios jurídicos, *cláusulas de proteção do credor*, em razão da *autonomia da vontade* em face da *indexação* oficial, a qual consiste no reajuste de preços com base em índices de variação fixados pelo Estado.

Esse reajuste periódico, com base em inflação de período anterior, pretende *corrigir* o valor da moeda para resgatar o seu *poder aquisitivo* perdido por causa dessa inflação.

Esse *determinismo* exclui dos *negócios jurídicos* as *cláusulas monetárias*, assim entendidas as convenções particulares celebradas para a proteção do credor, especialmente nas *dívidas de valor*, diante do *princípio do nominalismo* adotado oficialmente, em economias de crescentes mutações do valor da moeda, portanto, sujeita à *desvalorização*.

Reafirme-se, consequentemente: se o Estado assim age, ele é responsável pelos danos causados ao particular.

A cronologia do *curso forçado*, no Brasil, estabelecido pelo *curso legal*, inclui:

- o *real do período colonial até o republicano*, em 5 de outubro de 1942;
- o *cruzeiro*, de 1º de novembro de 1942 até 13 de fevereiro de 1967;
- o *cruzeiro novo*, de 13 de fevereiro de 1967 até 27 de fevereiro de 1986;
- o *cruzado*, de 28 de fevereiro de 1986 até 15 de janeiro de 1989;
- o *cruzado novo*, de 16 de janeiro de 1989 a 15 de março de 1990;
- o *cruzeiro*, de 16 de março de 1990 até 31 de julho de 1993;
- o *cruzeiro real*, de 1º de agosto de 1993 até 30 de junho de 1994;
- o *real do período republicano*, de 1º de julho de 1994 até os nossos dias.

Verifica-se enorme confusão, sobretudo, quando o *cruzeiro novo* passou a chamar-se simplesmente *cruzeiro*, a partir de 15 de maio de 1970, e teve extinto o centavo, por determinação da Lei n. 7.214, de 15 de agosto de 1984. Este *cruzeiro* foi substituído pelo *cruzado*, que, por sua vez, foi rebatizado como *cruzado novo*.

A Lei n. 8.880, de 27 de maio de 1994, instituiu, com *curso legal*, juntamente com o *cruzeiro real*, a *Unidade Real de Valor – URV*, para servir, exclusivamente, como padrão de *valor monetário*, e estabeleceu que essa moeda de conta seria dotada de poder liberatório, a partir de sua emissão pelo Banco Central do Brasil, quando, então, passaria a denominar-se *Real*.

Contudo, até essa emissão, a utilização da URV era facultada, em concomitância, com a obrigatória expressão de valores em *cruzeiro real*.

O *sistema monetário nacional*, organizado pelas Leis n. 8.880, de 1994, e 9.069, de 29 de junho de 1995, consagra o *princípio do nominalismo*, de resto já explícito desde o art. 947 do Código Civil, texto de 1916, e nas modificações introduzidas pelo Decreto-lei n. 857, de 11 de setembro de 1969, segundo o qual *princípio*, o pagamento, em dinheiro sem determinação da espécie, far-se-ia em moeda corrente, em razão de que o direito brasileiro considerava nulos de pleno direito os contratos, títulos e quaisquer documentos, bem como as obrigações que, exequíveis no Brasil, estipulem pagamento em ouro, em moeda estrangeira, ou, por alguma forma, que restrinja ou recuse, nos seus efeitos, o curso legal do cruzeiro.

As duas supracitadas leis do *Plano Real*, complementadas pela de n. 10.192, de 14 de fevereiro de 2001, que dispõem sobre o *sistema monetário nacional*, são explícitas nessa linha, renegando qualquer *moeda de conta* que não sejam aquelas por elas admitidas, *v. g.*, no art. 27 da Lei n. 9.096, de 1995, que trata da *correção monetária*.

O Código Civil, no texto de 2002, também, no seu art. 315, determina a observância do *princípio do nominalismo* para as *dívidas em dinheiro*, que deverão ser pagas no vencimento, em *moeda corrente* e pelo *valor nominal*, salvo se se convencionar o aumento progressivo de prestações sucessivas (cf. arts. 389, 395, 404 e 947), ou se couber a invocação à *teoria da imprevisão* (art. 317), aplicável pelo juiz, na hipótese de ocorrência de desproporção manifesta entre o valor da prestação devida e o do momento de sua execução, ou em caso de *onerosidade excessiva* da prestação, com extrema vantagem para uma das partes, cabendo ao juiz *resolver* o contrato (art. 478), porque, assim, estaria configurada a *laesio enormis*.

O direito brasileiro, assim, acolhe como regra geral a tese de Tullio Ascarelli[33], no sentido de que "a aplicação do valor nominal pressupõe, portanto, uma dívida e uma dívida que tenha por objeto a entrega de uma soma de dinheiro", porque os dispositivos supracitados admitem exceção para hipóteses de necessidade de *equilíbrio contratual*, que atina com direitos e deveres e com o problema do *equilíbrio econômico*, já objeto das normas da Lei n. 8.078, de 11 de setembro de 1990, o *Código de Defesa do Consumidor*[34].

---

33 Cf. *Problemas das sociedades anônimas e direito comparado*, cit., p. 167.

34 Cf. Edvaldo Pereira de Brito. *A teoria do contrato e o contrato com pessoa a declarar no projeto de Código Civil*, tese apresentada ao concurso para professor titular de Direito Civil,

É óbvio que as mudanças do conteúdo metálico, implicando alteração do "único padrão de valores que tenha *valor* próprio, não pode ser constituído senão por certo peso de ouro ou prata. A verdadeira moeda tem base metálica"[35] e não se baseia na *fidúcia* falada linhas atrás.

O Estado, nas *dívidas de valor*, sob pena de exercer *abusivo poder monetário* passível de sanção por *responsabilidade*, tem de adotar critérios que preservem o *equilíbrio econômico dos contratos* e, como nessas *dívidas*, também, a *moeda* tem *poder liberatório* (cf. art. 947 do Código Civil, texto de 2002), à moda do que já se descreveu *supra*, então esses critérios têm de guardar o valor que corresponda a determinado *poder aquisitivo*, tal como ressalva o art. 315 do Código Civil, no texto de 2002, e que reclama uma *interpretação integrativa* com as mencionadas leis do *Plano Real*.

Sistema financeiro nacional

A primeira edição deste livro deu a este seu trecho a titulação de o *Sistema bancário*, revelando que este foi reestruturado pela mencionada Lei n. 4.595/64, deferindo-se a qualidade de instituição financeira à pessoa jurídica, admitida a pessoa física, somente por equiparação, quando exerça de forma permanente ou eventual as atividades atribuídas às instituições.

Tais instituições foram, então, classificadas em:

- *Principais* – estabelecimentos bancários oficiais e privados; sociedades de crédito, financiamento e investimentos; caixas econômicas; cooperativas de crédito; carteiras de crédito cooperativo; e
- *Equiparadas* – bolsas de valores; companhias de seguros; companhias de capitalização; sociedades que distribuem prêmios mediante sorteio; pessoas físicas atuando no mercado de valores.

Os Bancos aí inseridos são instituições financeiras que, no seu conceito ortodoxo, praticam necessariamente o binômio depósito/empréstimo. Atualmente elasteceram essas atividades e, por isso, as instituições podem ser classificadas em:

a) Bancos gerais, vulgarmente chamados de comerciais;
b) Bancos especializados (de investimento e de desenvolvimento).

Desde a segunda edição, atualizando o tema, aumentando e revisando o que nele se contém, foram produzidas as seguintes considerações:

A Constituição de 1988, no seu texto original, dá ao anterior *sistema bancário* a qualidade de um *subsistema* do *sistema financeiro nacional*, dispondo que a sua estrutura há de contemplar a forma de *promover* o desenvolvimento

na Faculdade de Direito da Universidade de São Paulo – USP, São Paulo, 2001, p. 203.

35 Cf. Henri Guitton, *Economia política*, Tradução, apresentação e notas do Prof. Oscar Dias Corrêa, Rio de Janeiro, Fundo de Cultura, v. III, 1960, p. 137.

equilibrado do País e de forma a *servir* aos interesses da coletividade, conforme regulação em lei complementar que seria integrativa das seguintes matérias, de si, já arroladas nos incisos e parágrafos do art. 192:

> Art. 192. O Sistema financeiro nacional, estruturado de forma a promover o desenvolvimento equilibrado do País e a servir aos interesses da coletividade, será regulado em lei complementar, que disporá, inclusive, sobre:
>
> I – autorização para o funcionamento das instituições financeiras, assegurado às instituições bancárias oficiais e privadas acesso a todos os instrumentos do mercado financeiro bancário, sendo vedada a essas instituições a participação em atividades não previstas na autorização de que trata este inciso;
>
> II – autorização e funcionamento dos estabelecimentos de seguro, previdência e capitalização, bem como do órgão oficial fiscalizador e do órgão oficial ressegurador;
>
> III – as condições para a participação do capital estrangeiro nas instituições a que se referem os incisos anteriores, tendo em vista, especialmente:
>
> *a)* os interesses nacionais;
>
> *b)* os acordos internacionais.
>
> IV – a organização, o funcionamento e as atribuições do Banco Central e demais instituições financeiras públicas e privadas;
>
> V – os requisitos para a designação de membros da diretoria do Banco Central e demais instituições financeiras, bem como seus impedimentos após o exercício do cargo;
>
> VI – a criação de fundo ou seguro, com o objetivo de proteger a economia popular, garantindo créditos, aplicações e depósitos até determinado valor, vedada a participação de recursos da União;
>
> VII – os critérios restritivos da transferência de poupança de regiões com renda inferior à média nacional para outras de maior desenvolvimento;
>
> VIII – o funcionamento das cooperativas de crédito e os requisitos para que possam ter condições de operacionalidade e estruturação próprias das instituições financeiras.
>
> § 1º A autorização a que se referem os incisos I e II será inegociável e intransferível, permitida a transmissão do controle da pessoa jurídica titular, e concedida sem ônus, na forma da lei do sistema financeiro nacional, a pessoa jurídica cujos diretores tenham capacidade técnica e reputação ilibada, e que comprove capacidade econômica compatível com o empreendimento.
>
> § 2º Os recursos financeiros relativos a programas e projetos de caráter regional, de responsabilidade da União, serão depositados em suas instituições regionais de crédito e por elas aplicados.
>
> § 3º As taxas de juros reais, nelas incluídas comissões e quaisquer outras remunerações direta ou indiretamente referidas à concessão de crédito,

> não poderão ser superiores a doze por cento ao ano; a cobrança acima deste limite será conceituada como crime de usura, punido, em todas as suas modalidades, nos termos que a lei determinar.

A Emenda Constitucional n. 40, de 29 de maio de 2003, mutilou essa disciplina constitucional, revogando todos os incisos e parágrafos dessa redação original do art. 192 e dando ao *caput* a seguinte redação:

> O sistema financeiro nacional, estruturado de forma a promover desenvolvimento equilibrado do País e a servir aos interesses da coletividade, em todas as partes que o compõem, abrangendo as cooperativas de crédito, será regulado por leis complementares que disporão, inclusive, sobre a participação do capital estrangeiro nas instituições que o integram.

A redação primitiva foi objeto de diversas polêmicas jurídicas em torno de que haveria dificuldade de uma única lei complementar dispor sobre toda a matéria constante dos incisos e parágrafos transcritos *supra*, bem assim que seria impossível limitar as *taxas de juros reais* em até 12% (doze por cento), ou, mesmo, defini-los. Polêmicas descabidas e mutilação desnecessária da regra constitucional, a não ser para cevar velhos interesses inconfessáveis, afinal, *juros reais* são passíveis de identificação[36].

A primeira questão gira em torno da compatibilidade entre a Constituição e a matéria de juros. A nosso ver, há perfeita compatibilidade pelas razões que expenderemos sobre a materialidade das *normas constitucionais no mundo moderno*, e isso afasta a afirmativa de alguns no sentido de que aprisionar taxas de juros em lei é providência antiquada. Essa assertiva decorre da visão defeituosa do *intervencionismo* modelado, apenas, na política monetária como único instrumento de política econômica. Este, sim, é um modelo antiquado, porque experimentado há tanto tempo, entre nós, não tendo dado os frutos esperados.

Aceitemos sim que *tabelar juros* é uma velha técnica, precedente até ao *intervencionismo* dos moldes contemporâneos, mas, nem por ser velha é antiquada. Desde as Ordenações (Livro IV, fls. 67), a forma era adotada e, por uma lei de 17 de janeiro de 1757, Portugal tabelou juros em 5%.

As Constituições de nossa época têm tornado *direito público subjetivo* a vedação da *usura*. As do Brasil também, desde a de 1934, à exceção da de 1967, seja na redação original, seja naquela que foi dada pela Emenda n. 1/69.

Os estudos de norte-americanos sobre sua economia têm admitido como salutar uma lei que proíba uma *taxa de juros* mais alta do que a de *mercado*[37].

---

36 Cf. Edvaldo Brito, O Sistema Financeiro Nacional, *A Constituição Brasileira 1988:* interpretações, 2 ed, Rio de Janeiro, Forense Universitária, 1988, p. 393-404.

37 Ludwig von Mises, *Uma crítica ao intervencionismo*, trad. Arlette Franco, Rio de Janeiro, Instituto Liberal e de Editorial Nórdica, 1977, p. 48 e ss.

Mas, tendo o texto de 1988 falado de *juros reais* e envolvido no seu conceito o de remuneração direta ou indiretamente referidas à concessão de crédito, conduz a que se faça uma incursão pela *noção de juros.*

Tem-se que *juros* é uma remuneração de capital objeto de uma *operação de crédito,* a qual consiste em uma operação de troca de uma prestação presente por uma prestação futura. Na prestação presente, alguém dá valores. Na prestação futura, alguém que recebeu valores, anteriormente dados, os restitui com a *recompensa.*

Os tipos, por excelência, dessas operações são: o *mútuo* e a *venda a crédito,* e os *tipos de juros* são os *legais* e os *voluntários* ou *negociais,* estes comportando as subespécies *remuneratórios e moratórios.* Já as operações bancárias podem ser *ativas,* quando o banco assume a posição de credor, e *passivas,* quando ele é o devedor.

Ora, referindo-se a Constituição à concessão de crédito, certamente que o *tabelamento* incide nas operações ativas. Sendo, porém, o Banco um comprador e vendedor de dinheiro, não irá adquiri-lo por taxa maior do que aquela permitida para a sua alienação.

As espécies de *juros* antes mencionadas têm o seu valor referenciado com padrão monetário e a sua oscilação. Portanto, o processo inflacionário influencia de tal forma na relação entre padrão monetário instável e elevação generalizada de preços dos bens no tempo, que afeta a *taxa de juros.*

Dessa maneira, para evitar prejuízo para o credor e devedor que firmaram uma operação de crédito, necessário é que se estabeleça uma *taxa de juros* expressa em termos de bens; é nesse sentido que se fala em *juros reais.*

Esse conceito econômico é expresso por uma *fórmula:*

$$ir = in - t$$

na qual *ir* é a taxa de juros real (em relação ao valor inicial antes da inflação), a qual será obtida pela diferença entre *in,* que é a *taxa nominal de juros,* e *t* que é a taxa de inflação.

Do ponto de vista econômico, a dificuldade será compor a *taxa de inflação,* porém, entre nós, considerando os componentes com que se apuram essa taxa, a dificuldade torna-se relevante. Contudo, enquanto o índice for aceito para medir a *desvalorização da moeda* nas diversas operações, terá de ser, também, para as de concessão de crédito. A impugnação que fazemos a essa taxa é generalizada, porque, do ponto de vista jurídico, parece-nos que ela transforma todas as dívidas em ilíquidas e incertas, desde quando as submete às oscilações, fruto de fatores inconstantes.

Apesar de tudo, observamos que a própria Constituição se incumbiu de dar o conceito da *taxa de juros reais.* Será assim considerada toda a remuneração que direta ou indiretamente se refira à concessão de crédito, inclusive comissões.

Integrando o conceito econômico com essa formulação constitucional, teremos que a *taxa de juros reais*, limitada a 12% (doze por cento), constitui-se no valor de tudo quanto o credor poderia exigir do devedor, em uma operação de crédito, a título de remuneração do capital objeto do *mútuo*, ou da venda a crédito, valor esse apurado pela diferença entre os *juros monetários* ou *nominais* legalmente permitidos e a taxa *de inflação* do período. Qualquer remuneração superior a esse limite, fosse a que título fosse, ou qualquer que fosse a natureza que se lhe quisesse atribuir, tipificaria a *usura real* da Lei n. 1.521, de 26 de dezembro de 1951, perfeitamente admissível como *integrativa*, por força do próprio revogado § 3º, *in fine*, do art. 192 da Constituição, *usura* essa configurada, dentre outras situações, pelo fato de *cobrar-se juros, comissões ou descontos percentuais, sobre dívidas em dinheiro, superiores à taxa permitida por lei.*

Lamentável, assim, que a Emenda Constitucional 40/2003 tenha revogado, também, o § 3º do art. 192 sobre *juros reais*.

A Constituição de 1988 projeta *reflexos jurídicos da atuação do Estado no sistema financeiro*, sobretudo pela forma como regula a matéria, muito diversamente das suas seis anteriores (as de 1824, 1891, 1934, 1937, 1946, e 1967, esta, mesmo com a redação que lhe deu a sua Emenda n. 1/69).

Inicialmente, rompe com a tradicional regência conjunta de *"ordem econômica e social"*, ao separá-la em duas (*ordem social* independente) e juntar *"ordem econômica e financeira"*.

Propriamente, a *ordem financeira* resume-se à regra única disciplinadora do *sistema financeiro nacional*. Mas, uma autêntica *interpretação integrativa* conduz à transversalidade com as disposições sobre as *finanças públicas*.

É impossível, no *Estado brasileiro, dualista do desenvolvimento econômico e do bem-estar social*, renegar uma *interpretação integrativa* da disciplina jurídica da *tributação e do orçamento* (Título VI) com aquela da *ordem econômica e financeira* (Título VII).

Adiante, será contemplado o estudo da *tributação* nesse contexto da *atuação* estatal no *domínio econômico*. Agora, examine-se o *sistema financeiro*, tal como submetido à disciplina jurídica específica.

A Constituição determina que o *sistema* tem de ser *nacional*; tanto que exige que ele *promova o desenvolvimento equilibrado do País e sirva aos interesses da coletividade em todas as partes que o compõem.*

Significa que é da União a competência para emitir as normas jurídicas pertinentes à matéria, daí lhe ser deferida a atribuição para:

> I) *elaborar e executar planos* nacionais e regionais de ordenação do território e de *desenvolvimento econômico e social* (art. 21, IX);
>
> II) *legislar* sobre:
>
> a) *sistema monetário* e de medidas, títulos e garantias dos metais;
>
> b) política de crédito, câmbio, seguros e transferência de valores;

c) sistemas de poupança, captação e garantia da poupança popular;

d) sistemas de consórcios e sorteios;

e) seguridade social.

Caracterização do sistema financeiro brasileiro

A ordem financeira é caracterizada, constitucionalmente, como um *sistema* e como *nacional*. É *sistema* porque há de haver harmonia, coordenação, interdependência entre os elementos que constituem as regras que o compõem, estamentadas de modo a preservar a hierarquia que existe entre elas. É *nacional* porque a Constituição determina que a sua estrutura terá de ser suficiente para promover o desenvolvimento equilibrado do País e terá de servir aos interesses da coletividade, ou seja, de todos os brasileiros.

Observe-se que, desencadeado o *processo* de desenvolvimento, tendem a existir as desigualdades regionais de renda e riqueza e as desigualdades do próprio ritmo de desenvolvimento.

Essas disparidades decorrem da tendência à especialização do processo produtivo, do efeito das relações de troca e do *efeito multiplicador* (relação entre o investimento interior e o desemprego).

Tomando como referência essas causas, cumpre impedir que elas afetem o *processo*, com o desequilíbrio de regiões, dificultando-lhes a *integração econômica* perseguida.

Há regiões que absorvem, *naturalmente*, o *processo*, e em uma interação, verdadeira retroalimentação entre ambos, respondem ao estímulo recebido. Outras, quando não se mostram naturalmente refratárias, resultam desprezadas pelas fontes de investimento, atraídas para áreas onde a fácil reprodutividade das inversões é consequência de condições propiciadas pelos recursos naturais e por outros geradores; pelas circunstâncias de serem regiões produtoras de bens industriais e terem elevado poder aquisitivo, que as tornam avantajadas no campo das trocas[38], catalisando os recursos financeiros pelas condenáveis práticas colonialistas internas expressas nas transferências desses recursos, felizmente, estavam impedidas, *ex vi* do revogado item VII do art. 192 da Constituição.

A regra constitucional do desenvolvimento equilibrado do País pressupõe um processo de financiamento de atividades que acelere a *integração econômica* entre as regiões para evitar o comprometimento do sucesso do desenvolvimento como um todo.

Tal situação exige um específico *planejamento regional*, observado o disposto no art. 174 da Constituição, visando: à condenação e à regulamentação particularizada da vida econômica das áreas; o fomento, com o financiamento de atividades econômicas particulares; a adoção de disciplina jurídica diversificada, compatível com as peculiaridades das relações sociais que se

38 V. p. 64.

travam no ambiente respectivo; tudo, enfim, para que se torne mais rápida e eficiente a incidência dos elementos desenvolvimentistas no espaço que se encontrar estagnado, uma vez que a não integração econômica de uma região compromete o sucesso do processo como um todo.

A condição de equilíbrio é, assim, elemento importante para garantir a evolução do sistema[39].

O *sistema financeiro*, tendo como objetivo esse *desenvolvimento equilibrado* do País e devendo ser regulado em leis complementares que, dentre outros critérios, veicularão os que forem restritivos da transferência de *poupança* de regiões carentes de renda para outras exuberantes, certamente que somente teria legitimidade se assegurasse o equilíbrio no desenvolvimento regional no nível de que o *processo* se realize, uniformemente, em todo o território da Federação.

Nesse sentido, é constitucional qualquer regra de abrandamento que autorize a aplicação de normas jurídicas de natureza econômico-financeira de forma diferenciada no País tal como o recomenda a inteligência do art. 43 e seus parágrafos da Constituição, combinado com a do seu art. 192.

Essa caracterização do sistema condiciona a ação do exegeta a que ela se realize dentro da interpretação sistemática do texto constitucional, pois a sua integração se faz intrinsecamente, uma vez que esse texto é um feixe de normas exclusivo, vez que sua superioridade não permita que a coordenação seja feita com normas inferiores integrantes do sistema piramidal do ordenamento jurídico.

Logo, a interpretação do Capítulo IV do Título VII da Constituição implica uma integração com as formulações *preambulares* e as que contêm, no preceituado constitucional, os *princípios fundamentais* e as *regras* constitucionais comuns. Doravante, por conseguinte, essa será a técnica a adotar aqui, lembrando-se de que tudo isso exprime um Estado *intervencionista* com aspectos típicos; *Estado dirigista, providência, social, empresário, de massas...*

O art. 3º do Estatuto Fundamental brasileiro denuncia um autêntico "*Welfare State*". Consequentemente, o *desenvolvimento equilibrado* do País, de que cuida o art. 192 da Constituição, é algo que fica a reboque do caráter social do Estado brasileiro plasmado nesse seu art. 3º.

Insista-se, então, que a técnica de *interpretação* se alia à chamada integração das normas cujo objetivo não se resume a se suprirem as lacunas do ordenamento jurídico.

A *integração* de ramos do direito positivo tem a finalidade de coordenar e harmonizar as normas que pensam os diferentes conteúdos do fato social quando da sua aplicação a um fato social especificamente acontecido nos termos da *facti specie*.

---

39 V. p. 63.

Sob esse ângulo, a Constituição somente pode ser interpretada integrando-se com as suas próprias normas, isto é, intrinsecamente.

Se é assim, como efetivamente o é, então, dois critérios fundamentalmente devem ser acentuados, no particular:

Primeiro, uma interpretação de uma norma constitucional não pode configurar um absurdo, ou seja, não pode fugir aos fundamentos que a própria ordem jurídica fundamental arquitetou. As lacunas constitucionais são colmatadas com base no costume, no direito comparado, nas instituições sociais. Essas lacunas não são omissões legislativas nem erros dos preceitos que compõem a Constituição, elas constituem situações que não foram previstas, ainda que constitucionalmente relevantes, por isso resolvidas pelos meios de *integração* antes mencionados, os quais são *fatores reais* e *ideais*, que informaram o legislador na elaboração do texto; enfim, são fontes materiais da Constituição;

Segundo, uma interpretação de uma norma constitucional não pode resultar em conflito, porque a coordenação e harmonização das normas disseminadas pelo tecido da Constituição são feitas *integrando-as* entre si a partir da hierarquia que nela se processa como base nos *princípios* ou *normas princípios*. Não existem, por isso, normas conflitantes, entre si, na Constituição.

De tudo isso, ainda há um problema a resolver: até que nível essa interpretação conduz à aplicabilidade da norma constitucional em face das leis integrativas? Em outros termos, essa interpretação condiciona-se à eficácia e à aplicabilidade da própria norma constitucional?

Caracterizado, assim, o sistema financeiro conforme a disciplina da ordem jurídica fundamental e balizada a forma de compreender essa disciplina, podem-se buscar, nessa *ordem jurídica*, os elementos elucidativos desse tema, inclusive os seus aspectos polêmicos.

Conceito constitucional brasileiro de sistema financeiro

Na Constituição, o *sistema financeiro* compõe-se não somente da norma contida no seu art. 192. Para além de tudo isso, engloba outras normas que dispõem sobre *finanças públicas*, sobre *sistema tributário*, sobre as *regiões* que integram um mesmo complexo geoeconômico e social e sobre a *atividade econômica*. Nesse sentido, então, o *sistema financeiro* é parte do que se denomina *Constituição Econômica*, ou seja, as normas que na *ordem jurídica* fundamental são as portadoras do *sistema* ou da estrutura das relações de produção. Incluem-se, ainda, nesse conceito, os organismos que realizam as operações financeiras.

Essa amplitude é cabível porque o *sistema financeiro* é caixa de ressonância da economia e, ao mesmo tempo, em um processo de retroalimentação, influencia a organização da economia. O *sistema financeiro*, enfim, é o lado dinâmico da estrutura das relações de produção. Daí não poder ser inovado, a ele todo, desde quando assim ele se apoia na história econômica. Errada será a tentativa de transplantá-lo de uma para outra nação; os sistemas anglo-saxão, o alemão, ou o francês não darão certo no Brasil, a não ser meras adaptações com a necessária *redução sociológica*, absorvendo o que com ele se integra e excluindo o que não se coaduna.

Pois bem, têm-se de refletir, na interpretação constitucional desse *sistema*, o que transpira da história econômica do País, seus costumes nas relações de produção, a característica de suas instituições sociais, no campo dessas relações.

Desde a independência do Banco Central à existência de *títulos ao portador*, o *sistema* não pode ser regulado com vistas aos de outras nações.

Saque-se o exemplo da *poupança voluntária*, virtude da *Inglaterra puritana*, dogma religioso que, no Brasil, por não possuir essa formação cultural, depende de estímulos, até oficiais, da publicidade sobre possíveis resultados materiais positivos para o poupador.

Em conclusão: o primeiro cuidado na interpretação das normas constitucionais, já no plano do *sistema financeiro*, em si, na perspectiva de concretizá-lo, é o de adaptação desse conceito a todas essas circunstâncias, aos *fatores reais* e *ideais*, que informarão, a partir da sede constitucional, as regras infraconstitucionais.

Daqui, já surge uma *definição*, que, sintetizando essas circunstâncias, engloba:

> "no *plano normativo*, regras jurídicas sobre a intermediação de valores monetários dentro do sistema das relações de produção e, no *plano operativo*, configura a estrutura dos órgãos que atuam não só no plano normativo, mas também nesse plano operativo *stricto sensu*."

O histórico da atuação do Estado brasileiro, nos termos, aqui, expostos, revela a *legitimidade constitucional da União* para o mister.

Lembre-se, de pronto, que a *Federação* brasileira é *centrípeta*, diferentemente da norte-americana, que é *centrífuga*. Aqui, foi o poder central que outorgou atribuições às entidades federadas, Estados, Municípios e Distrito Federal; deu-lhes o que entendeu pertinente e reservou para si o que quis. Exemplifique-se com o *sistema tributário*.

Aqui, por isso, é inadequado falar-se em *poderes remanescente ou residuais ou implícitos* dos Estados-membros, à semelhança do caso norte-americano[40]. O máximo que se permite é falar-se de "*competências* que não lhes sejam vedadas" pela Constituição (§ 1º do art. 25 da Constituição de 1988).

A Federação norte-americana é *centrífuga* porque foram as *Colônias* que convergiram para a União, portanto, para o centro, atribuições explicitamente

40 Cf. Josaphat Marinho,. *Poderes remanescentes na Federação Brasileira*, Bahia, Artes Gráficas, 1954.

outorgadas, reservando para si tudo aquilo que estivesse *implícito*, fosse *remanescente*, fosse *residual*, sendo, assim, desnecessária a lista expressa de atribuições para elas.

Justifica-se, pois, a regra da caracterização do âmbito nacional do *sistema financeiro* com normatização *federal-nacional*.

O histórico, enfim, revela que a transmigração da família real para o Brasil já resultou em começo da atuação estatal no campo financeiro, com a criação do *Banco do Brasil*, pelo Alvará de 12 de outubro de 1808, valendo lembrar, nesse mesmo século XIX, a criação da *Caixa Econômica Federal*, em 1861.

O século XIX trouxe para o início do século XX a sua indefinição do padrão monetário, oscilando-se entre a *moeda* pelo *valor intrínseco*, moeda--mercadoria, ouro, ou, simplesmente, fiduciária *papel-moeda* conversível, como já se descreveu, ao analisar-se, *supra*, o *sistema monetário*[41].

A criação desses dois estabelecimentos bancários não autoriza falar-se da existência, àquela época, de *sistema bancário*, muito menos, de um *sistema financeiro*, nos termos, constitucionalmente, postos hoje.

A evolução do *sistema financeiro* da fase primitiva, até agora, faz lembrar passagens como as do *Plano Real* – objeto de considerações anteriores – e da *Lei de Responsabilidade Fiscal*[42].

Faz recordar, outrossim, que a atuação do Estado, quanto mais acentuada, quanto mais ditatorial no campo financeiro, mais responsabilidade cabe-lhe nesses tempos de mudança da consciência social do não conformismo com os flagelos e da rejeição às *fatalidades econômicas*, reagindo-se à vida em desigualdade econômica, recusada como fruto dessas *fatalidades*.

Agora, a fase do *sistema financeiro* em âmbito nacional, diante das passagens supramencionadas, mostra a proibição do endividamento dos Estados e Municípios com o impedimento de emissão de títulos públicos pelos respectivos governos e com a pressão do governo federal para a privatização dos bancos estaduais, considerando que eles eram financiadores dos *déficits* dos descontrolados caixas dos Estados.

A *eficácia jurídica do planejamento* no Estado federal democrático brasileiro, a que se fez referência[43], está declarada pela *Lei de Responsabilidade Fiscal* (Lei Complementar n. 101, de 4 de maio de 2000) como existente no *fundamento de validez*, dado pelo Capítulo II do Título VI da Constituição Federal, pelo que a União há, sempre, de *atuar* para evitar a *dominância fiscal*, isto é, a situação na qual os *déficits* e as dívidas (consolidada e mobiliária) assumem tal proporção que a *política monetária* torna-se ineficaz para conter o *desequilíbrio fiscal* comprometedor do *desenvolvimento econômico* e do *bem-estar social*, que deveriam ser sustentados pelas *finanças públicas* sadias.

---

41 V. p. 123 e s.

42 Cf. Lei Complementar n. 101, de 4 de maio de 2000.

43 V. p. 96 e s.

Enfim, agora, a fase do *sistema financeiro* em âmbito *nacional* define-o como um conjunto de órgãos cuja função é a de regular, fiscalizar e executar todas as atividades econômicas e financeiras, dentro do País, necessárias à circulação da *moeda* e do *crédito*.

Esse *sistema* estrutura-se em dois *subsistemas*:

a) o de supervisão ou de fiscalização ou normativo; e

b) o operativo.

O *primeiro subsistema*, isto é, o de supervisão ou de fiscalização ou normativo compõe-se, basicamente, de cinco *órgãos normativos orientadores*:

- Conselho Monetário Nacional – CMN;
- Banco Central do Brasil – BACEN;
- Comissão de Valores Mobiliários – CVM;
- Conselho Nacional de Seguros Privados – CNSP;
- Conselho Nacional de Previdência Complementar – CNPC.

O *Conselho Monetário Nacional* – CMN foi criado pela Lei n. 4.595, de 31 de dezembro de 1964, em substituição ao Conselho da SUMOC – Superintendência da Moeda e do Crédito, com a finalidade de formular a política da moeda e do crédito com os objetivos seguintes, visando ao progresso econômico e social do País:

- Orientar a aplicação dos recursos das instituições financeiras, quer públicas, quer privadas; tendo em vista propiciar, nas diferentes regiões do País, condições favoráveis ao desenvolvimento harmônico da economia nacional;
- Propiciar o aperfeiçoamento das instituições e dos instrumentos financeiros, com vistas à maior eficiência do sistema de pagamentos e de mobilização de recursos;
- Zelar pela liquidez e solvência das instituições financeiras;
- Coordenar as políticas monetária, creditícia, orçamentária, fiscal e da dívida pública, interna e externa.

A lei de pronto deu-lhe uma extensa lista de dezenas de atribuições, dentre as quais vale destacar a de *limitar as taxas de juros*, em face da equivocada interpretação que lhe vem sendo dada.

> A regra é: Compete ao Conselho Monetário Nacional, segundo diretrizes estabelecidas pelo Presidente da República:
>
> Limitar, sempre que necessário, as taxas de juros, descontos, comissões e qualquer outra forma de remuneração de operações e serviços bancários ou financeiros, inclusive os prestados pelo Banco Central da República do Brasil, assegurando taxas favorecidas aos financiamentos que se destinem a promover:

– recuperação e fertilização do solo;
– reflorestamento;
– combate a epizootias e pragas, nas atividades rurais;
– eletrificação rural;
– mecanização;
– irrigação;
– investimentos indispensáveis às atividades agropecuárias.

O equívoco reside no fato de afirmar-se, em razão disso, que a *taxa de juros* é fixada pelo Conselho Monetário Nacional, *quando somente pode ser fixada por lei*, considerando que a matéria é de reserva legal e o Conselho Monetário Nacional não emite lei nem a regra supratranscrita permite-o.

O que está permitido nessa regra é a limitação das *taxas de juros*, portanto, pressupõe que essa *taxa* já está fixada pela lei específica e a finalidade da atribuição do Conselho é a de fazê-la favorecida aos financiamentos que se destinem à promoção das atividades relacionadas no inciso IX do art. 4º da Lei n. 4.595/64.

Aqui, repetem-se as palavras que o autor deste livro[44] escreveu e mantém como tradução do seu pensamento:

"O regime de 2002 (arts. 406 e 407) disciplina especificamente os *juros legais* moratórios, à semelhança do sistema de 1916 (arts. 1.062, 1.064 e 1.262)."

Essa situação exige uma classificação que englobe a categoria em:

a) *juros compensatórios;*

b) *juros moratórios;*

  b1) *convencionais;*

  b2) *legais.*

Os *juros compensatórios* são também chamados de *remuneratórios*, porque têm o objetivo de recompensar o uso de um capital alheio; por isso, no contrato de mútuo, destinando-se a fins econômicos, há a presunção de que os juros, dessa categoria, são devidos até o limite máximo permitido pelo Código Civil para a fixação dos *juros moratórios* (art. 591, combinado com o art. 406). Consequentemente, os *juros compensatórios* constituem-se por estipulação contratual, são *retributivos* e têm limites para a sua *taxa*.

Os *juros moratórios*, constituídos, sempre, por disposição legal, admitem ser estipulados, também, por convenção das partes e têm o objetivo de reparar prejuízos do credor decorrentes da *mora solvendi*. Assim, no regime de 2002, submetem-se à seguinte disciplina jurídica: *legais* e *convencionais*. Estes últimos configuram-se quando as partes deliberarem pela sua ocorrência.

---

44 Cf. Edvaldo Brito, Texto de atualização do livro *Obrigações*, 19ª. ed., de Orlando Gomes, Rio de Janeiro, Forense, 2019, p. 52 e s.

Duas são as situações em razão deles: a) as partes não estipularam a *taxa*; ou b) a fixaram.

Na primeira hipótese, o limite máximo será o da *taxa* que estiver em vigor para a mora do pagamento de *impostos* devidos à Fazenda Nacional. Note-se: só *impostos*, e não outros *tributos*, ou mesmo *contribuições*. Bem assim, só os devidos à Fazenda Nacional, e não às estaduais, às municipais ou à distrital.

Mas, na segunda hipótese, em que convencionarem e fixarem a *taxa*, poderão fazê-lo em valor superior ao limite? A pergunta impõe-se porque a regra do Código Civil é de natureza *supletiva*, ou seja, aplica-se quando os *juros moratórios* não forem convencionados, ou o forem *sem taxa* estipulada.

Logo, se forem convencionados e o forem *com taxa*, por ser a regra *supletiva*, essa *taxa* poderá ser de valor maior que o da mora do pagamento de *impostos* devidos à Fazenda Nacional?

A resposta exige interpretação integrativa: o limite da *taxa de juros* foi estabelecido pelo Decreto n. 22.626, de 7 de abril de 1933, recepcionado, constitucionalmente, com a materialidade de lei, tanto que foi apelidado de "*lei de usura*". Buscou-se, então, proibir juros maiores que o dobro do permitido pela *taxa legal* de 6% (seis por cento) ao ano, para os contratos.

Essa regra ainda vige, considerando-se que o regime de 2002, a par de estabelecer norma *supletiva*, não disciplinou em contrário dessa proibição[45]; por conseguinte, se as partes convencionarem *taxa*, terão de fazê-lo até o dobro da *taxa legal*, qual seja, aquela em vigor para a mora do pagamento de *impostos* devidos à Fazenda Nacional.

Já os *juros moratórios* que provierem não de convenção, mas forem determinados por lei, *sem taxa*, também obedecem ao limite estabelecido no art. 406 do Código Civil.

Surge, aqui, um problema a resolver, qual seja, o da *taxa* vigorante para a mora do pagamento de *impostos* devidos à Fazenda Nacional: o Código Tributário Nacional – que é *lei complementar*, por fundamento de validez constitucional – fixa-a em 1% (um por cento), se a lei, que vier a admitir este acréscimo, não dispuser de modo diverso. Lembre-se que, sendo *lei complementar*, esse Código que estabelece normas gerais de direito tributário somente pode ser alterado por documento normativo desse nível para modificar, para mais, a *taxa* de 1% (um por cento), que, assim, é teto, e não piso. Se é teto, lei ordinária, apenas, terá legitimidade para fixar juros iguais ou inferiores a 1% (um por cento) ao mês.

Essa premissa tem lugar, nesse ponto, porque existe lei ordinária tributária que, sem definir a categoria de acréscimo conhecida como *SELIC*, uma

45 Cf. § 1º do art. 2º da Lei de Introdução às normas do Direito Brasileiro (Decreto-lei n. 4.657, de 4 de setembro de 1942, alterado pelas leis de n. 12.376, de 30 de dezembro de 2010, e n. 13.655, de 25 de abril de 2018).

vez que a definição é feita por ato normativo subalterno[46], estabelece equivalência entre os *juros moratórios* e essa *taxa* traduzida como a média dos financiamentos diários, com lastro em títulos federais no sistema (SELIC). É evidente a natureza aleatória do valor da taxa SELIC, o que é incompatível com o *princípio do equilíbrio contratual*, ensejando, até, a *resolução por onerosidade excessiva*, se a prestação se tornar demasiadamente alta.

Essa equivalência está na Lei n. 10.522, de 19 de julho de 2002, mas padece de um pecado: nem essa lei, nem qualquer outra, define o que seja SELIC; além do que, a alta rotatividade dessa *taxa*, para cima e para baixo, ao sabor da vontade de órgão administrativo, significa não só usurpação da função legislativa, como também implica variação de valor da prestação em desproporção manifesta superveniente legitimando a correção judicial.

Quanto à proibição do *anatocismo*, o abrandamento da regra está na possibilidade de capitalização anual, no mútuo. Se o mútuo é bancário, tem-se admitido a capitalização mensal nos contratos celebrados a partir de 31 de março de 2000, data da primitiva publicação da Medida Provisória n. 2.172-36, perenizada pelo art. 2º da Emenda Constitucional n. 32, de 12 de setembro de 2001. Essa Medida Provisória libera dessas disposições proibitivas, por ela veiculadas, as instituições financeiras e demais instituições autorizadas a funcionar pelo Banco Central do Brasil, porque essas entidades continuam regidas pelas normas legais e regulamentares que lhes são aplicáveis.

Essas normas são, sobretudo, as editadas pela chamada *"Lei de Reforma Bancária"* (Lei n. 4.595, de 31 de dezembro de 1964), a qual autoriza a instituição oficial limitar *taxas de juros*, conjunturalmente. Óbvio que, sendo o seu ato de execução e, por isso, legalmente subordinado, não poderá ultrapassar os limites legais que constituem o teto. Ademais, essa lei restringe a eficácia desses atos não só à conjuntura, mas, também, à finalidade de garantir taxas favorecidas aos financiamentos que se destinem a promover incentivos às atividades que ela arrola *numerus clausus*. Consequentemente, fora de tais circunstâncias não se legitima a exclusão da aplicabilidade dos limites legais.

Orlando Gomes[47] é convincente, nesse mesmo sentido, ao afirmar:

> "A questão apresentou-se nos tribunais a propósito da permissão da cobrança, pelas instituições financeiras, de juros acima da taxa legal, em

46 *SELIC* é a taxa média ajustada dos financiamentos diários apurados no *"Sistema Especial de Liquidação e de Custódia"* para títulos federais (cf. § 1º do art. 2º da Circular n. 2.900 do Banco Central, de 24 de junho de 1999). A meta dessa *taxa* e seu eventual *viés* são definidos pelo COPOM (Comitê de Política Monetária, instituído em 20 de junho de 1996). O *viés* será expresso como elevação ou redução potenciais da meta para a taxa SELIC; tal meta, por sua vez, é expressa pela taxa de juros fixada em reunião do COPOM.

47 Cf. *Questões mais recentes de direito privado*, São Paulo, Saraiva, 1988, p. 110-112.

flagrante desrespeito à disposição da Lei de Usura (Decreto n. 22.626, de 1933, art. 1º), que prescrevera limite intransponível[48].

Em Súmula que tomou o n. 595, o Supremo Tribunal Federal assentou que as disposições do Decreto n. 22.626 não se aplicavam às taxas de juros e aos outros encargos nas operações realizadas por instituições públicas ou privadas que integram o sistema financeiro nacional. Poderia parecer que, reconhecida, como teria sido, a competência das autoridades monetárias para disciplinar o funcionamento das instituições financeiras, o Conselho Monetário Nacional teria competência legislativa para abrir exceções a uma proibição legal de caráter genérico. Dir-se-ia que, tendo competência para limitar as taxas de juros, descontos, comissões e qualquer outra forma de remuneração de operações e serviços bancários ou financeiros, atribuída no inciso IX do art. 4º da Lei n. 4.595, excluiu tais operações e serviços do âmbito de aplicação da Lei de Usura. Se verdadeira fosse a tese, ainda assim ter-se-ia de reconhecer que a exclusão promanara de outra lei e não da resolução do Conselho Monetário Nacional ou do Banco Central. Estes órgãos de política nacional do crédito teriam competência tão somente para limitar, no parâmetro legal, a remuneração do capital emprestado, reduzindo, encurtando, diminuindo as taxas, como opina o Prof. Geraldo Sobral Ferreira[49]. Mesmo que se discorde desse entendimento, nem por isso há que aceitar o de que a liberação da taxa de juros no âmbito da atividade das instituições financeiras emana diretamente de uma determinação do Banco Central derrogatória da Lei de Usura. De resto, a Súmula não resolve o problema, pois, em verdade, não o enfrenta. Admitindo a inaplicabilidade das disposições da Lei de Usura concernentes às taxas de juros e a outros encargos nas operações realizadas pelos bancos, o Supremo Tribunal Federal limitou-se a declarar, em última análise, que, relativamente a essas taxas e encargos, a Lei n. 4.595 derrogara, isto é, revogara parcialmente o Decreto n. 22.626. Dessa declaração sumulada não há como inferir, numa generalização desarrazoada, que o Banco Central (ou o Conselho Monetário Nacional) pode proibir o exercício de direitos assegurados aos titulares de créditos em geral, a pretexto de que lhe cabe 'disciplinar o crédito'. Se permitido lhe fosse agir desse modo, reconhecida estaria a sua competência legislativa, com flagrante inconstitucionalidade.

Na verdade, as autoridades monetárias têm competência apenas para praticar, no particular, atos administrativos normativos, isto é, 'manifestações tipicamente administrativas', como, dentre outras, as resoluções e

48 Consulte, a propósito, Nelson Eizirick, *O Poder Judiciário e a jurisprudência sobre sociedades anônimas e instituições financeiras*, Rio de Janeiro, IBMEC, 1980, p. 34 e ss.

49 Cf. O sistema bancário. Juros. Problemas legais. *Revereor.* Estudos jurídicos em homenagem à Faculdade de Direito da Bahia, São Paulo, Saraiva, 1981, p. 226.

deliberações de conteúdo geral[50]. Tais atos revestem a forma de normas legais, mas não são lei em sentido formal e não podem invadir as reservas da lei, isto é, as matérias que só por lei podem ser reguladas[51]. Têm, em síntese, os 'caracteres marcantes do regulamento'.

As resoluções do Conselho Monetário Nacional são atos administrativos normativos, emanados de um órgão colegiado que não é corpo legislativo, destinados a regular as atividades respeitantes ao mercado financeiro.

Têm, no meu entendimento, caráter regulamentar, e, como todo regulamento, a resolução é um ato inferior à lei, um ato que não pode contrariá-la nem ir além do que ela permite, sendo inconstitucionais e, portanto, inválidos, se vão contra a lei"[52].

O Conselho Monetário Nacional – CMN também recebeu de outra lei[53], a que disciplina os *mercados financeiro* e o de *capitais*, específicas *funções normativas*, quais sejam, fixar:

> *Normas gerais a serem observadas na constituição, organização e funcionamento das Bolsas de Valores, e relativas a:*
>
> I – condições de constituição e extinção; forma jurídica; órgãos de administração e seu preenchimento; exercício de poder disciplinar sobre os membros da Bolsa, imposição de penas e condições de exclusão;
>
> II – número de sociedades corretoras membros da Bolsa, requisitos ou condições de admissão quanto à idoneidade, capacidade financeira, habilitação técnica dos seus administradores e forma de representação nas Bolsas;
>
> III – espécies de operações admitidas nas Bolsas; normas, métodos e práticas a serem observados nessas operações; responsabilidade das sociedades corretoras nas operações;
>
> IV – administração financeira das Bolsas; emolumentos, comissões e quaisquer outros custos cobrados pelas Bolsas ou seus membros;
>
> V – normas destinadas a evitar ou reprimir manipulações de preços e operações fraudulentas; condições a serem observadas nas operações autorizadas de sustentação de preços;
>
> VI – registro das operações a ser mantido pelas Bolsas e seus membros; dados estatísticos a serem apurados pelas Bolsas e fornecidos ao Banco Central;

---

50 Cf. Hely Lopes Meirelles, *Direito administrativo brasileiro*, 4. ed., São Paulo, RT, 1977, p. 148.

51 Cf. Hely Lopes Meirelles, *Direito administrativo brasileiro*, cit., p. 149, com indicação de bibliografia.

52 Cf. Messineo, *Manuale di diritto civile e commerciale*, 9. ed., Milano, Giuffrè, 1957, v. 1, p. 72.

53 Cf. Lei n. 4.728, de 14 de julho de 1965.

VII – fiscalização do cumprimento de obrigações legais pelas sociedades cujos títulos sejam negociados na Bolsa;

VIII – percentagem mínima do preço dos títulos negociados a termo, que deverá ser obrigatoriamente liquidada à vista;

IX – crédito para aquisição de títulos e valores mobiliários no mercado de capitais.

Normas gerais a serem observadas em matéria de organização, disciplina e fiscalização das atribuições e atividades das sociedades corretoras membros das Bolsas e dos corretores de câmbio.

Normas gerais a serem observadas no exercício das atividades de subscrição para revenda, distribuição, ou intermediação na colocação, no mercado, de títulos ou valores mobiliários, e relativos a:

I – capital mínimo das sociedades que tenham por objeto a subscrição para revenda e a distribuição de títulos no mercado;

II – condições de registro das sociedades ou firmas individuais que tenham por objeto atividades de intermediação na distribuição de títulos no mercado;

III – condições de idoneidade, capacidade financeira e habilitação técnica a que deverão satisfazer os administradores ou responsáveis pelas sociedades ou firmas individuais referidas nos incisos anteriores;

IV – procedimento administrativo de autorização para funcionar das sociedades referidas no inciso I e do registro das sociedades e firmas individuais referidas no inciso II;

V – espécies de operações das sociedades referidas nos incisos anteriores; normas, métodos e práticas a serem observados nessas operações;

VI – comissões, ágios, descontos ou quaisquer outros custos cobrados pelas sociedades de empresas referidas nos incisos anteriores;

VII – normas destinadas a evitar manipulações de preço e operações fraudulentas;

VIII – registro das operações a serem mantidas pelas sociedades e empresas referidas nos incisos anteriores, e dados estatísticos a serem apurados e fornecidos ao Banco Central;

IX – condições de pagamento a prazo dos títulos negociados.

Normas gerais a serem observadas nas operações das instituições financeiras autorizadas a operar em aceite ou coobrigação em títulos cambiais a serem distribuídos no mercado, e relativas a:

I – capital mínimo;

II – limites de riscos, prazo mínimo e máximo dos títulos, espécie das garantias recebidas; relação entre o valor das garantias e o valor dos títulos objeto do aceite ou coobrigação;

III – disciplina ou proibição de redesconto de papéis;

IV – fiscalização das operações pelo Banco Central;

V – organização e funcionamento de consórcios (art. 15).

Normas gerais sobre o registro, no Banco Central, das pessoas jurídicas de direito privado, relativas a:

I – informações e documentos a serem apresentados para obtenção do registro inicial;

II – informações e documentos a serem apresentados periodicamente para a manutenção do registro;

III – casos em que o Banco Central poderá recusar, suspender ou cancelar o registro.

O Conselho, além de *normas gerais*, tem competência para expedir normas a serem observadas pelo Banco Central, e relativas a:

a) natureza, detalhe e periodicidade da publicação de informações sobre a situação econômica e financeira da pessoa jurídica, suas operações, administração e acionistas que controlam a maioria do seu capital votante;

b) organização do balanço e das demonstrações de resultado, padrões de organização contábil, relatórios e pareceres de auditores independentes registrados no Banco Central;

c) manutenção de mandatários para a prática dos atos relativos ao registro de ações e obrigações nominativas, ou nominativas endossáveis.

O *Banco Central do Brasil* – BACEN – também foi criado pela Lei n. 4.595/64, modificada pela Lei Complementar n. 179, de 24 de fevereiro de 2021; pelo já exposto e pelo que se dirá a seguir, ele exerce o *poder de polícia* do *sistema*. É órgão executivo do Conselho Monetário Nacional.

A *Comissão de Valores Mobiliários* – CVM foi instituída pela Lei n. 6.385, de 7 de dezembro de 1976, como entidade autárquica em regime especial, vinculada ao Ministério da Fazenda.

Faz parte do *subsistema de supervisão ou de fiscalização ou normativo* porque lhe cabe disciplinar e fiscalizar:

- a emissão e distribuição de valores mobiliários no mercado;
- a negociação e intermediação no mercado de valores mobiliários;
- a negociação e intermediação no mercado de derivativos;
- a organização, o funcionamento e as operações das Bolsas de Valores;
- a organização, o funcionamento e as operações das Bolsas de Mercadorias e Futuros;
- a administração de carteiras e a custódia de valores mobiliários;
- a auditoria das companhias abertas;
- os serviços de consultor e analista de valores mobiliários.

Tendo a lei instituidora (6.385/76) definido os valores mobiliários sujeitos ao seu regime, excluídos os títulos da dívida pública federal, estadual ou municipal, os *títulos cambiais* de responsabilidade de instituição financeira, exceto as *debêntures*, são os seguintes:

- as ações, debêntures e bônus de subscrição;
- os cupons, direitos, recibos de subscrição e certificados de desdobramento relativos aos valores mobiliários negociados e intermediados no respectivo *mercado;*
- os certificados de depósito de valores mobiliários;
- as cédulas de debêntures; as cotas de fundos de investimento em valores mobiliários ou de clubes de investimento em quaisquer ativos;
- as notas comerciais; os contratos futuros, de opções e outros derivativos, cujos ativos subjacentes sejam valores mobiliários; outros contratos derivativos, independentemente dos ativos subjacentes; e
- quaisquer outros títulos ou contratos de investimento coletivo, quando ofertados publicamente e que gerem direito de participação, de parceria ou de remuneração, inclusive resultante de prestação de serviços, cujos rendimentos advêm do esforço do empreendedor ou de terceiros.

A Comissão é órgão normativo, visto que tem atribuições para expedir regras para execução de atos determinantes de providências a serem realizadas por emissores que tenham a forma jurídica de sociedade anônima.

As suas atividades, que devem ser exercidas em coordenação com o *Banco Central, são* definidas pelo *Conselho Monetário Nacional.*

O *Conselho Nacional de Seguros Privados* integra o sistema respectivo, instituído pelo Decreto-lei n. 73, de 21 de novembro de 1966, fixa diretrizes e normas da política de seguros privados, regula a constituição, organização, funcionamento e fiscalização dos que exercerem atividades subordinadas a este decreto-lei, bem como a aplicação das penalidades previstas, estipula índices e demais condições técnicas sobre tarifas, investimentos e outras relações patrimoniais a serem observadas pelas Sociedades Seguradoras, fixa as características gerais dos contratos de seguros e normas gerais de contabilidade e estatística a serem observadas pelas Sociedades Seguradoras, delimita o capital das sociedades seguradoras e dos resseguradores, estabelece as diretrizes gerais das operações de resseguro, disciplina as operações de cosseguro, em relação às Sociedades Seguradoras brasileiras ali instaladas ou que neles desejem estabelecer-se, prescreve os critérios de constituição das Sociedades Seguradoras, com fixação dos limites legais e técnicos das operações de seguro, disciplina a corretagem de seguros e a profissão de corretor, decide sobre sua própria organização, elaborando o respectivo Regimento Interno, regula a organização, a composição e o funcionamento de suas Comissões Consultivas e a instalação e o funcionamento das Bolsas de Seguro, fixa as condições de constituição e extinção de entidades autorreguladoras do mercado de corretagem, sua forma jurídica, seus órgãos de administração e a forma de preenchimento de cargos administrativos, regula o exercício do poder disciplinar das entidades autorreguladoras do mercado de corretagem sobre seus membros, inclusive do poder de impor penalidades e de excluir membros, e disciplina a administração das entidades autorreguladoras do mercado de corretagem e a fixação de emolumentos, comissões e quaisquer outras despesas cobradas por tais entidades, quando for o caso.

O *Conselho Nacional de Previdência Complementar* (CNPC) é órgão regulador e fiscalizador do regime de previdência privada de caráter complementar, organizado de forma autônoma em relação ao *regime geral de previdência social*.

Esse regime complementar é, obviamente, facultativo, mas baseia-se na Constituição de reservas que garantam o benefício contratado de caráter previdenciário. Nesses termos, há de controlar as atividades das entidades que atuam nesse segmento de captação de poupança popular.

O fundamento de validez desse regime previdenciário é o art. 202 da Constituição, com a redação dada pela Emenda Constitucional 20, de 15 de dezembro de 1998, e a lei complementar aludida na regra constitucional é a de n. 109, de 29 de maio de 2001, que, no seu art. 5º invoca o inciso VI do art. 84 e, assim, legitima o Decreto n. 7.123, de 3 de março de 2010, como ato do Presidente da República, dispondo sobre a organização e o funcionamento dos órgãos que, no Conselho, incumbem-se da normatização, coordenação, supervisão, fiscalização e controle das atividades das entidades de previdência complementar.

É por isso que o referido Decreto n. 7.123/2010 dispõe sobre o Conselho Nacional de Previdência Complementar.

A transversalidade do órgão com o Sistema Financeiro Nacional identifica-se na sua qualidade de ator de ação do Estado na formulação da política de previdência complementar, que se deverá compatibilizar com a política de desenvolvimento social e econômico-financeiro e atuarial, com o objetivo de preservar a liquidez, a solvência e o equilíbrio dos planos de benefícios.

Nesse *subsistema normativo* cabe, ainda, examinar:

a) a eficácia e a aplicabilidade das normas constitucionais de conteúdo ético-socioeconômico;
b) as normas infraconstitucionais integrativas: a partir da Lei n. 4.595/64;
c) as normas constitucionais sobre o sistema financeiro.

Sob o *aspecto normativo*, encontram-se na Constituição regras que carecem de identificação quanto à natureza jurídica. Já o *caput* do art. 192 remete a regulação do seu dispositivo à categoria de lei complementar.

Aqui se especula, de pronto:

- trata-se de lei integrativa da Constituição e com que eficácia?
- dependendo dessa eficácia, a aplicabilidade do dispositivo é imediata ou necessitará dessa norma legal integrativa?

Aqui se impõe a classificação das normas constitucionais quanto aos *efeitos* que irradiam e ao seu potencial de *aplicação*, a fim de responder às perguntas antes formuladas quanto à função integrativa da lei.

Lembre-se, de pronto, que todas as normas constitucionais são eficazes, porque irradiam efeitos.

Como ensina Ruy Barbosa, não sendo a Constituição de um Estado senão uma lei, se bem que de uma categoria superior a todas, a lei suprema, a sua lei das leis, não poderá conter cláusulas a que se deva atribuir meramente o valor moral de conselhos, avisos ou lições. Todas têm a força imperativa de regras ditadas pela soberania nacional ou popular aos seus órgãos[54].

A doutrina, hoje, também não foge a essa caracterização e, dessa forma, repugna teoria que defende a ideia de que, faltando lei especialmente reguladora da norma constitucional, esta não teria aplicabilidade[55].

A Constituição de 1988 também a repudia porque o inciso LXXI do seu art. 5º não oferece lugar para distinção entre *normas programáticas* e *operativas*.

Reitere-se, pois, que todas as normas constitucionais geram efeitos e, por isso, desde a promulgação o legislador infraconstitucional fica proibido de emitir normas em sentido contrário e o aplicador fica também proibido de considerar aplicáveis normas preexistentes ou, bem assim futuras, que sejam incompatíveis com a Lei Maior, tendo de utilizar a própria regra constitucional se inexistente a norma inferior integrativa.

Não há que falar, assim, de distinções entre normas constitucionais jurídicas e normas constitucionais de conteúdo ético-socioeconômico para identificar nestes últimos meros *programas* a serem cumpridos quando e como o desejar o legislador de segundo grau. Todas as normas constitucionais têm juridicidade.

Então, o único problema diz respeito à *aplicabilidade* que não se opera uniformemente, uma vez que a própria Constituição, em relação a várias situações jurídicas que plasma, estabelece a sua regulação por leis (complementares e ordinárias) cuja inexistência, contudo, não lhes tira a *eficácia* e a consequente *aplicabilidade*, se acontecer o fato gerador de um direito subjetivo cujo exercício está, constitucionalmente, assegurado.

Pensar que sem essa regulação a norma constitucional é inaplicável é atribuir ao legislador infraconstitucional o poder de impedir a força imperativa das regras ditadas pela soberania nacional ou popular a que ele se subordina (cf. parágrafo único do art. 1º e art. 14 da Constituição). A esse legislador deferiu-se a prerrogativa de regular um direito subjetivo apenas para fazê-lo compatível com o direito de todos na comunidade e com os interesses superiores desta.

---

54 Cf. Ruy Barbosa, *Comentários à Constituição Federal brasileira*, São Paulo, Saraiva, 1933, v. II, p. 479 e 489.

55 Cf. José Joaquim Gomes Canotilho, *Direito constitucional*, 4. ed., Coimbra, Livraria Almedina, 1987, p. 132 e ss. e Rolando E. Pina, *Cláusulas constitucionales operativas y programáticas:* ley fundamental de la República Federal de Alemania, Buenos Aires, Astrea, 1973, p. 24 e ss.

Assim, examinada a função da *lei integrativa*, já se pode concluir que o dispositivo do art. 192, mesmo antes da Emenda Constitucional 40/2003 era *eficaz*, porque não poderia o legislador infraconstitucional dispor em contrário dele, porque impedia ao juiz, ou a qualquer outro aplicador de normas jurídicas ao caso concreto, de utilizar-se de qualquer dessas normas preexistentes de modo ofensivo àquele dispositivo.

É *aplicável* de imediato, porque naquilo em que a lei integrativa preexistente for incompatível, podendo o juiz suprir ou colmatar a lacuna, balizando o exercício do direito, se o titular o requerer, via *mandado de injunção*.

Enfim, o dispositivo não estava fora de *aplicabilidade*, até porque já havia uma lei integrativa, que é a de n. 4.595, de 31 de dezembro de 1964, entre outras referidas neste livro.

A esse propósito, cumpre verificar se essa Lei n. 4.595/64 é, *materialmente*, a lei complementar *integrativa*. O resultado da verificação é afirmativo.

Além do princípio da *eficácia*, a nova ordem constitucional enseja, para a sua utilização, a convivência com mais três outros: o da *recepção*, o da *presunção de constitucionalidade das normas infraconstitucionais* e o do *direito adquirido*.

Se *eficazes* são todas as normas constitucionais, e se há o primado da Constituição no sistema jurídico, a consequência é a de que a nova ordem jurídica fundamental *receba*, apenas, as normas infraconstitucionais compatíveis.

De imediato, afasta-se a compatibilidade formal, porque a norma preexistente é *recebida*, se compatível, ao nível requerido pela nova Constituição, daí por que o Decreto n. 22.626, de 07 de abril de 1933, foi *recebido* como lei (*lei de usura*) pela Constituição de 1934.

A Lei n. 4.595/64, que não cumpriu o processo legislativo previsto pelo *quorum* do art. 69, nem por isso deixa de ser *recebida* como integrativa do art. 192 naquilo que com ele não conflitar. É que o princípio da *recepção* refere-se à compatibilidade material, por isso, as normas recebidas o são ao nível e ao grau atribuído pela nova Constituição.

Tal circunstância decorre do fundamento de validez jurídico-positiva de uma norma jurídica, quer dizer, a norma jurídica positiva do escalão superior, que regula a sua produção. A Constituição é o fundamento de validez de todas as normas infraconstitucionais, por ser a norma superior[56].

Nesse ponto, já se iniciou a análise dos *aspectos polêmicos* da nova ordem jurídica-fundamental, *no campo do sistema financeiro*.

Continua-se, ao se defrontar com a necessidade de esclarecer o seguinte: o sistema engloba, como já acentuado, não só o normativo, mas, também, o *operativo* e, assim, envolve as instituições financeiras, inclusive as instituições seguradoras.

---

56 Cf. Hans Kelsen, *Teoria pura do direito*, 3. ed., trad. João Baptista Machado, Coimbra, Armênio Amado, 1974, p. 323. Michel Temer, *Elementos de direito constitucional*, 3. ed., São Paulo, RT, 1985, p. 26.

À época anterior à Emenda Constitucional 40/2003 se indagava: haverá, então, duas leis complementares? A resposta é negativa, porque quando o art. 192, na redação original, dizia que *lei complementar regulará o sistema financeiro*, nada autorizava afirmar-se a necessidade de mais de uma lei somente porque o desdobramento do seu *caput* englobava itens com matéria pertinente ao segmento securitário.

A resposta seria, porém, afirmativa, não para admitir-se a necessidade de mais de uma lei complementar, senão na medida em que a lei infraconstitucional regulasse a matéria para a qual não se exigia o *quorum* do art. 69. Isso porque o *sistema financeiro nacional* abrange uma riqueza infindável de vários aspectos da vida social, como já foi revelado, *v. g.*, as finanças públicas, o orçamento público, o orçamento da seguridade social, o *sistema tributário nacional*, desde quando é por meio do sistema financeiro que se opera a intermediação de recursos.

Pelo processo de *poupança compulsória*, por exemplo, também se captam recursos para o financiamento de investimentos, os que estão a cargo do Estado, de onde seria inconcebível incluir no *sistema financeiro* apenas a técnica de captação mediante a *poupança voluntária*.

A propósito dessa abrangência material do *sistema financeiro* em relação ao número de leis, examinem-se os seguintes dispositivos constitucionais para identificar neles o *quorum* exigido para a elaboração legislativa infraconstitucional e, portanto, a necessidade de apenas uma lei complementar integrativa, que pode ser a de n. 4.595/64, adaptada à nova ordem e à sistematização do resíduo em uma lei ordinária.

O art. 22 da Constituição dispõe sobre matéria pertinente ao *sistema financeiro* nos seus incisos VI, VII, XIX e XXIII.

A regra é a de que à União compete legislar, com exclusividade, sobre sistema monetário, política de crédito, sistemas de poupança e seguridade social. Apenas esta última matéria dispensaria o *quorum* do art. 69.

Legislar sobre *sistema monetário* inclui, obviamente, a emissão de moeda pelo Banco Central; tal implica combinar os arts. 21, VII, 48, XIII e XIV, 163, 165, todos da Constituição. O *quorum* é o do art. 69, exigido para a regulação das finanças públicas. A política de crédito, câmbio e seguros também deve ser veiculada por lei elaborada ao nível de complementar, desde quando são atribuições do Banco Central e estavam contidas no § 3° do art. 192, tal como foi examinado linhas atrás.

Os sistemas de *poupança, captação* e *garantia de poupança popular* inserem-se no conteúdo do art. 163, considerando sua natureza de dívida pública interna, e, também, constituem matéria de lei complementar.

Já de referência à seguridade social, a partir do inciso XXIII do art. 22, encontra-se no § 5° do art. 165 a determinação para que o seu orçamento se compreenda na lei orçamentária anual. Considere-se que consistia proibição para que ela se processasse pelo sistema comum de seguridade, uma vez que consiste no conjunto integrado de ações de iniciativa do poder público e da sociedade, com o objetivo de garantir os direitos relativos à saúde, à previdência e à assistência social. Dessa forma, o seguro acidente do trabalho pode ser bancado pelo sistema privado.

Na amplitude conceitual do *sistema financeiro*, cabe a matéria regrada no § 2° do art. 43 da Constituição na medida em que se refira a seguros, juros favorecidos para financiamento de atividades prioritárias, isenções e reduções de tributos; bem assim, cabe a regra do inciso V do seu art. 52.

Consequentemente, para a matéria que o art. 192 exigia lei complementar, uma só poderia contê-la e, portanto, tendo a Lei n. 4.595/64 sido *recepcionada*, ela é *integrativa*, aplicável naquilo que for compatível com essa nova ordem. Na parte em que tiver sido derrogada e até o advento da lei integrativa requerida pelo art. 192, aplica-se, diretamente, a Constituição face ao *princípio da eficácia* de suas normas e em razão do art. 5°, LXXI, que autoriza o exercício de direito subjetivo, via *mandado de injunção.*

Ainda no plano normativo vale acrescentar que as regras constitucionais sobre o *sistema financeiro* provocam outra *reflexão* geradora de um aspecto polêmico. Trata-se do *poder normativo do Conselho Monetário Nacional.* A Constituição não lhe legitima o exercício desse poder, a ponto de expedir norma com a *materialidade da lei,* quando exigir que a matéria seja veiculada por lei complementar, visto que esse tipo de norma não pode ser objeto de delegação. Nas demais, permitidas à lei ordinária, não há impedimento para que o legislativo delegue os atos de sua competência para o Conselho. Assim, as disposições da Lei n. 4.595/64, que discriminam a competência desse colegiado terão de ser aplicadas somente nas situações que não conflitem com a nova ordem que veda delegações da matéria reservada à lei complementar.

Surgiu a falada Emenda Constitucional 40, de 29 de maio de 2003, alterando a redação do *caput* do art. 192 e revogando todos os seus incisos, alíneas e parágrafos. Admitiu pluralidade de leis complementares que assumem a natureza integrativa porque lhes caberá ser fiel à Constituição, na regulação da matéria pertinente. Essa é a razão de o subsistema de supervisão ou de fiscalização ou normativo abrigar também, como vimos, os cinco órgãos normativos orientadores.

O *segundo subsistema, o operativo,* enseja também, além do que já se expôs, a análise dos seguintes temas:

a) Banco Central. Autonomia;
b) Bancos Oficiais. Isonomia;
c) Instituições de Seguro.

Outros *aspectos* polêmicos gerados pela nova ordem referem-se à autonomia do Banco Central, a isonomia entre os bancos privados e os oficiais, a inclusão no sistema financeiro dos órgãos oficiais de fiscalização da atividade de seguro, previdência e capitalização, bem assim do órgão oficial ressegurador.

Eles atuam no *plano operativo*.

O Banco Central deve ter autonomia. Suas funções consistem, principalmente, em controlar a oferta de moeda.

A Constituição estabelece que a competência outorgada à União no inciso VII do seu art. 21 para emitir moeda é exercida, privativamente, pelo Banco Central (art. 164).

O cumprimento dessa atribuição exige que essa instituição integrante do *sistema financeiro* seja independente da estrutura administrativa, e apenas submissa, como qualquer outro banco, à política estatal traçada para o fim específico, ainda que seja criada como uma instituição oficial.

A autonomia caracteriza-se por dois aspectos: *político* e *administrativo*.

A Constituição estabelece, expressamente, a *independência política* ao dispor que o presidente e os diretores do Banco Central somente serão nomeados (art. 84, XIV) após prévia aprovação dos seus nomes, pelo Senado Federal, por votos secretos depois de feita a arguição pública (art. 52, III, *d*).

Reclamava-se para a completa *independência* se houvesse um mandato sem coincidir com o do Presidente da República e se a sua demissão não pudesse ser *ad nutum*, à semelhança do que acontece com o Procurador-Geral da República, cuja destituição do cargo, antes do término de seu mandato, por iniciativa do chefe do Poder Executivo, terá de ser precedida de autorização da maioria absoluta do Senado Federal. A reclamação foi superada.

A *independência* do Banco Central era capenga porque, sob o *aspecto político*, não era integral, e do *ponto de vista administrativo, estrutural e funcional*, a Lei Maior nada estipulou, confiando à lei complementar à qual deferiu regular a organização, o funcionamento e as atribuições.

Aqui, a lei complementar teria de *integrar*as regras constitucionais, porque o Banco Central é guardião da moeda (art. 164, § 2°) e porque as regras da Lei n. 4.595/64 não lhe tiravam o caráter de prolongamento, da vontade do Executivo, porque, ainda que esteja proibido de conceder empréstimos ao Tesouro Nacional, poderá fazê-lo a instituição financeira, dentre as quais se incluem o Banco do Brasil S/A e a Caixa Econômica Federal, que poderão atuar como intermediários do Tesouro sem que se perceba a ofensa à norma da Lei Maior.

A Lei n. 4.595/64 criou um Banco Central independente, mas as suas alterações posteriores permitiram que a instituição ficasse subserviente, por algum tempo, transformando-se de guardião austero da moeda em seu devasso emissor. Recomendável era que se retomassem as regras básicas, inicialmente estatuídas na dita lei para que se cumprisse a disciplina constitucional.

O mandato do presidente do Banco Central do Brasil era, originalmente, de sete anos, e, assim, não coincidente com a mudança do chefe do Poder Executivo; no Conselho Monetário Nacional os representantes do Executivo eram a minoria.

Afinal, foi editada a já citada Lei Complementar n. 179, de 24 de fevereiro de 2021, consertando alguns desses defeitos, que comprometiam a *independência* do Banco, pelo que definiu os seus objetivos a partir do fundamental deles, que é assegurar a estabilidade de preços, zelar pela estabilidade e pela eficiência do sistema financeiro, competindo-lhe, privativamente, conduzir a política monetária.

Corrigiu a dependência da investidura dos seus diretores pela forma de escala da nomeação e pela duração dos mandatos de quatro anos, mas sem coincidência com o do Presidente da República.

A exoneração não mais é *ad nutum*. Será, ou a pedido, ou por acometimento de enfermidade que incapacite o titular para o exercício do cargo, ou por condenação mediante decisão judicial transitada em julgado, ou apresentação de comprovado e recorrente desempenho insuficiente para o alcance dos objetivos do banco, neste caso, por iniciativa do Conselho Monetário Nacional e prévia aprovação por maioria absoluta do Senado Federal.

Esse tipo de *instituição financeira* não tem univocidade quanto à natureza e às atribuições, mas é incumbida, em geral, de funções como *banco dos bancos*; banqueiro do governo; monopólio de emissão e executor da política monetária; supervisor do sistema financeiro, dentre outras.

É o guardião dos valores do país, porque garante a estabilidade do poder aquisitivo da moeda e, ao supervisionar a solidez do *sistema financeiro*, visa ao *bem-estar* econômico da sociedade.

A ideia de Banco Central nasce com a de uma autoridade monetária em face dos problemas resultantes do suprimento das necessidades anormais de *moeda* e crédito na economia inglesa em razão de prolongadas guerras nos fins do século XVIII[57] e da noção de moeda corrente lastreada em ouro.

Hoje, as economias desenvolvidas têm bancos centrais independentes, cujo espécime mais antigo é o Federal Reserve Board (FED), de Washington, e é exemplo destacado, ainda, o Bundesbank, da República Federal Alemã. A Itália, a Inglaterra e a França não os têm formalmente independentes, mas a atuação deles não gera conflito com as autoridades fazendárias, agindo, portanto, com isenção política e sem ensejar confrontações. Na Suíça, assim como na Alemanha, a instituição é privada, mas, apesar disso, cumpre suas funções de fiscalização de estabilidade do *sistema financeiro*.

Enfim, a lei complementar *integrativa* ajusta o Banco Central do Brasil ao modelo de instituição *independente*, valendo recordar que ele iniciou as atividades em março de 1965, porque a lei que o criou vigoraria 90 dias após. Seu primeiro presidente, Denio Chagas Nogueira, iniciou uma sequência de 31 presidentes contados até o presente (2022) e dirigiu a instituição por dois anos: de 12 de abril de 1965 a 21 de março de 1967.

---

57 Cf. João Sidney de Figueiredo Filho, *Política monetária, cambial e bancária do Brasil sob a gestão da SUMOC, de 1945 a 1955*, Niterói, 2005, p. 14.

Bancos oficiais. Isonomia

Foram *polêmicos*, também, na nova ordem, os privilégios dos bancos federais e estaduais na sua categoria comercial.

A discussão centrava-se nas regalias desses bancos oficiais comerciais não aquinhoadas pela ordem econômica plasmada na nova Constituição.

A disciplina constitucional do sistema repudiava qualquer distinção. É que tais bancos resultam da associação estatal ao particular, mas a sua personalidade jurídica é de direito privado e atuam em competição com os bancos privados; dessa forma descabia, por exemplo, a regra de que a correção monetária do ativo permanente poderia ficar limitada ao montante necessário para compensar a correção de contas do patrimônio líquido, conforme houvesse autorização do Ministro de Estado a que estivesse vinculado ou a regra de que não estava sujeito à falência.

Esses exemplos, sacados dos arts. 241 e 242, *caput*, da Lei n. 6.404, de 15 de dezembro de 1976, revelavam inconstitucionalidades, porque eram estranhos ao disposto no § 1º do art. 173 da Lei Maior.

Os efeitos da falência, por hipótese, são drásticos em relação ao falido. Ainda que o Estado, pela sua natureza, seja poupado deles, não é justo que seus sócios particulares e seus diretores, acionistas ou não, permaneçam imunes quando lhes cabia, respectivamente, vigilância dos atos dos gestores e, a estes, a responsabilidade gerencial.

Importa acentuar que tais privilégios, ao arrepio, também, da nova ordem constitucional, teriam de ser rechaçados, aplicando-se o regime normal da falência a esses bancos com todos os efeitos, inclusive os da liquidação compulsória.

A rigor, nada recomendava, ao nível do texto fundamental, a própria existência desses bancos.

Ao reverso, os de *desenvolvimento* são, tipicamente, instituições oficiais, porque somente se justificam para as operações a médio prazo e de fomento, que são incompatíveis com a natureza especulativa das entidades financeiras privadas. E nada impedia que, mediante tais bancos, o Estado exercesse funções de incentivo, estímulo ou persuasão e, ao mesmo tempo, eles atuassem como bancos múltiplos, isto é, sem acesso a outros instrumentos do mercado financeiro bancário, vez que o permitiria o art. 192, I, da Constituição, antes, portanto, da Emenda Constitucional 40, de 20 de maio de 2003.

Os arts. 241 e 242 da Lei n. 6.404/76, que dispunha sobre as sociedades por ações, não vigoram mais, pois, respectivamente, foram revogados pelo Decreto-lei n. 2.287, de 27 de julho de 1986, e pela Lei n. 10.303, de 31 de outubro de 2001.

Essas providências tiveram relevância no bojo do *Plano Real*, quando foram feitas mudanças fundamentais, como renegociação das dívidas de Estados e Municípios com a União, que agiu para corrigir o rumo dos financiamentos das outras unidades federadas feitos na contramão da organização legal do *sistema*.

O autor deste livro, como Secretário Municipal de Negócios Jurídicos de São Paulo, foi protagonista, entre 2 de julho e 13 de dezembro de 2000, dos episódios de renegociação da dívida do Município de São Paulo, então, de dez bilhões e quinhentos milhões de reais, ora acompanhando o Prefeito Celso Pitta, que a herdou, ora como representante da municipalidade, tendo, do outro lado, o Ministro da Fazenda, Pedro Malan, e a CAE, Comissão de Assuntos Econômicos do Senado Federal.

Proibiram-se as emissões de títulos públicos pelos Estados e Municípios.

Os bancos oficiais foram forçados pelo governo federal à privatização porque, na realidade, eles, efetivamente, mesmo em desrespeito à Lei n. 4.595, de 1964, serviam para financiar os *déficits*, sem controle, dos Estados, ainda que esses bancos fossem adotados com fundamento em três afirmações: 1ª – serviriam para arrecadar recursos oriundos da inflação, canalizando-os para o setor público, em vez de terem o fim que lhes davam os bancos privados, em benefício de grupos econômicos particulares; 2ª – as razões sociais atinavam com a necessidade de instituições bancárias em locais onde os bancos privados não se instalavam porque não se faziam operações lucrativas nas áreas habitadas por população de baixa renda, sem aptidão para a utilização dos serviços do sistema financeiro; 3ª – a existência de *externalidades*.

Esses três fundamentos não se justificaram nas atividades que desempenharam, especialmente, pela ótica das *externalidades*.

Externalidades não poderiam servir de fundamento para mantê-los, nessas circunstâncias de financiador de *déficits*, porque para elas o Estado tem instrumentos próprios. *Externalidades* são efeitos laterais de natureza social, econômica ou ambiental, decorrentes de uma decisão tomada por pessoa e incidentes sobre pessoas que não participaram dessa decisão. Elas podem ser classificadas em *positivas* ou *negativas*, conforme as incidências gerem *benefícios* (um investimento em infraestrutura viária) ou *custos* (uma poluição ambiental provocada pelas atividades econômicas) para as pessoas destinatárias.

Os bancos oficiais gerariam aparentes efeitos positivos porque, na realidade, a sua atuação era *externalidade negativa*, pois, eles foram responsáveis pela inadimplência dos Estados geradora de juros incidentes na rolagem costumeira de suas dívidas, em um *esquema ponzi*[58], porque nunca suas operações davam resultados típicos de instituições financeiras e, assim, houve

58 Expressão é designativa de operação fraudulenta, atribuída a Carlo Ponzi, imigrante italiano nos Estados Unidos, que induziu pessoas a lhe entregarem capitais para que ele fizesse o negócio lucrativo de aquisição de selos de resposta do correio internacional, que teriam alto valor na revenda, recebendo, sempre, boa soma em dinheiro, mas, sem comprar qualquer dos selos valiosos; contudo, pagava rendimentos com o capital dos sucessivos novos investidores, e estes, obtendo grandes resultados, estimulavam outros a investir, até que a fraude resultou em intervenção do Estado e, afinal, a bancarrota do fraudador.

imposição involuntária de *custos* sobre a sociedade, que não tinha instrumentos para impedir nem o dever de pagar por isso, mas, na realidade, teve, indiretamente, que o cumprir.

Outro aspecto *polêmico* que, à época do surgimento da Constituição, tornou-se relevante foi o das funções que as *bolsas de valores* teriam de desempenhar no *sistema financeiro*. Elas deveriam ser preservadas como eficaz instrumento do mercado de título, de modo que as corretoras tivessem as atribuições específicas de intermediários na compra e venda desses títulos, excluídas as de sua custódia e liquidação, que os corretores de valores se desligassem dos bancos e, assim, solucionassem os conflitos entre suas funções e as bancárias e que coubesse à Comissão de Valores Mobiliários fiscalizar e acompanhar o mercado com poderes para aplicar sanções administrativas de natureza intervencionista.

A relevância a que se alude linhas atrás decorreu de episódios causadores de crise no mercado de títulos por força da inconveniente possibilidade de o corretor comprar para a sua própria carteira ao mesmo tempo em que fazia a intermediação. Se, apenas os corretores se dedicassem à intermediação, não haveria a repetição dos desvios de procedimento então ocorridos.

Instituições de seguro

O *sistema segurador*, como integrante do *sistema financeiro*, está baseado no monopólio do resseguro. A lei complementar, para ser fiel à nova ordem constitucional, teria de atribuir a comercialização somente ao setor de seguros.

São, contudo, aspectos *polêmicos*, porque havia quem sustentasse ser sadia a atuação dos conglomerados bancários nesse setor, bem assim ser recomendável a extinção do monopólio do resseguro para que haja garantia de solvência do *mercado* e preservação das divisas cambiais.

Resvalam tais assertivas para um campo metajurídico, embora não firam de morte a fidelidade antes anotada. Esta, porém, seria assegurada se o órgão oficial de resseguro fosse monopolizador, tal como inspirava o revogado inciso II, *in fine*, do art. 192 da Constituição, o qual, também, estimulava o entendimento de que a comercialização somente deveria ser autorizada ao setor de seguros, desde quando a Constituição, pelo disposto no referido revogado inciso I do art. 192, deferia às instituições bancárias o acesso, apenas, ao *mercado financeiro bancário*, ainda que a todos os seus instrumentos, dentre os quais não se inserem os securitários.

A legislação que se seguiu incorporou soluções para muitos problemas resultantes desses *aspectos polêmicos*.

O *sistema financeiro nacional* sofisticou os elementos que o integraram, promovendo, hoje, mudanças dignas de apreciação quanto aos *reflexos jurídicos no domínio econômico*, muitas das quais, vale repetir, estão na direção de acabar com a polêmica, antes descrita.

Organizou o *mercado financeiro*, dando-se maior eficiência ao *mercado de capitais*, que é, assim, seu integrante. Cabe ao *mercado de capitais* a captação de recursos pelas empresas, a custo menor do que os obtidos no *mercado financeiro* tradicional.

Essa forma de captação, a do *mercado de capitais*, destina-se à promoção do desenvolvimento econômico diretamente pelo financiamento de projetos e de empresas mediante a emissão de títulos, vendidos *diretamente* a poupadores/investidores, sem a intermediação bancária; por isso, não implica pagamento de *spread* aos bancos, assim entendido o pagamento feito pelo tomador dos recursos ao banco mutuante, este na qualidade de intermediário captador, a título de sua remuneração para cobrir custos operacionais dessa instituição financeira – inclusive, possíveis riscos da operação que, quanto maiores, gerarão maior valor do *spread*.

Os títulos emitidos são negociados em Bolsa de Valores, as quais constituem o mercado de capitais, justamente, com sociedades corretoras e outras instituições financeiras autorizadas.

O *mercado financeiro stricto sensu*, distingue-se do *mercado de capitais* porque opera, assim, os recursos da poupança destinados aos investimentos. É dinheiro depositado em banco por poupadores e emprestado pelos bancos sob sua conta e risco, recebendo *spread* a título de remuneração.

Os títulos negociados, quanto ao emitente, podem ser classificados em públicos e privados. Os primeiros são originários do poder público e objetivam ou implantar política monetária ou financiar o *déficit* público. Os privados são, principalmente: *ações* constitutivas do capital das sociedades anônimas; *debêntures, letras de câmbio*; e certificados de depósito bancário.

Ações e *debêntures* são títulos emitidos por sociedades por ações. Os primeiros representam a menor fração do capital da emitente, e o investidor tem a qualidade jurídica de coproprietário, com direito à participação nos resultados. Os segundos são títulos cujos recursos destinam-se, principalmente, para capital de giro e para pagar juros. Dão participação nos lucros.

Todos esses aspectos são regrados pela ordem jurídica, em uma perspectiva *dirigista* do Estado intervencionista dualista do *desenvolvimento econômico* e do *bem-estar social*, integrando-se com as *finanças públicas*, cuja gestão é submeter ao regime especial da chamada *Lei de Responsabilidade Fiscal*.

Sistema de mercado de capitais

É disciplinado pela Lei n. 4.728, de 14 de julho de 1965, embora a Lei de Reforma Bancária (Lei n. 4.595/64) também lhe seja básica.

Reafirmamos, agora, a importância desta legislação, para a política de desenvolvimento, porque ela institucionaliza setor importante para a *poupança voluntária*, em que não havia tradição brasileira, porque até os *anos de 1930* somente os *títulos da dívida pública* serviram de instrumentos de aplicação de *poupança*.

Reativou-se o *mercado*, ou, mais propriamente, deu-se um primeiro passo para criá-lo, com o Decreto-lei n. 157, de 10 de fevereiro de 1967, embora de resultados duvidosos, concedendo *estímulos fiscais* à capitalização das empresas e reforçando os *incentivos* à compra de ações.

Mas, a ausência de um *mercado de capitais* não propiciava uma noção real deste, nem de Bolsas de valores. Diante da sua institucionalização entre nós, poderemos conceituá-lo em sentido *orgânico* e em sentido *sistemático ou operacional.*

No sentido *orgânico* ele é aquele conjunto de *órgãos* a que os interessados recorrem para negociar valores mobiliários. Aqui se identifica com o próprio funcionamento da Bolsa de Valores. Mas, como há circulação de valores fora da Bolsa, poderemos conceituá-lo no sentido *operacional* ou *sistemático* como o sistema voltado para a maximização do grau de sua utilidade como fator de produção.

Já se vê, por isso, que um *mercado de capitais* tem relevância para o desenvolvimento, porque, diante da inexistência de autossuficiência de capital nas empresas, ele se torna necessário como meio de captação de recursos. Ele funciona como complementação do capital próprio das empresas, fenômeno corriqueiro das empresas modernas. Portanto, do ponto de vista *sistemático,* o *mercado de capitais* tem o sentido mais amplo de sistema em que a *poupança* nacional fica canalizada a serviço do capital das empresas.

Histórico

Nesse *mercado, historicamente, já atuaram várias instituições,* cada qual desempenhando um papel:

- o *Banco Central,* exercendo o poder de polícia do sistema, é órgão executivo do Conselho Monetário Nacional e realizava financiamento com os depósitos compulsórios;
- *os Bancos de Desenvolvimento e os de Investimentos,* que se distinguem em função da capacidade de captação de depósito, que é mais ampla nos Bancos de Investimento, os quais não são obrigados à utilização de poupança em sentido macroeconômico. Nos seus financiamentos, procedem à análise de rentabilidade do empreendimento, enquanto o *Banco de Desenvolvimento* dá prioridade ao investimento sem lhe perscrutar a rentabilidade econômica como primordial, porque lhe incumbe estimular a rentabilidade social;
- os *Bancos Comerciais* de certo modo atuam neste mercado em certas linhas, como a da cédula rural;
- as *Caixas Econômicas,* com a finalidade de captação da poupança popular e de aplicar recursos em várias atividades. Praticamente havia duplicidade de funções entre ela e o *Banco Nacional da Habitação,* que também atuava no sistema com o mecanismo do Fundo de Garantia do Tempo de Serviço, que é também instrumento de poupanças;

- *o Banco Nacional de Crédito Cooperativo*, cujos recursos provinham do Banco Central, destinava-se a financiamento de cooperativas;
- as *Empresas Corretoras de Valores*, que aplicavam recursos de terceiros em bolsa. Recebiam os recursos sob a forma de um contrato misto de depósito e de mandato, com flexibilidade para aplicá-los na perspectiva da maximização da rentabilidade;
- as *Empresas Distribuidoras*, instituições prestadoras de serviço que auxiliavam o trabalho das corretoras, recebiam a incumbência de contribuir para a captação de recursos e colocação de poupanças, exercendo a atividade de subscrição, distribuição ou intermediação na colocação no mercado de títulos ou valores mobiliários;
- *Fundos de Investimentos*, instrumentos utilizados pelas sociedades de investimento, consistindo "na conjunção de poupanças de diversos investidores, sem qualquer propósito associativo, para, mediante a melhor e mais diversificada aplicação possível, obter mais vantajoso e seguro rendimento";
- *Sociedades de Crédito Imobiliário*, que nasceram para auxiliar o Banco Nacional da Habitação, tendo em vista que este Banco, como o Banco Central, não fazia aplicações diretas. Dependiam de autorização do Banco Nacional da Habitação e tinham a finalidade de proporcionar amparo financeiro a operações imobiliárias relativas à incorporação, construção, venda ou aquisição de habitação;
- *Companhias de Seguros e Capitalização* eram as captadoras de poupança antes do sistema atual do *mercado de capitais* e hoje continuam atuando neste mercado porque os recursos que recebem são aplicados em um dos sistemas de captação.

São essas as instituições que formavam o sistema, incluídas as empresas de *"leasing"*, que dependiam da autorização do Banco Central, as quais eram responsáveis: pela promoção de parte decisiva do processo de *desenvolvimento* e do *bem-estar social*; pela *poupança voluntária* que elas manipulam, ao lado de parte da *poupança compulsória* captada do FGTS; pelo sistema financeiro de habitação; pela captação dos recursos do Fundo do PIS.

Organização da poupança compulsória no Brasil

Esta fase em que nos encontramos da política *desenvolvimentista e do bem-estar* organizou, além da *poupança voluntária*, como já visto, também, a *compulsória*, trazendo algumas inovações, especialmente no que toca ao financiamento do *bem-estar social* com a instituição de *prestações pecuniárias compulsórias, não tributárias*, para constituir *fundos de participação*[59].

59 Cf. Edvaldo Brito, *Direito tributário:* imposto, tributos sinalagmáticos, contribuições, preços e tarifas, empréstimo compulsório, São Paulo, Atlas, 2015.

Justificando a estratégia do desenvolvimento social, o *II PND*[60] diz que "na opção realizada, o governo não aceita a colocação de esperar que o crescimento econômico, por si, resolva o problema da distribuição da renda, ou seja, a teoria de 'esperar o bolo crescer'".

Por isso, traçou as bases da estratégia social, nelas incluindo uma política de integração social *com vistas* a assegurar a participação do trabalhador na expansão da renda nacional, por meio de mecanismos destinados a suplementar a renda, a poupança e o patrimônio do trabalhador, *com vistas* a ampliar o conceito da Previdência Social. Assim, poder-se-ia definir como poupança a contribuição instituída, coativamente, para financiar essa política de integração.

Por conseguinte, poderemos classificar a poupança compulsória em: a) não tributária; e b) tributária.

Poupança compulsória não tributária

É representada pelas prestações colhidas pelo Estado, *coativamente*, via de regra, para constituir os *fundos de participação* legalmente instituídos para o custeio de certos encargos sociais constitucionalmente previstos como meios de realização da justiça social[61].

Essas *prestações* antes da Emenda Constitucional 8, de 14 de abril de 1977, à Constituição de 1967, com a redação da Emenda Constitucional 1, de 1969, tinham natureza tributária e se incluíam entre as de poupança compulsória tributária com a designação de *contribuições sociais*, referidas no texto constitucional, dentro do sistema tributário.

Essa colocação motiva a ratificação da tese que temos defendido em relação à contribuição da pessoa jurídica para o *Fundo PIS*. A nossa opinião, já reiteradamente exposta[62], é a de que, pela natureza da exação respectiva, as *contribuições sociais* que estiverem incluídas no sistema tributário constitucionalmente estabelecido têm o caráter de tributo autônomo inconfundível

---

60 *II PND* é o Segundo Plano Nacional de Desenvolvimento lançado em 1974, para vigência entre 1975 e 1979, tendo sido o mais amplo de todos os programas intervencionistas na economia brasileira. Objetivava um ajuste estrutural de reorganização das bases econômicas. Sustentava-se em recursos oriundos do mercado financeiro internacional, alimentado pelos petrodólares, isto é, pelas divisas de exportação de petróleo pelos países produtores que, não tendo como aplicar nos seus domínios os resultados de sua atividade petrolífera, colocavam-nos nesse mercado. Era também alimentado pelo crédito oferecido pelo BNDES, antigo BNDE. Promoveu-se, em razão do II PND, a industrialização em todo o ciclo produtivo, mas, ao preço alto do endividamento exterior, o que causou um êxito apenas parcial.

61 Cf. Edvaldo Brito, Problemas jurídicos da contribuição para o fundo PIS, *Contribuições especiais para o PIS/PASEP*, São Paulo, Resenha Tributária, 1977, p. 136 (Cadernos de Pesquisas Tributárias n. 2).

62 Cf. Problemas jurídicos, *Contribuições especiais*, cit., e do mesmo autor, *Contribuições sociais e econômicas:* natureza jurídica e prescrição, São Paulo, Resenha Tributária, 1976.

com o imposto ou com a taxa, sobretudo doravante com a Emenda Constitucional 8/77, porque, antes dessa alteração constitucional, entendíamos que todas as *contribuições sociais* eram tributo e, por isso, classificáveis dentro da espécie tributária *"contribuições"*.

As opiniões em contrário, a nosso ver, não se compadeciam com a legislação específica que, ao instituir cada contribuição, deu-lhe o caráter tributário que essa reforma constitucional excluiu.

Contudo, outro tem de ser o enfoque e, consequentemente, a classificação, após a Emenda Constitucional 8/77, que fez nítida distinção entre as *contribuições sociais*, a que deu ou conservou o caráter tributário, e aquelas de que retirou tal característica e classificou como destinadas ao custeio de alguns dos encargos estatais com a realização da justiça social disciplinada pela Constituição.

Após a falada Emenda, as *contribuições sociais previdenciárias*, com natureza tributária, reduziram-se apenas às de caráter infortunístico, previstas no item XVI do art. 165 da Constituição de 1967[63], e, ainda assim, no que toca à parte da União, porque a do empregador e a do empregado não teriam tal natureza: é a inteligência da nova redação dada ao item I, § 2°, do art. 21 daquela Constituição[64].

Por conseguinte, as *contribuições sociais* teriam de ser assim classificadas:

1ª) de natureza tributária: previdenciárias (de caráter infortunístico – arts. 21, § 1°, I, e 165, XVI); corporativas (sindical – art. 21, § 2°, I);

2ª) para custeio de encargos com a justiça social: salário-família, PIS, FGTS, seguro contra acidentes do trabalho, salário-educação, INSS (do empregador e do empregado), aposentadoria integral da mulher com 30 anos de trabalho, assistência à maternidade, infância, adolescência e educação de excepcionais.

Essa esquematização das *contribuições* estava, portanto, de acordo com a nova redação do item I do § 2° do art. 21 da Constituição Federal de 1967, que somente incluía no sistema tributário as *contribuições* que a União instituía, tendo em vista:

a) a intervenção no domínio econômico, nos termos do seu art. 163;

b) o interesse de categorias profissionais, nos termos do seu art. 166;

---

63 Contribuições, para atender ao exercício do direito à previdência social, nos casos de doença, velhice, invalidez e morte, seguro-desemprego, seguro contra acidentes do trabalho e proteção da maternidade mediante contribuição da União do empregador e do empregado.

64 A União pode instituir contribuições, nos termos do item I deste artigo, tendo em vista intervenções no domínio econômico e o interesse da Previdência Social ou de categorias profissionais. O item I do artigo referia-se ao imposto sobre importação de produtos estrangeiros.

c) o atendimento direto da parte que cabe à União no custeio dos encargos da Previdência Social com o caráter infortunístico do item XVI do seu art. 165.

Por conseguinte, a *contribuição sindical* – que é *social* e a que denominamos de *corporativa* – continua com a natureza tributária, mas as contribuições previdenciárias – que são, também, sociais e que alinhavamos em dois grupos: promocionais e infortunísticas – perderam a natureza tributária, de resto conservada apenas para a contribuição que constituirá os recursos com os quais a União participará do custeio da Previdência Social nos termos do item XVI do art. 165 da Constituição Federal de 1967.

Essa é a inovação a desafiar os juristas, considerando que as prestações pecuniárias correspondentes continuavam sendo coativas, mas sem a natureza tributária por exclusão constitucional e considerando que a Lei Maior estabeleceu a instituição de uma nova contribuição que não se confundia com a que já representava a participação do empregador e a do empregado no custeio da Previdência Social.

E, diante de todo o exposto, concluía-se, também, que as contribuições destinadas ao custeio dos encargos estatais com a realização da *justiça social*, às quais se referia o item X acrescido ao art. 43 da Constituição, pela Emenda Constitucional 8/77, não tinham, a partir de então, natureza tributária, surgindo deste ponto problemas jurídicos que reclamavam solução. Problemas que motivavam as considerações relacionadas com a *contribuição* para o PIS, nos termos expressos nos parágrafos subsequentes.

O *Programa de Integração Social* (PIS) tinha sua execução financiada por recursos de um *Fundo de Participação*, semelhante aos conhecidos como de *investimentos*, constituído, na forma da legislação que o disciplina, pela acumulação de recursos resultantes dos depósitos feitos pelas empresas-contribuintes, na Caixa Econômica Federal. Tem a finalidade de integrar os trabalhadores na vida e no desenvolvimento das empresas.

Como demonstraremos adiante, o *Fundo* do *PIS* é um organismo financeiro que concentra capitais de várias pessoas, sem propósito associativo, para, mediante a melhor e mais diversificada aplicação, obter mais vantajoso e seguro rendimento em condições financeiras e técnicas superiores às da gestão direta. Tinha, somente, similitude com os *fundos de investimento*, porque se diferenciava deles pelo fato de não representarem esses recursos, que alimentavam o PIS, *poupança* dos contribuintes com retorno em rendimentos para eles próprios, e sim retorno para terceiros.

É que a execução do PIS se processava mediante a captação de recursos constitutivos do *Fundo de Participação*, os quais resultavam, fundamentalmente, de duas contribuições principais:

a) recursos decorrentes da *dedução do Imposto de Renda* devido pela empresa-contribuinte, ou como se devido fosse; e

b) recursos próprios da empresa-contribuinte, calculados de 3 (três) modos diversos: *faturamento; repique, folha de pagamento dos empregados.*

Algumas empresas-contribuintes recolhiam recursos a título dessas duas parcelas, outras somente a título de uma delas, e havia as que nada recolhiam.

A *natureza jurídica* da *dedução do Imposto de Renda* era a de uma prestação com caráter *tributário,* não só pela origem dos recursos, mas, também, pelo tratamento dispensado ao seu recolhimento até nas hipóteses das antecipações por "duodécimos". E porque assim o era, tal prestação sujeitava-se a todos os princípios aplicáveis aos *tributos* nos termos já expostos neste trabalho.

Já a *natureza jurídica* da *parcela* correspondente aos *recursos próprios* do contribuinte sofreu variações no tempo: embora sempre tenha sido como é, uma *contribuição social,* antes da Emenda Constitucional 8/77, tinha caráter tributário, uma vez que o item I do § 2º do art. 21 da Constituição Federal integrou no sistema tributário, indistintamente, todas as contribuições instituídas pela União no interesse da Previdência Social e, consoante tal disciplina constitucional, as leis que as instituíram deram-lhe o caráter de prestação pecuniária compulsória enquadrável no conceito do art. 3º do Código Tributário Nacional. Posteriormente, conforme já demonstrado, a referida alteração da norma constitucional mencionada situou no sistema tributário, apenas, uma única *contribuição social previdenciária.*

Logo, ainda que continuasse sendo uma prestação pecuniária revestida de todos os aspectos contidos na definição engastada no art. 3º do Código Tributário Nacional, a *contribuição social* referida perdeu a condição de enquadramento nessa disposição porque o legislador constitucional afastou-a da área de ação das normas tributárias. Valendo, de passagem, gizar outra consequência: a da impossibilidade de ser matéria regrada por decreto-lei (cf. o item X acrescido ao art. 43 da Constituição de 1967 pela Emenda Constitucional 8/77, c/c o seu art. 55).

Assim, essa *contribuição* deixava de ter *natureza tributária,* não porque seja prestação pecuniária que não reverte para o Estado ou que não se insere no orçamento público como receita, mas sim porque a Constituição de 1967 a excluiu do sistema tributário, tornando defeso a qualquer norma hierarquicamente inferior tratar-lhe de modo diverso.

No caso do PIS, então, qual era a natureza dessa *contribuição social* destinada ao custeio dos encargos estatais com a integração dos trabalhadores na vida e no desenvolvimento da empresa (*ex vi* do item X do art. 43, c/c o item V do art. 165 da Constituição de 1967)?

Os debates a que se submeteu o assunto logo no seu início giraram em torno do tema relativo a essa natureza. O então Ministro da Fazenda, Delfim Netto, esforçou-se muito na tentativa de afastar o caráter tributário da *contribuição,* mas os seus argumentos, a nosso ver, esbarraram sempre na redação então vigente do item I do § 2º do art. 21 da Constituição.

Com a reforma do dispositivo, tais argumentos passaram a calhar: era uma *contribuição* fruto da *poupança compulsória* determinada pelo Estado para formar um *Fundo*, um organismo financeiro que concentrava capitais de numerosas pessoas sem qualquer propósito associativo.

Aliás, Delfim Netto entendia que os recursos, não só os da dedução do *imposto de renda*, mas os dessa *contribuição*, tinham na sua origem a natureza tributária, mas a lei retirou-lhes tal caráter, porque também de referência a tal *contribuição* os recursos correspondiam àqueles que seriam recolhidos a título de ICM (ICMS, hoje) e que com a Resolução n. 65/70 do Senado Federal, fixando alíquotas menores, foram deduzidos desse tributo e ingressaram no *Fundo*.

Qualquer que fosse o enfoque, sem dúvida que, posteriormente, essa *contribuição* das empresas não *tinha* mais a natureza *tributária* e, ao lado do *tributo*, da multa, obrigação convencional, da indenização, constituía uma quinta forma de o Estado exigir, compulsoriamente, prestação pecuniária destinada aos *Fundos de Participação* legalmente instituídos para o custeio de certos encargos sociais constitucionalmente previstos como meio de realização da *justiça social*.

Solucionavam-se, com a reforma constitucional, vários problemas relacionados com tais *contribuições*, os quais já estavam sendo objeto de análise dos tribunais, razão tendo Kirchmann ao afirmar que bastam três palavras modificadoras do legislador para que bibliotecas jurídicas inteiras virem papel de embrulho.

Conclusão idêntica teve Eros Roberto Grau ao dizer que as *contribuições* para o *Fundo PIS* consubstanciavam "instrumento de disciplina da poupança e das decisões de investir da comunidade nacional – tipo de Direito Econômico e não de Direito Tributário"[65].

A contribuição para o PIS passou a ser integrada à do PASEP – Programa de Formação do Patrimônio do Servidor Público –, adotando-se a sigla PIS/PASEP. A Lei Complementar n. 26, de 11 de setembro de 1975, determinou a unificação, definida a sua natureza como um *fundo contábil, de natureza financeira*, subordinado às disposições do art. 69 da Lei n. 4.728, de 14 de julho de 1965, que disciplina o *mercado de capitais*.

A Constituição de 1988[66] alterou a destinação dos recursos arrecadados, destinando-os ao financiamento: a) do programa de seguro-desemprego; b) de programas de desenvolvimento econômico, através do BNDES – Banco Nacional de Desenvolvimento Econômico e Social –, com critérios de remuneração que lhes preservem o valor; e c) do abono para empregados que percebam até dois salários mínimos de remuneração mensal, pagos por empregadores contribuintes do PIS/PASEP, correspondente a um salário

65 Cf. Edvaldo Brito, Problemas jurídicos, *Contribuição*, cit., p. 155.

66 Cf. art. 239.

mínimo anual, computado neste valor o rendimento das contas individuais no caso daqueles participantes do PIS/PASEP, até 5 de outubro de 1988.

A Constituição preservou os patrimônios acumulados até a data de sua promulgação (5 de outubro de 1988), mantendo-se os critérios de saque nas situações previstas em leis específicas (aposentadoria, morte ou doenças graves, como neoplasia e AIDS). Assim, estão incluídos nessa regra os trabalhadores titulares de contas individuais constitutivas desses patrimônios, portanto, contribuines para o PIS ou para o PASEP até 4 de outubro de 1988 e que não tenham efetuado resgate total dos seus saldos.

A *contribuição* para o *Fundo* PIS/PASEP é arrecadada pela Secretaria da Receita Federal; o seu regime jurídico foi submetido a dezenas de atos normativos de variada natureza, inclusive a Lei n. 9.715, de 25 de novembro de 1998, resultante da conversão da Medida Provisória n. 1.676-38, de 1998, que disciplina essa contribuição de modo diferente das duas parcelas referidas, ou seja, PIS/dedução e PIS/recursos próprios, consistindo, basicamente, no seguinte: as pessoas jurídicas de direito privado e as que lhes são equiparadas pela legislação do imposto de renda, inclusive as empresas públicas e as sociedades de economia mista e suas subsidiárias, pagam a contribuição com base no *faturamento* do mês. As pessoas jurídicas de direito público interno pagam a contribuição com base no valor mensal das receitas arrecadadas e das transferências correntes e de capital recebidas. A Lei n. 9.718, de 27 de novembro de 1998, inclui nesse regime as contribuições para o financiamento da seguridade social, a Cofins.

A importância dessa *poupança compulsória não tributária*, com quase meio século de existência, recomenda o seguinte escorço *histórico* e o de sua *natureza jurídica* no tempo:

Escorço histórico

O Programa de Integração Social foi criado para constituir um *fundo de participação compulsória*, semelhante aos conhecidos, então, como *fundos de investimentos*, objetivando acumular recursos resultantes dos depósitos feitos na Caixa Econômica Federal pelas empresas-contribuintes, para integrar o homem-empregado na vida e no desenvolvimento das empresas.

Esses depósitos são as prestações pecuniárias compulsórias que, à época, não tinham a natureza de tributária e continuam não o tendo, porque, então e agora, enquadram-se no modelo constitucional próprio e, por isso, diverso da prestação coativa tributária. Elas são *contribuições*.

A sua legislação básica consiste nos seguintes documentos normativos: Lei Complementar n. 7, de 7 de setembro de 1970, que as instituiu; o Decreto-lei n. 1.125, de 17 de setembro de 1970, que constituiu o Fundo de Instalação do Programa de Integração Social (FIPIS); a Portaria GB 293, de 11 de novembro de 1970, do Ministro da Fazenda regulamentando a administração do FIPIS; a Portaria GB 295, de 12 de novembro de 1970, também do Ministro da Fazenda, designando a Comissão de Administração do FIPIS; a Resolução do Banco Central de n. 174, de 25 de fevereiro de 1971, aprovando o Regulamento que regeria as atividades do Fundo de Participação para a execução do PIS; além de Normas de Serviços expedidas pela Presidência da Caixa Econômica Federal.

De todos esses documentos, aqueles que, mais de perto, interessam são a Lei Complementar n. 7 e o Regulamento que, nos termos do seu art. 11, tem a eficácia de fixar as normas para o recolhimento e a distribuição dos recursos, bem assim as diretrizes e os critérios de sua aplicação. Contudo, nem um, nem outro satisfazem a todas as indagações, desde o surgimento do PIS.

Logo, ao nascer, questionou-se a sua constitucionalidade, porque se entendeu, vestibularmente, que a prestação era um imposto que incidia em *bitributação*, inclusive era cumulativo, porque a sua incidência era sobre o faturamento bruto sem dedução dos componentes tributários, integrando ou não o preço, como IPI e ICMS. Respondeu o Ministro da Fazenda de então, Delfim Netto[67], que se tratava de uma simples *contribuição*, bastando olhar para o art. 20 da Constituição da época (a de 1967, com a redação da Emenda Constitucional 1/69) para concluir-se pela inexistência de inconstitucionalidade.

Outros havia que afirmavam tratar-se de uma *contribuição sui generis* de previdência social, melhor talvez, enquadrada em "seguridade social" como conceito mais amplo, já que as *contribuições* poderiam ser só do empregador ou do empregado e da União, sem própria contribuição do beneficiário, como ocorreria no seguro social[68].

Alguns, contudo, falavam de um *fundo fiscal* com destinação predeterminada, em benefício do empregado e do financiamento da empresa[69] e de uma *contribuição social* que não poderia ser assimilada, para nenhum efeito, ao imposto sobre a renda de qualquer natureza[70].

Toda discussão era não só por força do seu fundamento de validez (inciso V, do art. 165 da Constituição vigente), mas, também, pela composição financeira da respectiva prestação pecuniária.

A impugnação era consubstanciada, sobretudo, nos seguintes pontos:

1ª) sendo uma lei complementar, aquela que instituiu o PIS, não poderia, como o teria feito, alterar a Constituição, excluindo do seu âmbito alguns trabalhadores, pois, a regra do inciso V do art. 165 era abrangente quanto à participação de todos na vida e no desenvolvimento

---

67 Cf. entrevista concedida ao jornalista Joelmir Beting, em programa da TV Gazeta, publicada pela revista *Problemas Brasileiros*, n. 86, out. 70, p. 24 e ss., editada pela Federação do Comércio do Estado de São Paulo.

68 Cf. Egon Gottschalk, revista *Problemas Brasileiros*, cit., na nota de rodapé 19, p. 49-50.

69 Cf. Galeno Lacerda, O Programa de Integração Social e o Modelo Brasileiro, *Revista do Serviço Público*, v. 106, Brasília, jan./abr., 1971.

70 Cf. Wilson de Souza Campos Batalha, Programa de Integração Social, *Ltr – Legislação do Trabalho*, São Paulo, set. 1971.

das empresas, tais como aqueles que foram beneficiados; era o exemplo, à época, os empregados de edifício em condomínio, porque condomínio dessa natureza não declarava imposto de renda, nem realizava *faturamento*;

2ª) também a dita lei não poderia modificar a Constituição, como se supunha ter feito, para atingir o sistema tributário estruturado nos arts. 18 e ss. da Carta Magna, instituindo a prestação que teria a natureza de imposto com destinação específica ou de uma *contribuição parafiscal* que, em qualquer dessas duas hipóteses, não teria, pois, respaldo constitucional porque induziria *bitributação*: no primeiro caso (o do imposto com destinação especial) porque o § 1º do art. 21 somente o permitiria se o fato gerador fosse distinto daquele que ensejava os impostos de competência dos Estados e dos Municípios, e a prestação referente ao PIS, incidindo sobre o *faturamento bruto* ou sobre a receita bruta da empresa, oriunda da venda dos seus produtos, ele se tornaria um imposto cumulativo, voltando-se ao sistema de "cascata", ou se estaria na concorrência com o ISS por ser utilizada a mesma base de cálculo, e, até mesmo, com o IPI e o ICMS, agravando-se, ainda, pelo fato de ter repercussões econômicas ao ser calculada sobre a fatura sem excluir do seu valor a parte relativa aos tributos que integram esse valor. No segundo caso (o da *contribuição parafiscal* – que é o da definição de Delfim Netto), também haveria bitributação porque o respaldo, buscado no item I do § 2º do art. 21 da Constituição de então, jamais aproveitaria a prestação referente ao PIS porque este atingiria a todas as empresas, e não somente àquelas cujas atividades seriam apenas de importação de produtos estrangeiros.

Nessa tormenta, a prestação veio sendo contestada, até que, com a promulgação da referida Emenda Constitucional 8/77, à Constituição, o Egrégio Supremo Tribunal Federal entendeu que a prestação perdera a natureza tributária[71]. Idêntica conclusão conduziram as pesquisas efetivadas para a elaboração de trabalho publicado, antes desse entendimento pretoriano[72].

Parece ser elucidativa, para o deslinde da questão, a já mencionada *base de cálculo* dessa contribuição:

1ª) parcela deduzida do imposto de renda:

- PIS/dedução.

---

71 Cf. RE 86.595/BA, rel. Min. Moreira Alves; RE 100.790/SP, rel. Min. Francisco Rezek; AgRg 96.932/SP, rel. Min. Alfredo Buzaid; RE 103.089-5/SP, rel. Min. Aldir Passarinho.

72 Cf. Edvaldo Brito, Problemas jurídicos da contribuição para o fundo PIS. In: *Contribuições especiais para o PIS/PASEP*. São Paulo: Resenha Tributária, 1977 (Cadernos de Pesquisa Tributária n. 2).

2ª) parcela paga com recursos próprios:

- PIS/repique (prestadores de serviços);
- PIS/faturamento (comércio/indústria);
- PIS/folha de pagamento (sindicatos/cooperativas).

Em tais circunstâncias, essa *base de cálculo* pode ser figurada, assim:

- PIS/dedução: imposto de renda devido;
- PIS/repique: imposto de renda devido;
- PIS/faturamento: receita bruta;
- PIS/folha de pagamento: folha de salários.

As alíquotas do imposto de renda devido evoluíram de 2% no exercício de 1971, passando por 3% no de 1972 e chegando a 5% nos exercícios de 1973 e seguintes, valendo para cálculo do PIS/repique, isto é, a prestação das empresas que não *faturavam* e que contribuíam para o *Programa* com *recursos próprios*, além da *dedução*.

Já as alíquotas do PIS/faturamento evoluíram de 0,15% no exercício de 1971, 0,25% no de 1972, 0,50% a partir de 1973; chegaram, contudo, a 0,75%.

Com o advento dos Decretos-Lei n. 2.445, de 29 de junho de 1988, e 2.449, de 21 de julho de 1988, portanto, anteriores à Constituição de 1988, ora vigente, foi alterada a sistemática da contribuição para o PIS e, então, a execução passou a ter como modalidade:

1ª) PIS sobre receita operacional bruta;

2ª) PIS sobre folha de pagamento (sindicatos e cooperativas).

É elucidativa, também, a base de cálculo adotada:

- PIS sobre receita operacional bruta: somatório das receitas que dão origem ao lucro operacional bruto, na forma definida pela legislação do imposto de renda;
- PIS sobre folha de pagamento: valor da folha de salários.

As alíquotas passaram a ser:

- 0,65%,, de 1º de julho de 1988 a 31 dezembro de 1988;
- 0,35%, em 1989 (art. 11 da Lei n. 7.689/88);
- 0,65%, a partir de 1º de janeiro de 1990.

Foi julgado o Recurso Extraordinário 148.754-2/RJ, declarando a inconstitucionalidade dos referidos Decretos-Lei. Novos aspectos acrescentaram-se à sua interpretação, por isso é elucidativa a questão da base de cálculo, entendido que este traço do elemento material da hipótese do fato gerador da obrigação de pagar a dita *contribuição* é o que determina a natureza jurídica da prestação.

A Constituição de 1988, por sua vez, deu disciplina própria à contribuição para o PIS, ensejando, pois, o interesse da reapreciação do tema da *natureza jurídica* da respectiva prestação.

Natureza jurídica das prestações para o PIS

A exposição feita nas linhas antecedentes demonstra que a natureza jurídica das prestações para o PIS varia de acordo com o conteúdo de cada qual e com o regime jurídico a que se submeteu no tempo. Daí a necessidade de extremá-las no tempo.

No regime constitucional anterior a 1988

A *base de cálculo*, tal como descrita na lei, não pacifica a natureza jurídica dessa prestação pela linha tributária. Ao contrário, afasta-a desse ângulo. Sob o império da Lei Complementar n. 7/70 é questionável, se observada a parcela do PIS/dedução; sob o domínio dos Decretos-Lei n. 2.445/88 e 2.449/88, o questionamento tem origem (como no PIS/repique) em saber-se se não seria um *bis in idem* do imposto de renda e, nessa hipótese, vale a lição de mestre Baleeiro[73], segundo a qual, se a mesma pessoa jurídica de direito público competente para a decretação do imposto incorre em *bis in idem* ou na pluritributação, em regra geral, não há problema, salvo se forem violados dispositivos constitucionais, que por acaso fixem limite máximo à tributação. Tudo vem a pelo porque é de lembrar-se que o PIS/dedução é uma simples destinação de 5% do total a ser pago de imposto sobre a renda para o PIS.

O Supremo Tribunal Federal, como já citado *supra*, entendeu que, nessa fase, a prestação não é tributária e, afinal, julgando o RE 148.754-2/RJ, também a afasta do campo das finanças públicas.

O relator, para o acórdão, Ministro Francisco Rezek, alegando coerência com o seu entendimento notório e público, disse bastar-lhe o argumento do recorrente, no sentido de que o PIS, não tendo natureza tributária, não se compreendendo no âmbito das finanças públicas, não poderia ter sido alterado por decreto-lei.

E é assim, continua o ilustre magistrado, porque no caso específico do Programa de Integração Social, têm particular poder de convencimento as razões que lembram não se recolherem ao tesouro público os valores do PIS. Pelo contrário, mesclam-se, nos cofres da instituição arrecadadora, somas em dinheiro desembolsados pela União, para fluírem, afinal, em espécie, sobre o patrimônio dos trabalhadores. E conclui: o fato de o Estado tomar das pessoas determinada soma em dinheiro e de o fazer compulsoriamente,

---

73 Cf. Aliomar Baleeiro, *Uma introdução à ciência das finanças*, 14. ed., Rio de Janeiro, Forense, 1984, p. 226.

por força lei, não é bastante para conferir natureza tributária a tal fenômeno. Para que algo seja *tributo* é preciso que seja antes *receita pública*; não se pode integrar a espécie quando não se integra o gênero. Mas, o Supremo não viu natureza tributária, nem viu natureza de *finanças públicas*.

Nesse ponto, a Corte Suprema brasileira aproxima-se da opinião dos estudos antes referidos[74], que dão à contribuição a natureza de prestação destinada à formação de um *fundo de participação compulsória*.

Lembre-se, por fim, que a decisão sob comento faz restaurar o regime da Lei Complementar n. 7/70, fazendo surgir outros problemas de interpretação, *v. g.*, o de saber-se se a aplicação do parágrafo único do seu art. 6º, que manda calcular a prestação com base no *faturamento* de seis meses antes, ensejava a correção monetária dessa prestação. Aqui, embora o tema não abranja essa matéria, o entendimento era no sentido negativo.

No regime constitucional de 1988

A natureza jurídica, nesse regime, é o de uma *contribuição de interesse das categorias profissionais ou econômicas*.

Nesse julgado, o RE 148.754-2/RJ, o Supremo Tribunal Federal não decidiu aspecto arguido pelo relator originário, Ministro Carlos Velloso. Trata-se do argumento de que o entendimento da Corte, adotado sob o regime constitucional anterior, não prevaleceria no regime da Constituição de 1988, porque, nesse, as *contribuições* para esse Programa de Integração Social seriam tributárias, ao amparo do disposto no seu art. 239, por força do qual passariam a ter destinação previdenciária.

Disse, então, o Ministro Velloso: "Por tal razão, as incluímos entre as contribuições de seguridade social. Sua exata classificação seria, entretanto, ao que penso, não fosse a disposição inscrita no art. 239 da Constituição, entre as contribuições sociais gerais"[75].

Efetivamente, a citada regra do art. 239 da Lei Maior suscita reflexões, pois, desenganadamente, modifica a disciplina da destinação dos recursos da *prestação*, sem, contudo, alterar-lhe a *natureza não tributária*. Ao contrário, confirma-o, ao determinar tais destinações que, em nada, mudam a materialidade da hipótese prevista no seu art. 149.

Continua sendo uma *prestação* para alimentar um *fundo de participação compulsória*. Não é uma *prestação* de uma *contribuição social* do campo da *seguridade social*, a que se refere o Ministro Carlos Velloso.

E é por isso que a decisão contida no RE 148.754-2/RJ já provoca o Supremo Tribunal Federal com a Ação Direta de Inconstitucionalidade 1.417-0/DF, relator Ministro Octávio Gallotti, contra disposições da Medida

---

74 Cf. Edvaldo Brito, *Problemas* e voto no RE 148.754-2/RJ, fls. 204.

75 Cf. voto no RE 148.754-2/RJ, fls. 204.

Provisória n. 1.212/95, em reedições, tendo o Plenário do Tribunal, à unanimidade, suspenso os efeitos da expressão "aplicando-se aos fatos geradores ocorridos a partir de 1º de outubro de 1995", contida no art. 17 da referida Medida, impedindo, dessa forma, ofensa ao *princípio da irretroatividade* da norma disciplinadora da *contribuição* (art. 149, combinado com o art. 150, III, *a*, da Constituição).

Por outro lado, ainda em decorrência desse julgado (RE 148.754-2/RJ), a Secretaria da Receita Federal do Brasil editou o Ato Declaratório 39/95, determinando que as empresas recolhessem o PIS/faturamento à alíquota de 0,65%, mesmo aquelas que são prestadoras de serviços, o que contraria a Lei Complementar n. 7/70, porque, como se examinou *supra*, essas empresas pagavam o PIS/dedução e o PIS/repique à alíquota de 5%. Portanto, esses atos normativos pretendem dar eficácia a normas dos Decretos-Lei julgadas inconstitucionais. Além de tudo, a Medida Provisória não tem função em matéria reservada à Lei Complementar.

Acrescente-se que a incidência da *contribuição* para o PIS sobre o *faturamento*, existindo a COFINS (Lei Complementar n. 70/91), implica ofensa ao disposto no art. 154, I, da Constituição de 1988.

Afora esses desvios normativos infraconstitucionais, afirme-se que o fundamento de validez da *contribuição* para o PIS não é a norma do art. 239 da Constituição. Esta, apenas, *distribui* os recursos arrecadados.

O fato de as parcelas dos recursos serem destinadas aos Programas, referidos no *caput* e nos §§ desse seu art. 239, não infirma a *natureza não tributária* da *prestação* nem lhe transforma a *natureza* que é a de uma *contribuição para fundo de participação compulsória*, pois, já se disse *supra* que não é a destinação dos recursos decisiva para a identificação da natureza jurídica da prestação. O fundamento de validez, reafirme-se, continua sendo o art. 149 da Constituição, pois essa *contribuição* é daquelas instituídas no *interesse das categorias profissionais ou econômicas*, na medida em que visa à formação desse *fundo*.

Poupança compulsória tributária

Constitui-se, também, de prestações pecuniárias recolhidas *coativamente* pelo Estado, as quais se caracterizam como *tributo*, que, nos termos do art. 3º do Código Tributário Nacional, é a prestação pecuniária compulsória, cumprida em *moeda* ou por meio de algo cujo valor se possa exprimir em moeda, que não constitua sanção por ato ilícito – porque senão seria multa –, prestação instituída em lei e cobrada mediante atividade administrativa plenamente vinculada.

Essa noção traz *elementos* comuns a outras prestações pecuniárias, como o são a *compulsoriedade* e a *legalidade*, mas há um que Rubens Gomes de Sousa[76]

76 Cf. *Comentários ao Código Tributário Nacional*, São Paulo, RT/Educ, 1975, p. 38.

diz que tipifica o *tributo* nesta definição: é o tipo de atividade administrativa empregado na sua arrecadação tal como se identificou na parte final do dispositivo.

Essas *prestações* constituem o objeto da *obrigação tributária* principal, assim denominada pelo Direito positivo brasileiro e designativa do vínculo jurídico que confere ao Estado o poder de exigir essas *prestações* do indivíduo. Esse vínculo forma-se a partir do momento em que ocorre uma situação, um *fato*, chamado *gerador*, que realiza a hipótese abstratamente descrita na norma.

A descrição normativa desses *fatos* e dos efeitos consequentes de sua ocorrência, em países juridicamente organizados, compõe o quadro jurídico da *tributação*, incluída a Administração tributária, a qual estabelece os princípios constitutivos do *sistema tributário* e do *sistema fiscal*.

Sistema tributário brasileiro

Considerado o *sistema* como um todo, em que cada parte desempenha sua função coordenada com a função dos outros, poderemos afirmar que nem sempre existiu sistema tributário no Brasil. Assim, o estudo da tributação brasileira comporta duas fases:

1) a *antecedente* de um *sistema* e

2) a *sistemática*.

A fase *antecedente* vem do Brasil-Colônia até 1965, quando se realizou a *reforma tributária* que inicia a fase sistemática.

A reforma foi *motivada*, sobretudo, pela situação financeira caótica dos Estados, cujo quinhão tributário era deficitário por causa do número de tributos pouco produtivos e para a adequação das incidências tributárias às necessidades do desenvolvimento. A sua *finalidade*, foi, por isso, adequar a tributação às *bases econômicas*, uma vez que as figuras tributárias na fase *antecedente* foram concebidas em termos puramente *jurídico-formais*, o que permitia aos três governos procurarem alargar o montante de suas arrecadações, e, para consegui-lo, feriam os direitos dos contribuintes.

A reforma adotou duas premissas fundamentais:

a) a *primeira* foi a consolidação dos impostos de idêntica natureza em figuras unitárias referidas pelas suas *bases econômicas*, e

b) a *segunda* foi a concepção de um *sistema tributário* integrado no plano econômico e jurídico nacional[77].

Concebeu-se um *sistema* em plano nacional, muito *centralista* quanto à discriminação de rendas, que é *rígida*, concentrando-se na União o maior

77 Cf. *Reforma tributária nacional*, p. 30 (Publicação n. 17 da Fundação Getulio Vargas. Comissão de Reforma do Ministério da Fazenda).

número de impostos com o objetivo de preservar a unidade econômica, procurando-se fazer corresponder as atribuições de cada unidade política com o seu quinhão financeiro.

Daí por que, para compensar o caráter centralizador, há a participação dos Estados e Municípios em impostos da União e a participação dos Municípios em impostos do Estado, seja diretamente, seja por meio dos *fundos de participação*.

O *sistema*, assim concebido, foi aprimorado na perspectiva do *desenvolvimento* e do *bem-estar* pela ampliação dos *incentivos*, eliminação de tributos sem funcionalidade como o impropriamente chamado imposto de selo, eliminação de tributos sobre lucros ilusórios, substituição do imposto sobre vendas e consignações, que incidia em cascata, pelo imposto sobre operações relativas à circulação de mercadorias cuja base de cálculo em cada operação é, apenas, o valor agregado à mercadoria.

Preservaram-se os princípios da unidade econômica e social: a) uniformidade de tributo federal em todo o território nacional; b) proibição ao embaraço ao tráfego de pessoas e mercadorias por meio de tributos interestaduais ou intermunicipais; c) a não discriminação de tributos estaduais e municipais quanto à origem ou destino de bens; d) igualdade de incidência de tributos federais sobre as obrigações da dívida pública estadual e municipal e sobre os proventos dos agentes da União, dos Estados e Municípios.

Confere competência à União instituir contribuições econômicas, a fim de atender ao custeio de serviços e encargos decorrentes da intervenção no *domínio econômico*, bem assim para conceder isenções de impostos estaduais e municipais, atendendo relevante interesse social ou econômico nacional, proibida, hoje, essa prerrogativa por força do inciso III do art. 151 da Constituição de 1988.

Um *sistema tributário* é sempre organizado visando a uma determinada política econômica e acolhe uma política fiscal que é instrumento dessa atuação econômica. É assim que o sistema tributário brasileiro pretende a realização do *desenvolvimento econômico*, objetivando a tributação a intervenção estatal nos limites constitucionalmente permitidos.

A sistematização parte da vinculação do tributo a um *pressuposto de fato* de conteúdo econômico, renegada a caracterização jurídico-formal que tinha antes da reforma, e dando prioridade à aplicação dos recursos oriundos da tributação em atividades reprodutivas, daí por que, em parcela substancial, a arrecadação dos tributos tem caráter extrafiscal.

Por isso que o *sistema* distribuiu, inicialmente, os impostos em quatro grupos com referência a atividades econômicas, reduzidos, posteriormente, a três grupos, e deu aos outros tributos campo de incidência inofensivo ao desenvolvimento. As taxas, por exemplo, foram disciplinadas como *tributos contraprestacionais*, de modo a tornar impossível o seu afastamento dessa caracterização legal.

Nesse passo, incluem-se no campo do *comércio exterior* os impostos sobre a importação e sobre a exportação, entregues à Administração da União, à qual compete a formulação da política de comércio exterior, impedindo-se a distorção anterior de o Estado, embora não traçando tal política, poder tributar os produtos exportados. Na política fiscal voltada para o *desenvolvimento econômico*, o imposto de importação tem feição tipicamente extrafiscal porque, de um lado, está alheio ao *princípio da anterioridade* para as hipóteses em que seja necessária a sua utilização como instrumento de proteção da economia nacional, por exemplo, opondo-se a um *dumping*, e porque, de outro, pode tornar-se seletivo mediante diversificação de alíquotas e alteração da base de cálculo para certos produtos.

O imposto sobre a *exportação*, de todo inconveniente sob o aspecto econômico, é hoje pelo sistema tributário brasileiro um instrumento extrafiscal, portanto compatível com a política fiscal desenvolvimentista adotada pelo país. Sob o controle da União, que é a responsável pelas diretrizes da política desenvolvimentista nacional, ele se destina, precipuamente, à formação de reservas monetárias servindo, assim, ao controle da política cambial e do comércio exterior, comportando normas de incentivo à exportação com a finalidade de promover o equilíbrio do balanço de pagamentos.

No campo dos impostos incidentes sobre o *patrimônio e a renda*, as três entidades da federação brasileira têm-se comportado dentro da mesma política desenvolvimentista.

O *Imposto de Renda*, o mais importante de todos os inseridos nesse campo, é um tributo que incide sobre a aquisição das disponibilidades econômicas ou jurídicas, fazendo-o de forma a gravar mais acentuadamente os ganhos mais egoístas e premiando mediante sistema de *estímulos* e *incentivos fiscais* os contribuintes que atendem aos princípios norteadores da política fiscal já falada.

De outro lado, é distribuído com os Estados, o Distrito Federal e os Municípios, porque constitui os *Fundos de Participação das Receitas Tributárias* estabelecidos pela Constituição, além de ser entregue a essas entidades o produto do que elas arrecadaram como fontes pagadoras de vencimentos e salários dos seus respectivos servidores, ou como fontes pagadoras de mais-valia dos títulos das respectivas dívidas públicas.

Apesar de tudo, cabe o reparo de não ser tão seletivo como o deveria, a fim de separar os ganhos do trabalho e do capital, bem assim, nos ganhos de trabalho, separá-los pelas diversas formas de execução[78].

Não somente esse aspecto carece de reparo na legislação do Imposto de Renda. O seu aperfeiçoamento impõe-se na perspectiva do desenvolvimento porque não se pode admitir a continuidade da tributação dos lucros ilusórios,

78 Cf. Fernando A. Rezende da Silva, *O imposto sobre a renda e a justiça fiscal*, Rio de Janeiro, IPEA/INPES, 1974, p. 11 e ss.

como os ganhos fictícios representados pelo resultado da aplicação da correção monetária para atualização de valores nominais que tem sido considerado rendimento tributável.

Afinal, é um imposto cuja apuração da base de cálculo é regida por reprováveis normas do *direito contábil*.

Outro imposto incluído nesse campo é o *territorial rural*, que tem sido utilizado como meio de aceleração da *reforma agrária*, uma vez que é graduado em função da utilização da terra, visando ao *bem-estar* coletivo e isentando glebas rurais de área não excedente a 25 hectares, quando cultivadas pelo proprietário com sua família, contanto que não tenha outro imóvel.

Já na área de competência do Estado, o imposto de *transmissão de bens imóveis* e *direitos a ele relativos* tem sentido desenvolvimentista quando deixa de incidir sobre a formação do capital das empresas por meio de bens imóveis, bem assim quando diversifica a alíquota dependendo da natureza da *transmissão*. Este imposto, com a Constituição de 1988, foi desmembrado, cabendo as *transmissões intervivos* ao Município, salvo as *doações* que estão no âmbito da competência do Estado.

Os Municípios, com o *imposto sobre a propriedade predial e territorial urbana*, podem disciplinar a utilização do solo com a finalidade social, gravando com mais rigor terrenos baldios, forçando a construção de habitações e impedindo a especulação imobiliária. Acentue-se que no caso do *solo urbano*, diversamente do *solo rural*, porque é dotado de infraestrutura proporcionada pelo poder público, o seu valor não é decorrente de pura ação individual, mas sim da atividade conjunta do setor privado e do setor público, com absoluta predominância deste[79].

No campo da *produção e da circulação*, o sistema incluiu o IPI, o ICMS, o IOF, o ISS. Todos eles guardando os propósitos desenvolvimentistas. O IPI e o ICMS com incidência *não cumulativa*. O IPI, além disso, com incidência *seletiva*. Ambos não incidentes sobre os produtos industrializados destinados ao exterior.

Acresça-se a circunstância de deferir-se, como incentivo, a utilização do *"crédito fiscal"* decorrente do método de conta-corrente, do *sistema de abatimento* (art. 153, § 3º, II, e art. 155, § 2º, I, da CF), bem assim a técnica do *draw-back* que, em muitos casos, os envolve.

O *imposto sobre operações de crédito, câmbio e seguro, títulos e valores mobiliários* e o *imposto sobre a exportação*, por determinação dos arts. 28 e 67 do Código Tributário Nacional, têm as suas receitas líquidas destinadas à formação de reservas monetárias ou à aplicação em programas reprodutivos

79 A. Pessoa, Aspectos jurídico-institucionais do uso do solo urbano. *Revista de Administração Pública*, Rio de Janeiro, v. 12, n. 2, 1978. p. 58.

como o *PROTERRA*, o *PRODOESTE*, o da *CEPLAC*, o siderúrgico e alguns outros por meio do BNDES.

Contudo, pesquise-se, diante do disposto no inciso IV do art. 167 da Constituição de 1988, se esses dispositivos codificados teriam sido *recepcionados*. Argumentos favoráveis vão na direção de que a expressão *"destina-se à formação de reservas monetárias"* do texto codificado, não significa o mesmo que *"vinculação de receita de impostos a órgão, fundo ou despesa"* do texto constitucional.

O argumento contrário aqui adotado não perfilha essa distinção, porque a Constituição dispõe de forma abrangente alcançando órgãos, como o são o Banco Central do Brasil ao qual o Conselho Monetário Nacional autoriza a aplicação dos recursos dessas reservas monetárias.

A Lei n. 5.143, de 20 de outubro de 1966, que regula os dispositivos codificados citados, está eivada quando dispõe que:

- Do produto da arrecadação deste imposto incidente sobre operações financeiras será destacada uma parcela, não superior a 2%, destinada às despesas de custeio do Banco Central do Brasil na substituição da taxa de fiscalização referida no § 1° do art. 16 da Lei n. 4.595, de 31 de dezembro de 1964, que fica extinta.
- A receita líquida do imposto se destinará à formação de reservas monetárias, as quais serão aplicadas pelo Banco Central do Brasil na intervenção nos mercados de câmbio e de títulos, na assistência a instituições financeiras, particularmente ao Banco Nacional do Desenvolvimento Econômico e Social, e em outros fins, conforme estabelecer o Conselho Monetário Nacional.

Em casos excepcionais, visando a assegurar a normalidade dos mercados financeiro e de capitais ou a resguardar os legítimos interesses de depositantes, investidores e demais credores acionistas e sócios minoritários, poderá o Conselho Monetário Nacional autorizar o Banco Central do Brasil a aplicar recursos das reservas monetárias:

- na recomposição do patrimônio de instituições financeiras e de sociedades integrantes do sistema de distribuição no mercado de capitais, referidas nos incisos I, III e IV do art. 5° da Lei n. 4.728, de 14 de julho de 1965, com o saneamento de seus ativos e passivos;
- no pagamento total ou parcial do passivo de qualquer das instituições ou sociedades referidas na alínea precedente, mediante as competentes cessões e transferências dos correspondentes créditos, direitos e ações, a serem efetivadas pelos respectivos titulares ao Banco Central do Brasil, caso decretada a intervenção na instituição ou sociedade ou a sua liquidação extrajudicial, nos termos da legislação vigente.

O *imposto sobre transportes rodoviários de cargas e de passageiros* dava a medida de política fiscal porque durante dez anos não foi arrecadado sobre o transporte de cargas. A sua incidência visava desestimular a utilização dessa via diante dos problemas financeiros causados pela alta do petróleo.

O *imposto sobre serviços de qualquer natureza*, por sua vez, tem campo limitado de incidência traçado pelo legislador federal nos moldes da política fiscal adotada.

No campo de incidência especial, hoje excluído, o sistema não se descuidou de sua destinação pró-desenvolvimento, uma vez que, além dos vários *Fundos de Participação* a que se reporta a Constituição, há vários programas econômicos que são por eles financiados, como o rodoviário e o de eletrificação. Esse campo foi fusionado nos outros três que se mantiveram.

Dessa forma, pode-se afirmar que o *sistema tributário brasileiro* foi traçado em função de uma política fiscal voltada para o desenvolvimento nacional, equilibrando as regiões, apesar de, em alguns casos, interferir no desenvolvimento econômico de certas regiões em detrimento de outras. A tributação nele consubstanciada é instrumento apropriado da *poupança compulsória* que o Estado utiliza.

O *sistema* foi concebido para um comando político centralizado, por isso o quinhão tributário da União é infinitamente maior do que o das outras entidades federativas. Essa característica centralizadora é expressa também quanto à iniciativa das leis que o disciplinam.

Iniciativa das leis tributárias

Há um *microssistema constitucional tributário* típico que, por isso, não se confunde com o *orçamentário*, nem com o *financeiro*. Nesse *microssistema* está inserido o processo legislativo de instituição das *prestações pecuniárias compulsórias* (impostos, taxas e contribuições). Destacam-se dois elementos: o *subjetivo* e o *objetivo*. O primeiro é o da *competência* para a iniciativa da lei instituidora; o segundo é o da *matéria* a ser legislada.Esse *microssistema* estabelece, no que toca ao elemento *subjetivo*, duas atribuições:

a) *competência privativa* para o chefe do Poder Executivo; e
b) *competência concorrente* entre ele e a iniciativa do exercício da função legislativa de que são incumbidos também os membros do Poder Legislativo.

O chefe do Poder Executivo e os membros do Poder Legislativo – estes, tanto individualmente, quanto como integrantes de Comissões – têm competência *concorrente* em *matéria tributária* e *financeira*. É remansosa a jurisprudência do Supremo Tribunal Federal[80] sobre a interpretação da alínea *b*

80 Ações diretas de inconstitucionalidades (ADI): 724-6 RS – rel. Min. Celso de Mello – 7-5-1992; 84-5 MG – rel. Min. Ilmar Galvão – 15-2-1996; 352-6 SC – rel. Min. Sepúlveda Pertence – 30-10-1997; 1.182 – rel. Min. Eros Graus – 10-3-2006; 2.304-7 RS – rel. Min. Sepúlveda Pertence – 4-10-2000; 2.107-1 SC – relª. Min. Ellen Gracie;

do item II do § 1º do art. 61 da Constituição, no sentido de que a regra da iniciativa legislativa *privativa* do presidente da República é somente para a sua *competência* na administração dos territórios. Já, em *matéria orçamentária*, a iniciativa é *privativa* do chefe do Poder Executivo.

Ademais, é necessário identificar se a norma da alínea *b* do item II do § 1º do art. 61 da Constituição é de *reprodução* obrigatória, porque isso somente ocorre se se trata de *princípio*, ainda assim *sensível*, e parece que não é o caso.

Também são inconfundíveis *competência exclusiva* e *competência privativa*. Aquela afasta qualquer atribuição de outro órgão; esta exprime uma particularidade de um órgão, mas admite participação de outro.

A Corte constitucional foi demandada porque, antes da vigente Constituição, o presidente da República tinha essa *competência exclusiva* outorgada pelo Ato Institucional n. 01, de 9 de abril de 1964, que introduziu também as chamadas *"lei por decurso de prazo"*.

Era o tempo da hipertrofia do Poder Executivo, regido por normas pouco afeitas à função legislativa, tanto que estabeleceu uma *sanção* para a hipótese de a apreciação dos projetos de lei não ser feita no prazo de 40 (quarenta) dias em sessão conjunta do Congresso Nacional: o projeto seria considerado aprovado. É esse tratamento abusivo que se estendeu à iniciativa legislativa, felizmente corrigido no texto de 1988.

Há, assim, abissal distinção entre a antiga regência constitucional e o procedimento da Constituição atual.

Essas *competências exclusivas* e algumas *privativas* assim regidas são institutos jurídicos da história do direito público brasileiro e hoje são inadequadas ao Estado Democrático de Direito, regrado por uma *democracia participativa*, portanto, consagradora da ação popular no *procedimento* do processo legislativo, mas também não têm qualquer *legitimidade* diante do *princípio constitucional* da independência e da harmonia dos poderes entre si.

Essa herança tributária tem confundido a inteligência do assunto, tanto que necessitou dessa plêiade de decisões do Supremo Tribunal Federal.

Sistema fiscal brasileiro

Foi reestruturado, a partir dos trabalhos de reforma do Ministério da Fazenda realizados com a assistência da Fundação Getulio Vargas e técnicos americanos, inclusive o internacionalmente famoso Carl S. Shoup, professor da Universidade de Columbia. Equipararam-se os órgãos administrativos

---

2.447 rel. Min. Joaquim Barbosa – 4-12-2009; 2.464. Pleno – relª. Min. Ellen Gracie -25-5-2007; 3.205-4 MS – rel. Min. Sepúlveda Pertence – 19-10-2006. Recursos extraordinários 328.896 – rel. Min. Celso de Mello – 5-11-2009; 424.674 – rel. Min. Marco Aurélio – 19-3-2014; ARE 743.480 – rel. Min. Gilmar Mendes – 20-11-2013; 590.697 – rel. Min. Ricardo Lewandowski – 6-9-2011; 508.827 – relª. Min. Carmem Lúcia – 19-10-2012; 601.348 – rel. Min. Ricardo Lewandowski – 7-12-2011.

com instrumentos materiais eficientes, incluindo o sistema de processamento de dados por computação, e promoveram-se treinamentos visando à especialização e ao aperfeiçoamento do pessoal. A disciplina jurídica da estrutura e funcionamento desses órgãos, especialmente os de julgamento, tende sempre à simplificação dos procedimentos necessária à sua adaptação no processo desenvolvimentista.

A Secretaria da Receita Federal do Brasil é o órgão principal desse sistema de fiscalização do cumprimento das *prestações pecuniárias compulsórias* – tributárias e não tributárias.

Subordina-se ao Ministério da Fazenda com as funções de administrar os *tributos* e as *contribuições* arrecadas pela União, o controle aduaneiro e o combate aos chamados crimes tributários.

Sucede à antiga Diretoria Geral da Fazenda Nacional, criada em 1934 e foi instituída pelo Decreto n. 63.659, de 20 de novembro de 1968, como Secretaria da Receita Federal.

A denominação atual, como Secretaria da Receita Federal do Brasil, resulta da extinção da Secretaria da Receita Previdenciária, pela Lei n. 11.457, de 16 de março de 2007, cujas funções foram unificadas com as da Secretaria da Receita Federal.

A sua competência é ampla para o planejamento, coordenação, supervisão, execução, controle e avaliação das atividades da administração dos tributos e das contribuições da titularidade da União.

Seção IV – Gestão das Receitas e das Despesas Públicas

A Constituição de 1988 estabelece um *sistema de planos*.

Assim, defere competência à União para:

- elaborar e executar planos nacionais e regionais de ordenação territorial e de desenvolvimento econômico e social;
- planejar e promover a defesa permanente contra as calamidades públicas, especialmente as secas e as inundações; estabelecer o Plano Nacional de Cultura;
- exercer as funções de planejamento da atividade econômica de modo determinante para o setor público e indicativo para o setor privado;
- elaborar plano plurianual de diretrizes, objetivos e metas da administração pública, o qual norteará os planos nacionais, regionais e setoriais previstos na Constituição;
- elaborar plano de governo pelo Presidente da República, para a apreciação do Congresso Nacional, sobre a situação do País;
- elaborar o plano nacional de educação, para duração decenal;
- planejar a política agrícola.

Defere competência aos Estados para:

- planejar, especificamente, as funções públicas de interesse comum, ao instituírem regiões metropolitanas constituídas por agrupamentos de Municípios limítrofes.

Defere competência aos Municípios para:

- elaborar o plano diretor urbano.

Óbvio é que a circunstância de ser esse sistema composto de peças com caráter *determinante* para o Estado e *indicativo* para os particulares faz com que os métodos e as medidas, em que o plano constitui-se, influenciem a atividade do *domínio econômico*, gerando-lhe específicos efeitos jurídicos.

A Constituição, nesta linha, dispõe sobre a necessidade de lei integrativa de suas normas de *finanças públicas*, de modo a gerar a responsabilidade na gestão fiscal e, então – tal como se demonstrará a seguir –, tornarem-se decisivos os condicionamentos para o exercício da *atividade econômica*.

A gestão das receitas e das despesas públicas pressupõe ação *planejada* e *transparente* das contas públicas, atingindo fatalmente o *domínio econômico*. Essa gestão é objeto de lei específica, a de responsabilidade fiscal.

Lei de Responsabilidade Fiscal

É assim denominada, especificamente, a lei integrativa das normas constitucionais de *finanças públicas*, editada na categoria de lei complementar, sob o n. 101, datada de 4 de maio de 2000, com o objetivo de prevenir riscos e corrigir desvios capazes de afetar o equilíbrio das *contas públicas*.

O pressuposto da *gestão fiscal responsável* – ação *planejada* e *transparente* – é transverso no *domínio econômico*: a ação *planejada* consiste, por parte do Estado, no cumprimento das medidas adotadas por ele, previstas sob métodos que se tornam determinantes para o Estado e indicativos para os particulares em relação aos quais a observância gera efeitos jurídicos, inclusive os caracterizadores da responsabilidade estatal para reparar frustrações que a má gestão fiscal venha causar.

É assim porque a Constituição, como foi descrito *supra*, estabelece um *sistema de planos* que se situa de través no *domínio econômico*, visto que seus elementos são peças legais que condicionam a atividade desempenhada nesse *domínio*.

Essas peças são:

> I – *Plano plurianual* – PPA – consiste em uma lei que estabelece as diretrizes, os objetivos e as metas da Administração para as despesas de capital e outras delas decorrentes e para as relativas aos programas de duração continuada; terá vigência até o final do primeiro exercício financeiro do mandato do chefe do Poder Executivo subsequente, e, por isso, o projeto respectivo deve ser encaminhado ao Poder Legislativo, pelo titular do

mandato executivo antecedente, até quatro meses antes do encerramento do seu primeiro exercício financeiro.

Então, o chefe do Poder Executivo que entra recebe, para o seu primeiro exercício financeiro, um ano planejado pelo seu antecessor e tem de encaminhar, até 31 de agosto desse primeiro ano do seu mandato, o próximo plano plurianual, que deverá ser votado até o encerramento da respectiva sessão legislativa, o qual valerá para os seus três anos subsequentes e, obviamente, para um ano, o primeiro do governante que lhe suceder.

II – *Lei de Diretrizes Orçamentárias* – LDO – dispõe sobre as metas e prioridades da Administração, incluindo as despesas de capital para o exercício financeiro subsequente; orienta a elaboração da lei orçamentária anual; dispõe sobre as alterações na legislação tributária; estabelece a política de aplicação das agências financeiras oficiais de fomento.

O projeto respectivo terá de ser encaminhado pelo chefe do Poder Executivo ao legislativo até oito meses e meio antes do encerramento do exercício financeiro, o que significa até 15 de abril, e terá de ser devolvido para a sanção até o encerramento do primeiro período da sessão legislativa, ou seja, 17 de julho, sob pena de não haver o recesso entre essa data e 1º de agosto, pois será proibida essa interrupção sem a sua aprovação.

Vale lembrar que a LDO é condição para a elaboração da lei orçamentária anual e, por isso, tem de ser votada antes do encaminhamento do projeto dessa lei ao legislativo.

A sanção, pelo descumprimento desse *múnus público*, foi aplicada pelo Supremo Tribunal Federal, em 1990, quando suspendeu o *recesso dos parlamentares*, impedindo decisão do então Presidente do Congresso Nacional, o Senador Nelson Carneiro, de devolver a LDO ao Presidente da República, sem aprovação legislativa.

O *Senado Federal* registra o episódio nos seus relatórios, em resumo, à época:

> Tendo em vista o disposto no § 1º do art. 57 da Constituição, o primeiro período da sessão legislativa deveria se encerrar a dois de julho (segunda-feira), uma vez que o dia 30 do mês de junho recaiu em sábado.
>
> Entretanto, as sessões conjuntas e as realizadas separadamente nas duas Casas do *Congresso Nacional*, com breve interrupção, estenderam-se até o dia 10 do mês de julho, em virtude da ocorrência dos seguintes fatos:
>
> Na sessão conjunta realizada às 18h30min do dia 2 de julho, ainda não havia sido aprovado o Projeto de Lei n. 5/90-CN que dispunha sobre as diretrizes orçamentárias para o ano de 1991. A Presidência, ao final da sessão, à vista do disposto no § 2º do art. 35 do Ato das Disposições Constitucionais Transitórias, considerando que as normas estabelecidas no § 2º do art. 57 da Constituição somente teriam aplicação após a entrada em vigor da lei complementar, referida no art. 165, § 9º, incisos I e

II da Lei Maior, decidiu, pelas razões então expostas, devolver ao Presidente da República, para sanção, o projeto em referência sem ter ultimada a sua apreciação.

Inconformado com essa decisão, o Deputado Euclides Scalco, como primeiro signatário, impetrou mandado de segurança, que tomou, no *Supremo Tribunal Federal*, o n. 21.131-8/169-/DF, contra o ato do Presidente do Congresso Nacional, concluindo por pedido de liminar, a fim de suspender os seus efeitos.

A medida liminar foi deferida em 4 de julho, pelo Ministro-Presidente, José Nery da Silveira, que suspendeu o ato impugnado (devolução do projeto à sanção do Presidente da República).

Em decorrência dessa decisão, foi solicitada ao *Presidente da República* (Mensagem CN/n. 93, de 6-7-1990) a devolução dos autógrafos do Projeto de Lei n. 5/90-CN, solicitação atendida através da Mensagem n. 107/90-CN (n. 533, de 6-7-1990, na Presidência da República) e que foi lida, nesse mesmo dia, em sessão conjunta realizada às 14 horas.

A apreciação do projeto somente se completou no dia 10 de julho, tendo a Presidência dado por encerrado o primeiro período da 4ª sessão legislativa da 48ª Legislatura e encaminhado, no dia seguinte (11-7-1990), através da Mensagem CN/n. 95, devidamente aprovado pelo Congresso Nacional, o projeto à sanção do Presidente da República.

Em virtude do prosseguimento do período legislativo, o Senado Federal voltou a realizar suas sessões plenárias, interrompidas no dia 2, somente as encerrando às 14 horas do dia 10 do mês de julho.

Assim, nesta sessão legislativa, o Senado Federal fez realizar 229 sessões plenárias, sendo 158 ordinárias, 69 extraordinárias e 2 especiais.

As sessões especiais foram destinadas a homenagear a memória de Luiz Carlos Prestes (Requerimento n. 21, de autoria do Senador Jamil Haddad e outros Senadores) e do ex-Senador Daniel Krieger (Requerimento n. 247, de autoria do Senador Alberto Hoffmann e outros Senadores). A primeira sessão foi realizada no dia 7 de março com a transformação da sessão ordinária em especial, e a segunda no dia 20 de novembro.

A decisão, já aludida acima, tem o seguinte teor:

1. Os impetrantes, ilustres parlamentares, líderes de suas bancadas nas duas Casas do Congresso Nacional, ajuizaram o presente mandado de segurança a fim de anular ato do Presidente do Senado Federal consistente na devolução, ao Chefe do Poder Executivo, para sanção, do projeto de Lei de Diretrizes Orçamentárias para o ano de 1991, sem que o mesmo houvesse sido objeto de discussão e aprovação dos membros do Poder Legislativo. Pleitearam, mais, a concessão de medida cautelar. 2. O Ministro-Presidente do Supremo Tribunal Federal, em 4 de julho p. p., deferiu, initio litis, a liminar requerida e determinou a suspensão do

ato impugnado até o julgamento final da causa (fls. 116/126). 3. Em suas informações, noticia o em. Senador Nelson Carneiro ter acatado a concessão da liminar 'em seus estritos termos' e, ainda, que – o Congresso Nacional, em sessão do dia 10 do mês em curso, – julho – aprovou o Projeto de Lei n. 05, de 1990, que 'dispõe sobre as Diretrizes Orçamentarias para 1991' encaminhando-a à sanção presidencial (cf. f. 143). 4. Superados, assim, os fatos narrados na inicial – inclusive com a sanção presidencial à Lei n. 8.074, de 31 de julho de 1990, decretada pelo Congresso Nacional (cf. DOU 1º de agosto de 1990) o mandado de segurança perdeu o objeto. Julgo-o prejudicado (RISTF, art. 21, § 1º). 5. Arquive-se. Brasília, 3 de agosto de 1990. Ministro Célio Borja Relator.

Com efeito, trata-se de um *múnus público* porque é uma função que o legislativo tem de exercer no interesse da *ordem social*.

Os italianos configuram essa *situação jurídica* como caracterizadora da defesa dos *interesses legítimos*, porque é, sempre, admitida a *tutela jurisdicional* desses interesses, invocada perante os órgãos da jurisdição ordinária[81]. Esses interesses são confundidos, por alguns, como *direitos reflexos*, porque sua garantia aparece como um reflexo da tutela dos interesses coletivos, junto aos quais se coloca, dado que são tutelados por normas jurídicas indiretamente particulares, enquanto, devendo a autoridade respeitar e fazer respeitar, em linha geral, as mesmas normas, isto se traduz na satisfação desses interesses[82].

Portanto, não se trata de uma prerrogativa ou de um exercício de uma discricionariedade política do Poder Legislativo deixar de cumprir os prazos para o processo legislativo pertinente à LDO.

Lembre-se que, também, as prerrogativas têm controle e, por isso, não podem ser objeto de abuso por parte dos seus titulares.

A representação política é uma representação desses interesses, enquanto prerrogativa de origem eletiva.

Santi Romano[83] adverte que não se trata, com referência às Câmaras eletivas, de uma representação de vontade pessoal. É vontade própria do Estado a que elas expressam, por isso não seria uma verdadeira representação, já que o representante manifesta vontade própria, mas em nome do representado, atuando como órgãos do povo.

Lida-se, na hipótese, com os interesses nacionais, pois, como acentua o citado mestre italiano, a representação política da nação é, portanto, representação

81 Cf. art. 113 da Constituição da República Italiana.

82 Cf. Paolo Biscaretti di Ruffia, *Direito constitucional* (Instituições de Direito Público), Trad. Maria Helena Diniz, Revisão de Ricardo Olivo, São Paulo, RT, 1984, p. 128. Santi Romano, *Princípios de direito constitucional geral*, Trad. Maria Helena Diniz, São Paulo, RT, 1977, p. 151.

83 Cf. cit., p. 216.

de interesses: de todos os interesses nacionais, materiais, morais, econômicos e políticos que a ordenação jurídica considera suscetível de tutela.

A sanção pode ser, portanto, além da institucional suprarreferida, representada pela decisão do órgão competente de tutela jurisdicional – o Supremo Tribunal Federal, que suspendeu o recesso parlamentar – a pessoal aplicável aos parlamentares integrantes dos órgãos fracionários do Congresso e ao próprio presidente do Poder Legislativo, considerados todos eles como potenciais infratores da regra constitucional que lhes exige procedimento compatível com o decoro, pois, faltará com este, quem praticar *abuso de prerrogativas*, configurado pelo descumprimento do *múnus*.

> III – *Lei orçamentária anual – LOA*, estabelece o *orçamento fiscal*, o *de investimento das empresas* nas quais a entidade federada detém a maioria do capital social e o *da seguridade social*, os quais, assim, englobam as respectivas receitas e despesas.

Esta lei é regida pelos princípios constitucionais:

- da *anualidade do orçamento*, porque somente tem eficácia para o ano civil correspondente ao exercício financeiro para o qual estiver adotada;
- da *universalidade orçamentária*, porque engloba a *atividade financeira* (receita e despesa) de todos os órgãos públicos da administração direta e da indireta;
- da *unidade orçamentária*, porque se constitui de receita e despesa públicas.

Esses caracteres da *lei orçamentária anual* conduzem à análise de sua natureza jurídica.

Aliomar Baleeiro[84] examinou-a, com a mestria de sempre, para situar os aspectos jurídicos do orçamento, admitindo a tese do *ato-condição* a que se refere Duguit, nos seguintes termos:

> "As receitas dominiais não dependem de autorização orçamentária. Em relação a essas receitas, o orçamento não tem sentido jurídico.
>
> As receitas tributárias são estabelecidas em leis e tornam-se efetivas pelos atos jurídicos dos funcionários fiscais, que operam os lançamentos e demais formalidades regulamentares. O orçamento autoriza esses atos e torna a lei eficaz cada ano. Funciona, pois, como ato-condição nessa parte.
>
> Quanto às despesas, ou preexistem as suas causas jurídicas, como p. ex., as dívidas de onde promanam, ou o orçamento, autorizando-as, isenta de responsabilidade os funcionários que as realizam. Ou é ato-condição neste último caso ou não têm conteúdo jurídico."

---

84 Cf. *Uma introdução à ciência das finanças*, 2. ed. revista e aumentada, Rio de Janeiro, Forense, 1958, v. II, p. 701.

E conclui o grande mestre: "Os debates na Assembleia Constituinte de 1946 denunciam a influência da corrente que considera o Orçamento como ato-condição. Aliás, essa influência já se exercera sobre o art. 27 do Código de Contabilidade".

É difícil sustentar que não se trata de veículo de matéria reservada à lei.

Lei é um ato normativo genérico, abstrato, compulsório, permanente e plural.

Qualquer ato normativo que não tiver essas cinco características não é lei. O do orçamento, presentemente, tem.

É assim que, pelo *método lógico-linguístico*, pode-se distinguir o signo "lei" de outros signos, por hipótese, *"Medida Provisória"*, na qual não existem as cinco características de uma lei, tal como se demonstrará a seguir.

Logo, se a "lei" é "A", a "Medida Provisória" é "ñ-A" e não pode haver em Lógica "A" = "ñ-A". O método lógico-linguístico serve já, desde agora, para fazer entender que é assim que se distinguem as instituições, os conceitos, as categorias, os institutos jurídicos. Quatro formulações completamente diferentes, como já foi objeto de análise neste trabalho.

Efetivamente, a Medida Provisória não é um ser igual à lei, ou seja, a "A". Mas, quando apreciada, em essência, verifica-se que ela é o "ñ-A", porque não possui todas as características de "A", a "lei". Logo, não é igual a Medida Provisória à Lei. Essa distinção é, também, importante para a questão da validez da norma no *sistema jurídico*, sobretudo no que toca à matéria tributária, uma vez que essa Medida não lhe pode servir de instrumento.

A lei, na feliz síntese de Brethe de la Gressaye e Laborde-Lacoste[85] é esse ato normativo genérico, abstrato, permanente, a que Orlando Gomes acrescenta a característica de compulsoriedade e aqui se adiciona a de pluralismo.

É ato genérico porque não descreve uma situação singular, mas, sim, um gênero caracterizador de todos os casos da mesma espécie enquadráveis nas suas previsões.

Daí decorrem as suas características de ato abstrato e permanente.

Abstrato porque regra uma situação jurídica desgarrada das circunstâncias concretas nas quais ele se apresentará na prática. Permanente porque se destina a gerar efeitos até que outro ato da mesma natureza venha substituí-lo, pois, enquanto tal não ocorrer, a sua aplicação persiste, pois não se exaure a sua eficácia ao aplicar-se a cada caso que se identifique com o tipo legal. É compulsório porque emitido por fonte dotada de soberania, a qual, por isso, tem de ser plural, tal como o estabelece a Constituição brasileira (cf. art. 1º, V e seu parágrafo único, combinado com os §§ 1º e 2º, II, do seu art. 58).

85 Cf. *Introduction générale a l'étude du droit*, Paris, Librairie du Recueil Sirey, 1947, p. 197 e ss.

A *lei orçamentária anual*, indubitavelmente, tem a natureza jurídica do ato normativo supradescrito e, portanto, disciplina matéria reservada à categoria jurídica lei.

Tanto mais quanto a Constituição de 1988, com a redação que lhe deu a Emenda n. 86, de 17 de março de 2015[86], estabelece o que se costuma chamar de *orçamento coativo*, que consiste em *execução equitativa* por ter de contemplar liberações obrigatórias de dotações da iniciativa legislativa do Poder

---

86 Art. 1º Os arts. 165, 166 e 198 da Constituição Federal passam a vigorar com as seguintes alterações:

"Art. 165. (...)

§ 9º (...)

III – dispor sobre critérios para a execução equitativa, além de procedimentos que serão adotados quando houver impedimentos legais e técnicos, cumprimento de restos a pagar e limitação das programações de caráter obrigatório, para a realização do disposto no § 11 do art. 166." (NR)

"Art. 166. (...)

§ 9º As emendas individuais ao projeto de lei orçamentária serão aprovadas no limite de 1,2% (um inteiro e dois décimos por cento) da receita corrente líquida prevista no projeto encaminhado pelo Poder Executivo, sendo que a metade deste percentual será destinada a ações e serviços públicos de saúde.

§ 10. A execução do montante destinado a ações e serviços públicos de saúde previsto no § 9º, inclusive custeio, será computada para fins do cumprimento do inciso I do § 2º do art. 198, vedada a destinação para pagamento de pessoal ou encargos sociais.

§ 11. É obrigatória a execução orçamentária e financeira das programações a que se refere o § 9º deste artigo, em montante correspondente a 1,2% (um inteiro e dois décimos por cento) da receita corrente líquida realizada no exercício anterior, conforme os critérios para a execução equitativa da programação definidos na lei complementar prevista no § 9º do art. 165.

§ 12. As programações orçamentárias previstas no § 9º deste artigo não serão de execução obrigatória nos casos dos impedimentos de ordem técnica.

§ 13. Quando a transferência obrigatória da União, para a execução da programação prevista no § 11 deste artigo, for destinada a Estados, ao Distrito Federal e a Municípios, independerá da adimplência do ente federativo destinatário e não integrará a base de cálculo da receita corrente líquida para fins de aplicação dos limites de despesa de pessoal de que trata o *caput* do art. 169.

§ 14. No caso de impedimento de ordem técnica, no empenho de despesa que integre a programação, na forma do § 11 deste artigo, serão adotadas as seguintes medidas:

I – até 120 (cento e vinte) dias após a publicação da lei orçamentária, o Poder Executivo, o Poder Legislativo, o Poder Judiciário, o Ministério Público e a Defensoria Pública enviarão ao Poder Legislativo as justificativas do impedimento;

II – até 30 (trinta) dias após o término do prazo previsto no inciso I, o Poder Legislativo indicará ao Poder Executivo o remanejamento da programação cujo impedimento seja insuperável;

III – até 30 de setembro ou até 30 (trinta) dias após o prazo previsto no inciso II, o Poder Executivo encaminhará projeto de lei sobre o remanejamento da programação cujo impedimento seja insuperável;

IV – se, até 20 de novembro ou até 30 (trinta) dias após o término do prazo previsto no inciso III, o Congresso Nacional não deliberar sobre o projeto, o remanejamento será implementado por ato do Poder Executivo, nos termos previstos na lei orçamentária.

§ 15. Após o prazo previsto no inciso IV do § 14, as programações orçamentárias previstas no § 11 não serão de execução obrigatória nos casos dos impedimentos justificados na notificação prevista no inciso I do § 14.

§ 16. Os restos a pagar poderão ser considerados para fins de cumprimento da execução financeira prevista no § 11 deste artigo, até o limite de 0,6% (seis décimos por cento) da receita corrente líquida realizada no exercício anterior.

§ 17. Se for verificado que a reestimativa da receita e da despesa poderá resultar no não cumprimento da meta de resultado fiscal estabelecida na lei de diretrizes orçamentárias, o montante previsto no § 11 deste artigo poderá ser reduzido em até a mesma proporção da limitação incidente sobre o conjunto das despesas discricionárias.

§ 18. Considera-se equitativa a execução das programações de caráter obrigatório que atenda de forma igualitária e impessoal às emendas apresentadas, independentemente da autoria." (NR)

"Art. 198. (...)

§ 2º (...)

I – no caso da União, a receita corrente líquida do respectivo exercício financeiro, não podendo ser inferior a 15% (quinze por cento);

§ 3º (...)

I – os percentuais de que tratam os incisos II e III do § 2º;

(...)

IV – (revogado).

(...)" (NR)

Art. 2º O disposto no inciso I do § 2º do art. 198 da Constituição Federal será cumprido progressivamente, garantidos, no mínimo:

I – 13,2% (treze inteiros e dois décimos por cento) da receita corrente líquida no primeiro exercício financeiro subsequente ao da promulgação desta Emenda Constitucional;

II – 13,7% (treze inteiros e sete décimos por cento) da receita corrente líquida no segundo exercício financeiro subsequente ao da promulgação desta Emenda Constitucional;

III – 14,1% (quatorze inteiros e um décimo por cento) da receita corrente líquida no terceiro exercício financeiro subsequente ao da promulgação desta Emenda Constitucional;

IV – 14,5% (quatorze inteiros e cinco décimos por cento) da receita corrente líquida no quarto exercício financeiro subsequente ao da promulgação desta Emenda Constitucional;

V – 15% (quinze por cento) da receita corrente líquida no quinto exercício financeiro subsequente ao da promulgação desta Emenda Constitucional.

Art. 3º As despesas com ações e serviços públicos de saúde custeados com a parcela da União oriunda da participação no resultado ou da compensação financeira pela exploração de petróleo e gás natural, de que trata o § 1º do art. 20 da Constituição Federal, serão computadas para fins de cumprimento do disposto no inciso I do § 2º do art. 198 da Constituição Federal.

Art. 4º Esta Emenda Constitucional entra em vigor na data de sua publicação e produzirá efeitos a partir da execução orçamentária do exercício de 2014.

Art. 5º Fica revogado o inciso IV do § 3º do art. 198 da Constituição Federal.

Executivo e as resultantes das *emendas parlamentares*, independentemente da autoria e de forma igualitária e impessoal, salvo impedimentos de ordem técnica, devidamente justificados, os quais são válidos, por prazo certo, findo o qual o Poder Legislativo indicará ao Poder Executivo o remanejamento da programação cujo impedimento seja insuperável.

Isto posto, torna-se indubitável que o particular baliza-se por esse *sistema de planos* que tem eficácia para além dos intramuros da *sociedade política*, evidenciando, assim, os *reflexos jurídicos no domínio econômico*.

A ação *transparente*, como o outro pressuposto da *responsabilidade na gestão fiscal*, consiste na ampla divulgação, inclusive por meios eletrônicos de acesso público, dos instrumentos da *transparência* desse tipo de gestão, quais sejam:

- os planos;
- os orçamentos e leis de diretrizes orçamentárias;
- as prestações de contas e o respectivo parecer prévio;
- o relatório resumido da execução orçamentária;
- o relatório de gestão fiscal; e
- as versões simplificadas desses documentos.

Constituem, ainda, garantias da *transparência*:

- o incentivo à participação popular e realização de audiências públicas, durante os processos de elaboração e discussão dos planos, lei de diretrizes orçamentárias e orçamentos;
- a liberação ao pleno conhecimento e acompanhamento da sociedade, em tempo real, de informações pormenorizadas sobre a execução orçamentária e financeira, em meios eletrônicos de acesso público;
- a adoção de sistema integrado de administração financeira e controle, que atenda ao padrão mínimo de qualidade estabelecido pelo Poder Executivo da União e atenda a qualquer pessoa física ou jurídica o acesso a informações:
  - quanto à despesa, referentes a todos os atos praticados pelas unidades gestoras no decorrer da execução da despesa, no momento de sua realização, com a disponibilização mínima dos dados referentes ao número do correspondente processo, ao bem fornecido ou ao serviço prestado, à pessoa física ou jurídica beneficiária do pagamento e, quando for o caso, ao procedimento licitatório realizado;
  - quanto à receita, referentes ao lançamento e ao recebimento de toda a receita das unidades gestoras, inclusive referente a recursos extraordinários.

Esse *sistema de planos* é elaborado, por determinação constitucional, em consonância com o *plano plurianual* e, porque tem a natureza de lei, também em sentido material, toma a forma dessa categoria de ato normativo, pois é submetido ao processo respectivo e à apreciação do Poder Legislativo, ao qual cabe, também, examinar a mensagem recebida do Poder Executivo contendo o *plano de governo*, por ocasião da abertura da sessão legislativa, expondo a situação da entidade federada e solicitando as providências que julgar necessárias.

Consequentemente, esse *sistema* submete-se a procedimento complexo que implica responsabilidade de todos os seus protagonistas referidos, não havendo, entre eles, coadjuvantes, desde quando se ao Executivo compete a iniciativa de elaborá-lo, ao Legislativo incumbe dispor sobre todas as matérias de competência do ente federado sobre *plano plurianual, LDO, orçamento anual*, operações de crédito, dívida pública, emissões de curso forçado, planos e programas, respectivamente, nacionais, regionais ou setoriais de desenvolvimento, pelo fato de ser procedimento complexo, é que cada um dos agentes tem identificado o seu ato, daí que o sistema não pode ser objeto de delegação.

Essa ação *planejada* e *transparente* é, pelo exposto, importante *reflexo jurídico da atuação do Estado no domínio econômico*, pois objetiva: a) prevenir riscos e corrigir desvios, ambos com possibilidade de afetar o equilíbrio das contas públicas; b) cumprir metas de resultados entre receita e despesa; c) obediência a limites e condições quanto a: c1) renúncia de receita, c2) geração de despesas com pessoal com a seguridade social, c3) dívidas consolidadas e mobiliária, c4) operações de crédito, inclusive por antecipação de receita, c5) concessão de garantia e c6) inscrição em restos a pagar.

O *sistema de planos* protege-se também quanto ao seu cumprimento, sempre estabelecendo rígido controle, resultante de um procedimento complexo de que participa, em destaque, o Legislativo, auxiliado pelo Tribunal de Contas respectivo.

Tribunal de Contas é, sempre, órgão auxiliar do Legislativo. A sua competência constitucional é a de *julgar contas*, e não *pessoas*, mesmo quando lhe cabe emitir o chamado *parecer prévio* das contas prestadas pelo Chefe do Poder Executivo, hipótese em que nem as *julga, aprecia-as*.

Assim, as metas de resultados entre receita e despesa são submetidas em audiência pública na respectiva Comissão Permanente de Finanças do Poder Legislativo, em demonstração e avaliação do seu cumprimento pelo Poder Executivo, relativamente aos meses de janeiro, fevereiro, março e abril, até o final de maio, aos meses de maio, junho, julho e agosto, até o final de setembro e aos meses de setembro, outubro, novembro e dezembro, até o final de fevereiro.

Pedalada fiscal

Há, talvez, uma categoria nova, participante dos signos típicos de um *"argot"*. Trata-se da chamada *pedalada fiscal*, que consiste no procedimento do Tesouro Nacional de atrasar, de forma proposital, o repasse para as instituições financeiras públicas e privadas que financiaram despesas do governo, especialmente as dos *programas sociais*, como o Bolsa Família, o Abono e Seguro-Desemprego, o Minha Casa Minha Vida e o dos subsídios agrícolas.

Esse atraso teve por objetivo o governo cumprir suas *metas fiscais* (metas de resultados entre receita e despesa) e, assim, essa *pedalada* serviu para aumentar o *superávit primário*, isto é, a economia feita para pagar parte dos juros da dívida pública, impedindo, dessa forma, um *déficit primário* maior, porque as despesas não ficariam maiores do que as receitas, sem contar os juros.

O atraso caracterizaria também, por parte dessas instituições, um adiantamento concedido ao Tesouro e, assim, assumiria a forma de *empréstimo*, que é uma situação jurídica vedada pela Constituição[87] e regulada, nesses termos de proibição, pela *Lei de Responsabilidade Fiscal*[88], ressalvada a hipótese de a instituição financeira controlada adquirir, no *mercado*, títulos da dívida pública para atender investimento de seus clientes, ou títulos da dívida pública de emissão da União para aplicação de recursos próprios.

O tema comporta a seguinte análise jurídica: empréstimo é um negócio jurídico veiculado por um *contrato típico* classificado ou como um comodato[89] ou como um mútuo[90].

É, assim, fonte mediata de uma obrigação.

O negócio, sendo típico, não se admite que o configure uma operação atípica que, nas circunstâncias supradescritas, traduz, apenas, o inadimplemento de uma *prestação de dar*, cujo objeto é *coisa certa*, no caso, uma quantidade de moeda, o qual se submeteria, nessa hipótese, aos consectários desse descumprimento, nunca, porém, às sanções específicas punitivas de infrações a dispositivos da Lei de Responsabilidade Fiscal.

Os consectários do inadimplemento cabíveis são: as *perdas e danos*, os *juros legais* e outros específicos decorrentes da *mora*, conforme tenha sido o pactuado.

As infrações aos dispositivos da Lei de Responsabilidade Fiscal são punidas com sanções específicas, estabelecidas em leis por ela própria listadas: o Código Penal[91]; a lei dos *crimes de responsabilidade* do agente político,

87 Cf. § 1º do art. 164 – é vedado ao Banco Central conceder, direta ou indiretamente, empréstimos ao Tesouro Nacional e a qualquer órgão ou entidade que não seja instituição financeira.

88 Cf. art. 36. É proibida a operação de crédito entre uma instituição financeira estatal e o ente da Federação que a controle, na qualidade de beneficiário do empréstimo.

89 Cf. art. 579 do Código Civil – é o empréstimo gratuito de coisas não fungíveis. Perfaz-se com a tradição do objeto.

90 Cf. art. 586 do Código Civil – é o empréstimo de coisas fungíveis. O mutuário é obrigado a restituir ao mutuante o que dele recebeu em coisa do mesmo gênero, qualidade e quantidade.

91 Cf. Decreto-lei n. 2.818, de 7 de dezembro de 1940.

devidamente tipificados, a partir da Constituição[92]; a lei que pune os *atos de improbidade administrativa*[93]; a lei dos *crimes contra as finanças públicas*[94].

As *pedaladas* não as tipificam.

As infrações aos dispositivos da *Lei de Responsabilidade Fiscal* são punidas, enfim, com sanções capituladas nessas leis acima mencionadas e que podem ser classificadas em duas espécies: as *pessoais* e as institucionais.

As *sanções pessoais* têm natureza criminal, sobretudo com a edição da lei que define os crimes contra as finanças públicas.

Já se viu, linhas atrás, que as *sanções* trazidas pela Lei de Responsabilidade Fiscal são de duas categorias: *pessoais* e *institucionais*. A Emenda Constitucional 25, de 14 de fevereiro de 2000, fala de *sanções* somente *pessoais*, aplicadas ao chefe do Poder Executivo e ao do respectivo Legislativo. São *crimes de responsabilidade*.

É certo que a Emenda Constitucional 19, de 4 de junho de 1998, introduziu o § 2° no art. 169 da Constituição, veiculando *sanções institucionais*, somente de referência aos Estados, ao Distrito Federal e aos Municípios. Por isso, é veículo de inconstitucionalidade, por não incluir a União, considerando que todos os entes federados são iguais, institucionalmente, distinguindo-se, apenas, pela competência constitucionalmente posta.

As *sanções pessoais*, a lei refere-se a elas no seu art. 73 e são as capituladas nas leis já listadas: o Código Penal, especialmente, com a redação dada pela Lei n. 10.028/2000, que as define e traz, inclusive, sanções para o Presidente do Supremo Tribunal Federal para punir os crimes contra as finanças públicas, começando a alterar, a partir do art. 359, o Código Penal, colocando os de n. 359-A, 359-B, até H.

Depois altera a Lei n. 1.079, de 10 de abril de 1950, para estabelecer os crimes de responsabilidade, envolvendo nesse caso, também, o Presidente do Supremo Tribunal Federal, o chefe da Procuradoria do Ministério Público, e assim por diante. Essas são, portanto, as *sanções pessoais*.

Há reparos em relação às *sanções institucionais* que se encontram, sobretudo, nos arts. 23, § 3°, e 25 da Lei de Responsabilidade Fiscal.

O art. 23 diz que se a despesa de pessoal ultrapassar o limite mínimo, o percentual excedente terá de ser eliminado nos dois quadrimestres seguintes, sendo pelo menos um terço no primeiro quadrimestre, adotando-se, dentre outras, as providências previstas nos §§ 3° e 4° do art. 169 da Constituição.

Essas providências referem-se, portanto, à dispensa de pessoal e, então, pela ordem, reduz-se o pessoal em pelo menos 20% (vinte por cento) dos

---

92 Cf. art. 85 da Constituição, a Lei n. 1.079, de 10 de abril de 1950, e o Decreto-lei n. 201, de 27 de fevereiro de 1967.

93 Cf. Lei n. 8.429, de 2 de junho de 1992.

94 Cf. Lei n. 10.028, de 19 de outubro de 2000.

cargos em comissão. Mas, não é possível excluir todos os cargos em comissão de uma administração. O segundo grupo é o dos não estáveis, e o terceiro, dos estáveis.

Nessa ocasião, pergunta-se: se não chegar ao limite, o quarto grupo é o dos inativos? São situações que o legislador descreveu na sua ideia abstrata e, então, cometeu inconstitucionalidades pela própria emenda.

As outras *inconstitucionalidades*:

A Emenda n. 25/2000 é inconstitucional porque o item I do § 2° do art. 29-A, surgido com ela, manda apurar os limites de despesa de pessoal do Legislativo, de modo que o controle tem de ficar com o chefe do Poder Executivo, senão este responde por *crime de responsabilidade*!

Não se pode aceitar isto, porque a emenda não poderia ser maior do que o *soneto*, e o *soneto* é o texto original da Constituição que não permite isto no seu art. 2°; não permite isto no seu art. 60, § 4°, item III: a independência e a harmonia dos poderes são fundamentais. E essa emenda, além de acabar com a independência, liquida com a harmonia.

Em segundo lugar, a emenda é inconstitucional porque, ao estabelecer sanções no § 2° do art. 169, exclui a União, estabelecendo sanções institucionais só para o Estado, o Município e o Distrito Federal. E, nesse ponto, ela fere o art. 1°, combinado com o art. 18 da Constituição, atentando contra o *"standard" federativo*, rompendo com a simetria estabelecida pelo texto original.

A *Lei de Responsabilidade Fiscal* não fica atrás e, também, é inconstitucional, especialmente a norma do art. 25, que penaliza, ao final, não a pessoa do chefe do Poder Executivo ou a do Presidente do Legislativo, mas todos os brasileiros que habitam em um determinado ente federativo, todos os cidadãos nesta fase áurea do *Direito Constitucional da cidadania*, ferindo, dessa forma, o art. 1°, incisos II e III, o art. 3° e o art. 60, § 4°, IV, todos da Constituição.

Enfim, por que uma emenda constitucional fere a Constituição? Porque, para entender qual é a função de uma emenda constitucional, tem-se de distinguir, no plano jurídico, a figura do *poder constituinte*, fonte do texto original, e a figura do *legislador da reforma* da Constituição jurídica, fonte do texto de alteração.

O livro do autor deste trabalho, denominado "Limites da Revisão Constitucional"[95] teoriza o poder constituinte como uma *potência*; é um poder, portanto, que, embora não seja absoluto, se parece com o de Deus... O *poder constituinte* funciona, assim, como Deus porque na origem ele surge como uma força de eficácia atual que se manifesta cada vez que a comunidade lhe provoca. É como a raiz da bananeira que está por debaixo da terra e vai

95 Cf. Edvaldo Brito, *Limites da revisão constitucional*, Porto Alegre, Sergio Antonio Fabris, 1993, p. 71.

brotando de lugar em lugar, ou um periscópio de um submarino que só sai para a superfície do mar em um lugar em que a tripulação sente-se segura para poder verificar o que se passa em volta. Isso é o *poder constituinte*. E não terá fim, exatamente, por causa dessa eficácia atual.

É certo que ele não é absoluto, porque tem limites. Os limites decorrem dos valores que são, portanto, praticados pela comunidade no momento em que surgem e dos princípios que internacionalmente são outorgados como direitos subjetivos dos cidadãos, reconhecidos em qualquer parte do mundo; por isso, a Constituição de 1988 arrola os mesmos princípios encontrados na Constituição espanhola de 1978, na Constituição portuguesa de 1976, na Constituição alemã de 1949, na Constituição francesa de 1958.

Constituições editadas nessa terceira fase do Direito Constitucional que é chamada fase do *Direito Constitucional da cidadania*, estão submetidas aos limites referenciados pelos direitos da cidadania, suplantando, até, a soberania, por isso, Pinochet, apesar de ser senador pelo Chile e de ser seu ex-presidente, ficou preso na Inglaterra, onde se encontrava como visitante, por deliberação de um Juiz de primeiro grau espanhol, ainda que, fosse imune em seu país, por força das normas chilenas.

Esses são os limites do poder constituinte.

E a *emenda constitucional* pode ser inconstitucional? Sim. É que o poder constituinte sendo potência elabora um texto e ele próprio diz quem vai mexer nesse texto. Essa Constituição Jurídica ou Constituição Escrita só pode ser tocada ou pela via da revisão ou pela via da emenda.

A revisão é uma reformulação de um texto da Constituição para adaptá-lo às circunstâncias que se vão sucedendo. A emenda é, ao contrário, uma alteração pontual que se faz na Constituição. Mas, exatamente por isso, há limites à reforma da Constituição pela via da emenda.

Limites que podem ser de natureza circunstancial: porque, em determinados momentos, em determinadas circunstâncias, não se pode tocar na Constituição – no estado de sítio, no de defesa ou na vigência de intervenção federal, por exemplo (cf. § 1º do art. 60). Há limites materiais – explícitos e implícitos –, ou seja, há assuntos que estão impedidos de serem tocados, estão, exatamente, no art. 60, § 4º, conhecidos como *cláusulas pétreas* ou núcleo irreformável. Assim, dos quatro incisos, citem-se dois, para demonstrar que essa modificação que está vindo, aqui, para a despesa de pessoal do Legislativo é uma alteração que não tem cabimento. Há, enfim, limites temporais porque existem Constituições que estabelecem prazos para alterações no seu texto.

Então o legislador que faz a emenda é o legislador que tem competência. Competência é, diferentemente de potência, uma regra jurídica que traz três outras regras embutidas nela. Primeiro, quem é a autoridade que vai praticar os atos. Segunda, quais são as atribuições que se outorgam a essa autoridade. E terceira, qual é o procedimento que ela vai adotar.

Pois bem, a Emenda n. 25, que é mero exercício de competência, tem limites que o legislador constituinte, ele próprio, deu. Ora, onde é que essa Emenda n. 25 é viciada? Na parte em que ofende a separação de poderes e na parte em que exclui a União das sanções institucionais e pessoais aplicáveis, respectivamente, aos outros entes federados e aos titulares dos seus poderes, porque, aqui, ofende o princípio do federalismo.

Todo o exposto já demonstra que tanto as Emendas n.19/98 e 25/2000 quanto a Lei Complementar n. 101/2000, a Lei n. 10.028, de 19 de outubro de 2000 (DOU de 20 subsequente), que altera o Código Penal para introduzir as sanções penais faladas no art. 73 dessa Lei Complementar n. 101/2000, são normas geradoras de conflitos com a Constituição e, nessas antinomias, elas geram inconstitucionalidades.

O Supremo Tribunal Federal, no julgamento das arguições de inconstitucionalidades dessa lei, tem sinalizado para esta direção ao acolher essas pretensões sempre que essa invasão ocorre. Por isso, já caíram os §§ 3º e 5º do art. 9º, o § 2º do art. 12 e o § 2º do art. 23.

A *Lei de Responsabilidade Fiscal* é um dos *reflexos jurídicos da atuação do Estado no domínio econômico* também porque opera transversalidade com outras situações jurídicas que envolvem o particular, como as interfaces com a legislação tributária.

Após a sua edição, indaga-se: o que pode ser objeto de negociação para o efeito de *compensação de débitos tributários* das empresas com seus créditos confessados pelo poder público?

Busca-se, aqui, saber se a Lei de Responsabilidade Fiscal veda a utilização de créditos das empresas – existentes perante a Administração Pública – para pagamento de tributo; ou mesmo se é possível a dação em pagamento, mediante a entrega de bens em substituição da prestação tributária – prestação pecuniária – que era a devida.

A matéria está disciplinada, sobretudo, pelos arts. 29, I, 30, I, 31 e seus parágrafos, 32 e seus parágrafos, 37, III e IV, todos da Lei de Responsabilidade Fiscal, mas tem a sua interface com o art. 1.017 do Código Civil (redação de 1916) e os arts. 368 a 380 de sua nova redação (ano de 2002), especialmente o art. 374, bem assim com os arts. 156, II, 170 e 170-A do Código Tributário Nacional[96].

96 Os dispositivos mencionados *supra* disciplinam que na *Lei de Responsabilidade Fiscal*: a) Art. 29, I – As obrigações financeiras assumidas pelos entes da Federação, em virtude de *contrato*, para amortização em prazo superior a 12 (doze) meses são definidas como *dívida pública consolidada* ou *fundada*, por isso, devem compor os limites da dívida pública fixados pelo Senado Federal, por proposta do Presidente da República (cf. art. 30, I); b) Art. 30, I – O presidente da República teria de submeter ao Senado Federal, até 3 de agosto de 2000, a proposta de limites globais para o montante da *dívida consolidada* dos entes federados, bem como os limites e condições para operações de

A matéria, já se vê, é de natureza tributária porque se refere à extinção do crédito tributário que nasce com a obrigação respectiva, quando o surgimento de um fato gerador, que lhe faz nascer, torna existente esse crédito.

Os dispositivos do *Código Tributário Nacional* – que é lei de normas gerais por força do inciso III do art. 146 da Constituição – prevalecem, na disciplina da matéria tributária, sobre os das demais leis transcritas *supra*, porque todas elas são específicas e somente se aplicam às respectivas áreas.

A *Lei de Responsabilidade Fiscal* operará invasão se se pretender aplicável à área tributária, tal como ocorre com o seu inconstitucional art. 14, § 1º.

Portanto, há de se entender que os arts. 29, I, 30, I, 31, 37, III e IV, dessa Lei de Responsabilidade Fiscal, já mencionados – sobretudo quando equiparam tais práticas a operações de crédito, para o efeito de controle pelo Ministério da Fazenda – não impedem a compensação de crédito tributário com créditos líquidos e certos, vencidos ou vincendos do sujeito passivo contra a *Fazenda Pública*, inclusive porque a *compensação* não pode ser enquadrada como *renúncia de receita*, o que conduziria aos obstáculos regrados no seu art. 14, os quais não podem prevalecer, na hipótese, face à eiva de que passaria a ser portador. Na compensação, a Administração Pública recebe o seu crédito, ou seja, não o dispensa por renúncia. Contudo, considerando que, nessa operação, há obrigação de despesa, a sua ocorrência tem de observar todos os requisitos do *planejamento* e da *transparência*, antes já arrolados.

---

crédito, para concessão de garantia da União nessas operações e para o montante da dívida mobiliária; c) Art. 31 – Se a *dívida consolidada* de um ente da Federação ultrapassar o respectivo limite ao final de um quadrimestre, deverá ser a ele reconduzida até o término dos três subsequentes, reduzindo o excedente em pelo menos 25% (vinte e cindo por cento) no primeiro; d) Art. 32 – Cabe ao Ministério da Fazenda verificar o cumprimento desses limites e condições, quando se referirem a operações de crédito, inclusive das *empresas controladas*; e) Art. 37, III e IV equipara a operações de crédito: 1 – *a assunção direta* de compromisso, *confissão de dívida* ou operação assemelhada, com *fornecedor* de bens, de mercadorias ou de serviços, mediante emissão, aceite ou aval de título de crédito; 2 – *assunção de obrigação*, sem autorização orçamentária, com esses *fornecedores*, para pagamento *a posteriori* de bens e serviços. No *Código Civil* (redação de 1916): a) Art. 1.017 – as dívidas fiscais dos entes federados não podem ser objeto de compensação, salvo no caso de encontro de contas entre a Administração e o devedor, autorizado por lei e regulamento da Fazenda (redação de 2002); b) Art. 374 – A matéria da compensação, no que concerne às dívidas fiscais e parafiscais, é regida pelo disposto no capítulo em que se insere esse artigo (Capítulo VII, do Título III – adimplemento e extinção das obrigações – do Livro I da Parte Especial). No *Código Tributário Nacional*: a) Art. 156, II – estabelece que a compensação é modalidade de extinção do crédito tributário; b) Art. 170 – defere à lei tributária do ente federado as atribuições para estipular as condições e garantias para a compensação de crédito tributário com créditos líquidos e certos, vencidos ou vincendos do sujeito passivo contra a Fazenda Pública: c) Art. 170-A – impede a compensação quando o tributo é objeto de contestação judicial pelo sujeito passivo, antes do trânsito em julgado da respectiva decisão judicial.

A norma do *Código Civil*, invocada *supra*, também não é impeditiva porque se trata de uma regra geral sobre a extinção de qualquer obrigação que não se pode conflitar com as normas específicas de extinção do crédito tributário, dado que este tem existência própria diversa daquela que se atribui à *obrigação tributária*, tanto que o legislador deu-lhe disciplina jurídica própria (art. 146, III, b da Constituição e arts. 139 a 193 do Código Tributário Nacional).

O Código Tributário Nacional não autoriza, porém, a compensação, senão:

a) mediante lei específica expedida pelo Poder Legislativo respectivo;
b) crédito com crédito, isto é, aquele cuja prestação tem como objeto moeda, mas não entre crédito e a entrega de outro objeto (dação em pagamento) que não seja dinheiro, em substituição a este.

Outra indagação cabível, após a edição da *Lei de Responsabilidade Fiscal*, com interface tributária, consiste em saber-se: quais os efeitos da *transação judicial* quanto à *ordem cronológica de precatórios*?

A matéria está disciplinada, sobretudo, pelos arts. 29, I, 30, I e seu § 7º, 31 e seus parágrafos 32, 37, III e IV, da Lei de Responsabilidade Fiscal, mas tem a sua interface com o art. 171 do Código Tributário Nacional[97].

A *gestão fiscal responsável* não admite *transação* que implique assunção direta de compromisso, confissão de dívida ou operação assemelhada com fornecedor de bens, de mercadorias ou de serviços, mediante emissão, aceite ou aval de título de crédito; ou que implique assunção de obrigação, sem autorização orçamentária, com esses fornecedores, para pagamento a

---

97 a) Art. 29, I – As obrigações financeiras assumidas pelos entes da Federação, em virtude de *contrato*, para amortização em prazo superior a 12 (doze) meses são definidas como *dívida pública consolidada* ou *fundada*, por isso, devem compor os limites da dívida pública fixados pelo Senado Federal, por proposta do Presidente da República (cf. art. 30, I); b) Art. 30, I e seu § 7º– O presidente da República teria de submeter ao Senado Federal, até 3 de agosto de 2000, a proposta de limites globais para o montante da *dívida consolidada* dos entes federados, bem como os limites e condições para operações de crédito, para concessão de garantia da União nessas operações e para o montante da dívida mobiliária. Os *precatórios*, não pagos durante a execução do orçamento no qual tenham sido incluídos integram, também, a *dívida consolidada*; c) Art. 31 – Se a *dívida consolidada* de um ente da Federação ultrapassar o respectivo limite ao final de um quadrimestre, deverá ser a ele reconduzida até o término dos três subsequentes, reduzindo o excedente em pelo menos 25% (vinte e cindo por cento) no primeiro; d) Art. 32 – Cabe ao Ministério da Fazenda verificar o cumprimento desses limites e condições, quando se referirem a operações de crédito, inclusive das empresas controladas; e) Art. 37, III e IV equipara a operações de crédito: 1 – *a assunção direta* de compromisso, *confissão de dívida* ou operação assemelhada, com *fornecedor* de bens, de mercadorias ou de serviços, mediante emissão, aceite ou aval de título de crédito; 2 – *assunção de obrigação*, sem autorização orçamentária, com esses *fornecedores*, para pagamento *a posteriori* de bens e serviços.

posteriori de bens e serviços. Entende-se que, fora de uma assunção de deveres jurídicos, no âmbito aqui descrito, é possível a transação como gestão fiscal "responsável".

A *transação* é um negócio jurídico pelo qual se previne ou se põe fim a um litígio, mediante concessões recíprocas, daí que as partes podem transigir como lhes convenha.

Nestes termos, não pode a transação ser confundida, juridicamente, com uma nova obrigação de despesa assumida ou que tenha de ser cumprida integralmente dentro dos dois últimos quadrimestres de mandato, ou que tenha de ser feita a disponibilidade de caixa para o seguinte, a ponto de incidir na proibição do art. 42 da Lei de Responsabilidade Fiscal, salvo quanto à necessidade de previsão no *sistema de planejamento* já referido.

Insista-se: o objeto da transação já terá de ser obrigação existente antes de 1º de maio do último ano de mandato. O que se objetiva com esse negócio é, apenas, pôr fim ao litígio que envolve a liquidação do crédito já existente (certo), buscando o seu montante exato.

Esse montante somente necessita, em razão do planejamento, de ser integrado ao respectivo *sistema de planos*, mas – repita-se por necessário – para o efeito de obedecer às diretrizes da "gestão responsável", nunca para ser considerado como despesa proibida.

Essas restrições da *Lei de Responsabilidade Fiscal*, por conseguinte, também não impedem, quanto ao mérito, a transação no âmbito tributário, pelas razões já expostas quando se falou *supra* sobre a compensação, nesse mesmo âmbito.

A *transação na área tributária*, em razão do exposto e pelo que está disposto no art. 171 do Código Tributário Nacional, pode ser celebrada contanto:

a) que haja autorização legislativa;
b) que seja mediante concessões mútuas; e
c) que tenha como finalidade pôr fim a litígio e, consequentemente, extinguir o crédito tributário.

Logo, se a transação for na área tributária, sob o aspecto de mérito, basta que esteja autorizada por lei, que haja concessões mútuas e que importe em terminação de litígio; tudo, enfim, homologado pelo magistrado, qualquer que seja a instância na qual se encontre, em curso, o feito.

A matéria da transação, para além do seu mérito, implica saber:

- como celebrá-la?
- até que momento processual é possível celebrá-la?
- até que ponto submete-se à formação de precatório?

O como celebrar pode ser através de instrumento público ou particular e, se for judicial, mediante termo nos autos. A forma dos atos jurídicos é sempre livre, portanto, a solenidade da escritura pública é exceção. No caso, este instrumento somente se imporá se se tratar de ato constitutivo ou translativo de *direitos reais*.

Lavrada por termo, nos autos, a transação há de ser homologada pelo magistrado perante a instância que estiver processando o feito, não importando, por isso, se já estiver em grau de recurso. Por conseguinte, é possível ser celebrada em qualquer momento processual do feito – repita-se – em curso. Ao magistrado, porém – conforme a lição de Orlando Gomes[98] – não compete intervir sob qualquer pretexto, face à liberdade de transigência das partes que celebram o negócio com o objetivo de superar divergências, cuja composição está sob a sua jurisdição.

É relevante acentuar, por isso, que a transação opera, entre as partes, o efeito de *coisa julgada*, daí que somente se rescinde por dolo, violência ou erro essencial quanto à pessoa ou a coisa controversa.

Vem a pelo, então, a indagação: até que ponto o objeto da transação, sendo um acordo para pagamento de dívida do ente federado, submete-se à formação de *precatório* e, obviamente, à chamada "ordem cronológica"?

A resposta implica a inteligência do art. 100 e seus parágrafos da Constituição, com a redação que lhe deram emendas, a partir da n. 30, de 13 de setembro de 2000[99].

A história desse dispositivo, contam-na Carlos Maximiliano e Castro Nunes, remonta à época anterior à Constituição de 1934, quando o Congresso Nacional, "provocado por proposta de um dos seus membros ou por mensagem do Executivo a votar verba para o cumprimento de sentença, examinava os fundamentos desta e, se lhe não agradavam, negava o crédito solicitado. Assim se sobrepunha um julgamento político ao Judiciário; era um poder exautorado no exercício pleno de suas funções".

A regra, com a sua natureza constitucional, vem do art. 182 e seu parágrafo da Carta de 1934, que objetivou impedir, desse modo, esse "calote oficial" e assegurar a eficácia da coisa julgada contra a Fazenda Pública. Visou, portanto, proteger ao credor, e não à "Fazenda", a devedora.

Observe-se que, há tempo, o Supremo Tribunal Federal decidiu que o termo "pagamentos", constante da norma, refere-se àqueles resultantes de condenações, impostas à Fazenda Pública, para que esta as cumpra e pelas quais é solicitada a inclusão, na *lei orçamentária anual*, de créditos orçamentários específicos.

---

98 Cf. *Responsabilidade civil*, texto revisado, atualizado e ampliado, de acordo com o Código Civil de 2002 por Edvaldo Brito, Rio de Janeiro, Forense, 2010, p. 387.

99 Cf. As novas regras dos precatórios, Interfaces tributárias, In: Ives Gandra da Silva Martins; Samantha Ribeiro Meyer-Pflug (Coords.), *A intervenção do Estado no domínio econômico:* condições e limites, São Paulo, LTr, 2011, p. 363-384.

Mas, desses "pagamentos" a decisão tem excluído, por exemplo, a restituição de depósitos não incorporados à receita pública[100].

É que esses depósitos são ingressos ou entradas classificadas como movimento de fundo ou de caixa, exatamente porque nunca foram recursos da titularidade originária do Tesouro. Esse exemplo é tomado para afirmar que nem todo "pagamento" feito pela "Fazenda" é submetido à expedição de precatório.

São, somente, os decorrentes de "condenações" para evitar que se prefiram umas às outras. A transação não implica condenação, tanto que se invocou *supra* o magistério de Orlando Gomes para deixar claro que o magistrado não condena, mas homologa um negócio que, pelas suas características, não ofende a isonomia a ser observada entre beneficiários de "condenações".

Enfim, a transação, pela qual o titular de um crédito certo contra a "Fazenda", cuja liquidação tenha sido objeto de tratativas recíprocas, antes e durante a sua subordinação à autoridade do Judiciário, ao ser concluída, para o efeito de "pagamento" do transacionado, não se inclui entre as "condenações" para as quais se exige a expedição de precatório, pois, não havendo, com essa prática, a assimilação das "condenações" em geral, não há ofensa à isonomia e muito menos haveria uma situação daquelas que motivaram o surgimento do art. 182 da Constituição de 1934.

Vê-se, pois, que a natureza do "pagamento" influi na sua submissão à "ordem cronológica". Indubitavelmente, não se salvam aqueles resultantes de "condenações" impostas à Fazenda.

Mas, entendem-se excluídos aqueles "pagamentos" que são resultantes de transação nos autos, pois essa forma de *extinção do crédito tributário* nascido de obrigação da mesma natureza, ou a *extinção de obrigação de natureza não tributária*, não se compadece com a forma de uma "condenação", visto que resultam de concessões mútuas, na forma da lei e sob a fiscalização do magistrado, afastando qualquer espécie de conluio que servisse de fraude à isonomia que justifica a "ordem cronológica".

Assim, o "pagamento" resultante de transação não se confunde com aquele decorrente de "condenação".

Por outro lado, a transação é, sem dúvida, uma *confissão de dívida*, tomada pelo lado do devedor, mas não se enquadra na espécie de assunção equiparada a operações de crédito, vedada pelo art. 37, III, da Lei de Responsabilidade Fiscal.

Voltando ao dispositivo constitucional, sob comento, ainda se tem o ensejo de examinar o discurso do legislador que o elaborou, quanto à significação

---

100 Cf. Ag. Inst. n. 10.026, 1ª Turma do STF, julgamento de 5-10-41, rel. Min. Annibal Freire, cit., por Castro Nunes, *Da fazenda pública em juízo*, 2. ed., Rio de Janeiro, Freitas Bastos, 1960, p. 231-232.

da expressão *"Fazenda Pública"*, a fim de gizar que nem sempre a dívida é da Fazenda no sentido de comprometimento da *receita tributária.*

Esse relevo sobre o devedor público é necessário porque somente a dívida, quando se trata de comprometimento da receita tributária, tem o privilégio da contagem de prazo prescricional para o exercício da pretensão do credor, igual a 5 (cinco) anos, a partir do inadimplemento.

"Fazenda Pública", como ensinam os clássicos, a partir de Teixeira de Freitas[101], "é a repartição das finanças do Estado".

Daí que, outro clássico, Castro Nunes[102], decodificando a mensagem técnica de Teixeira de Freitas, diz que a Fazenda Pública é "mera sobrevivência do Fisco, como Caixa do Estado". E, considerando que a palavra Estado tem o conteúdo semântico técnico de poder político imbuído de potestade, por isso, envolve todas as entidades intraestatais. Continua:

> "Entretanto, a designação Fazenda (nacional, estadual, etc.) é menos própria para indicar o Estado quando não está em juízo promovendo uma cobrança fiscal ou qualquer interesse material ou econômico. É o que ocorre em matéria penal, mesmo em se tratando de crimes que afetem interesses patrimoniais, econômicos ou financeiros do Estado, e tais são, por exemplo, os de peculato, contrabando, etc. A denominação apropriada é União, Estado, etc., ou melhor, Administração Pública, designação que melhor corresponde ao interesse informativo da repressão penal."

Não discrepam, obviamente, desses clássicos, os doutrinadores contemporâneos, como José da Silva Pacheco[103], Régis Fernandes de Oliveira et alli[104].

Pois bem: nestes termos, não há de cogitar-se de *prescrição quinquenal*, em todos os casos em que a Administração Pública for parte, uma vez que esta somente poderá ser suscitada quando ela revestir-se da qualidade de Fazenda Pública e, assim, integrar a relação contratual como representante do Poder Público exercendo amplamente a sua soberania e tendo prestações de natureza tributária.

É assim, mesmo para órgãos da Administração Pública Indireta. O Decreto-lei n. 4.597, de 19 de agosto de 1942, estabelece que as regras da prescrição quinquenal abranjam, também, as *autarquias* ou entidades e órgãos paraestatais, mas que sejam mantidos mediante impostos, taxas ou quaisquer contribuições exigidas em virtude de lei.

101 Cf. *Vocabulário jurídico*, São Paulo, Saraiva, 1983, p. 78, t. I.

102 Cf. *Da fazenda pública em juízo*, 2. ed., Rio de Janeiro, Freitas Bastos, 1960, p. 306.

103 Cf. *Comentários à nova lei de execução fiscal*, São Paulo, Saraiva, 1981, p. 21.

104 Cf. *O procedimento na cobrança da dívida ativa da Fazenda Pública*, São Paulo, RT, 1981, p. 14.

Outrossim, o diploma normativo que cuida da matéria é o Decreto n. 20.910, de 06 de janeiro de 1932, que, por outro lado, excepciona a fluência do prazo prescricional durante a demora que, no estudo, no reconhecimento ou no pagamento da dívida, tiverem as repartições encarregadas desse mister. É a regra do seu art. 4º:

> "Não corre a prescrição durante a demora que, no estudo, no reconhecimento ou no pagamento da dívida, considerada líquida, tiverem as repartições ou funcionários encarregados de estudar e apurá-la."

O legislador classifica essa causa que estanca a contagem do prazo como de suspensão (cf. o parágrafo único desse art. 4º).

Efetivamente, há causas que impedem, suspendem ou interrompem a contagem do prazo de prescrição. Este instituto é de ordem pública, por isso, essas causas que são postas a favor do titular da pretensão, que é a pessoa contra a qual corre o prazo, no caso, o credor, não podem ser estabelecidas, senão expressamente em lei; não podem ser interpretadas por *analogia*, e sim literalmente.

Outras há que propiciam a *prescrição intercorrente*, portanto, a favor do devedor e, por isso, também, têm de ser expressas na lei (cf. o art. 3º do Decreto-lei n. 4.597/42).

A causa de suspensão faz paralisar a contagem do prazo em razão de fatos supervenientes que servem de obstáculo ao exercício do direito pelo seu titular, a fim de não confundir essa falta de exercício com a inércia do inativo que justifica que ele venha a perder o direito (*dormientibus non succurrit jus*).

> "O efeito da suspensão – ensina Orlando Gomes[105] – é deter temporariamente o curso da prescrição, mas ao contrário do que sucede com a interrupção, o tempo decorrido é integrado no prazo. Somam-se, portanto, os períodos descontínuos, o anterior ao sucessivo. Numa prescrição de cinco anos, suspensa após o decurso da metade desse prazo, se completará, quando reatada, com o transcurso de mais dois anos e meio."

É importante, então, que se identifique o início não só da contagem do prazo, mas também o da suspensão de sua contagem. É pacífico, sobretudo, depois da regra do art. 189 da nova redação do Código Civil Brasileiro (texto de 2002), que a contagem tenha início, de referência a relações jurídicas disciplinadas pelo direito das obrigações, com o momento em que a pretensão já possa ser exercida, com o descumprimento da prestação.

Já a suspensão da contagem do prazo tem início com a ocorrência de qualquer fato superveniente ao início da contagem, o qual impeça o exercício do

---

105 Cf. Introdução ao Direito Civil, 22 ed., coordenador e atualizador Edvaldo Brito; atualizadora Reginalda Paranhos de Brito, Rio de Janeiro, Forense, 2019, p. 375.

direito. Esse fato deve ser assinado pela lei; no caso sob exame, verifica-se que a lei descreve-o como a entrada de requerimento do titular do direito no protocolo da repartição pública, com a designação do dia, mês e ano, relativamente a estudo, reconhecimento ou pagamento da dívida (cf. parágrafo único do art. 4º do Decreto n. 20.910/32).

É necessário ter cuidado na interpretação da aplicabilidade da norma que disciplina a *prescrição*, porque, dada a sua *natureza penal*, não admite *analogia* nem *equidade*. O seu tipo é cerrado.

Por isso, se o art. 2º do Decreto-lei n. 4.597/42, o qual altera os dispositivos do Decreto n. 20.910/32, estabelece a manutenção tributária para efeito de aplicar-se os citados dispositivos, não há que se falar em *prescrição quinquenal*, fora dessa hipótese, na qual se devem encontrar os elementos constitutivos do tipo; nem há que se falar em suspensão da contagem do prazo se não nos estritos termos do parágrafo único do seu art. 4º.

Consequentemente, o art. 1º do Decreto n. 20.910/32 não se aplica a todo e qualquer direito de ação, seja qual for a sua natureza, contra a Fazenda Pública, pois nem toda *pretensão* do credor da Fazenda prescreve em cinco anos, contados da data em que se venceu cada uma das prestações e, em se tratando de prescrição quinquenal, mesmo assim, impõe-se verificar os obstáculos à fluência do prazo respectivo.

Estes, enfim, são alguns dos *reflexos jurídicos da atuação do Estado brasileiro no domínio econômico*, decorrentes da sua chamada *gestão fiscal responsável*.

Seção V – Livre concorrência como defesa do consumidor

Natureza das normas jurídicas da concorrência

Uma das discussões maiores, dentre aquelas que se fazem hoje em torno desse tema, é a de saber-se se o "Direito da Concorrência" tem normas com a natureza jurídica específica de Direito Penal ou a de Direito Econômico.

No Brasil, essa situação tem de ser definida porque, além de outras que disciplinam vários aspectos das relações econômicas na sociedade, há uma Lei, a de n. 8.137, de 27 de dezembro de 1990, que define não só os crimes contra a ordem tributária, mas também os crimes contra a ordem econômica.

Consequentemente, necessita-se situar a matéria, até para identificar a legitimidade da fonte normativa, considerando-se que em uma Federação ela é múltipla.

Entra-se no campo da competência para legislar e se for direito penal este é privativo da União; se for direito econômico ele é da competência concorrente entre União, Estado, Distrito Federal e, supletivamente, de Município, se o assunto for de *interesse local*.

Por outro lado, o chamado "Direito da Concorrência" é uma disciplina "*in fieri*", ou seja, sempre de lei por fazer.

Acresça-se também que, se o Direito Penal, há longo tempo, tem instituições, institutos, conceitos e categorias jurídicos próprios e delimitados, o *Direito Econômico* é, ainda, objeto de debate quanto a possuí-los.

O debate assume importância, outrossim, quando se verifica que, entre nós, no momento, a Constituição alçou a livre concorrência aos píncaros de um de seus princípios integrando-a ao da defesa do consumidor, com o objetivo de realizar o bem-estar social, razão pela qual há de ponderar-se que a matéria não atina somente com a repressão de abusos nas práticas econômicas, senão também com a inserção dos agentes econômicos nas relações de consumo de uma sociedade em que os contratos são celebrados em massa.

A dúvida, enfim, sobre a existência desses elementos (instituições, institutos, conceitos e categorias) no *Direito Econômico* vem de longe. Ela é contemporânea da busca da matéria constitutiva do objeto desse ramo jurídico. Atribui-se o seu início ao Código de Hamurabi (rei da antiga Mesopotâmia – 1955 a 1913 a. C.) ao disciplinar lucros e salários ou à obra *Première introduction à la philosophie économique*, de Baudeau, datada de 1771[106] da era cristã, quando ele se refere à legislação econômica nascida do direito natural e disciplinadora da "sociedade econômica" formada pelos proprietários, pelos agricultores e pela "classe estéril dos industriais e dos comerciantes".

Mais perto desse nosso tempo, o tema ainda preocupou os nossos doutrinadores: Octávio Bueno Magano[107], ao afirmar que o verdadeiro precursor no Brasil no trato do assunto é Cesarino Jr. e ao citar uma obra sua de 1970[108], na qual se afirma que o *Direito Econômico* é uma das divisões do Direito Social, define-o como "o conjunto de princípios e normas que disciplinam a atividade do Estado e dos demais sujeitos da ordem jurídica, quando equacionada à consecução dos objetivos econômicos da coletividade".

Preocupou, sobretudo, os professores de Direito Econômico, dentre os quais Geraldo de Camargo Vidigal, ao se reunirem no "I Seminário de Professores de Direito Econômico"[109], no ano de 1977, em Belo Horizonte, convocados pela Universidade Federal de Minas Gerais. Nessa ocasião, Vidigal – após proveitoso debate no qual, também, destacaram-se Washington Peluso Albino de Souza, Eros Roberto Grau, Fábio Nusdeo e Alberto Venâncio Filho – resumiu a sua posição: "as três esferas denominadas *Direito Econômico*, o capítulo do Direito Administrativo, que é o Direito Administrativo Econômico, a nova ciência do Direito Público, que tende a ser o Direito do Planejamento, o terceiro tronco jurídico, que parece ser o Direito

---

106 Cf. Edvaldo Brito, *Limites da revisão constitucional*, Porto Alegre, Sergio Antonio Fabris, 1993, p. 55.

107 Cf. *Introdução ao direito econômico*, São Paulo, Juriscrédi, [s.d.], p. 22.

108 Cf. A. F. Cesarino Jr. *Direito social brasileiro*, São Paulo, Saraiva, 1979, v. I, p. 20.

109 Cf. *Edições do cinquentenário da UFMG*, n. 3, Belo Horizonte, Universidade Federal de Minas Gerais, 1977, p. 81, 84, 85, 110 e 111.

da Organização dos Mercados, aparecem vizinhos por afinidades ideológicas, históricas e de inserção".

E continua: "ideologicamente, fundam-se as três disciplinas nas ideologias do desenvolvimento e do bem-estar social. Historicamente nasceram as três das vertentes que conduziram o Estado 'Gendarme' ao Estado Contemporâneo. Materialmente, inserem-se todas elas no lençol econômico de que se alimenta amplamente toda vida social. Não me parece relevante para a caracterização do Direito Econômico, o caráter de 'economicidade'. De matéria econômica cuida todo o Direito Comercial, quase todo o Direito Civil, quase todo o Direito Administrativo".

E quando lhe questionaram sobre o "direito da organização dos mercados", disse: "o meu ponto de vista é exatamente o de que em um regime socialista o chamado Direito Econômico é exatamente o conjunto de normas que visa reintroduzir elementos de mercado", como os conceitos de lucro e de estímulos de ordem privada.

Enfim, a opinião que desenvolveu incluía a disciplina jurídica do consumo – "tutela jurídica do consumo global, tutela do consumidor, suas relações com a renda global, o nível de salários, o nível de emprego, o ordenamento da repartição, o pleno emprego, as relações com o exterior" – bem assim a defesa da competição.

Já em 1961 Orlando Gomes[110] busca enquadrar as relações entre o jurídico e o econômico, afirmando:

> "Se bem, pois, que o jurídico se ache condicionado ao econômico, é incontestável que constitui um fator social capaz de dificultar ou favorecer o crescimento material de determinada comunidade. O comportamento dos indivíduos em relação aos fenômenos de produção e consumo dos bens é regrado pelo Direito, através de leis, usos e costumes que tanto podem estimular as atividades necessárias ao desenvolvimento econômico do país como constituir um entrave à sua realização (...) Há de reconhecer, no entanto, que o fator jurídico reage sobre o econômico, não sendo, pois, simples forma que se amolda ao conteúdo, ou mero sub-produto. (...) Ninguém ignora que a industrialização de um país essencialmente agrícola não é possível sem disposições legais que protejam os produtos nacionais da concorrência de similares estrangeiros."

Em 1975, esse autor[111], desenhando os novos quadros jurídicos da economia – novos porque modificados pela macroeconomia do grupo, opondo-se

110 Cf. *Direito e desenvolvimento*, Salvador, Publicações da Universidade da Bahia, série II, 24, 1961, p. 34-36; *Direito e desenvolvimento*, 2. ed., revista e atualizada por Edvaldo Brito, Rio de Janeiro, GZ Editora, 2022, p. 21.

111 Cf. Orlando Gomes, *Direito econômico e outros ensaios*, Salvador, Distribuidora de Livros Salvador, 1975, p. 27.

à microeconomia do indivíduo –, fala que a regra de direito altera-se na sua função, no seu conteúdo, no seu substrato e na sua inspiração e que é nesse quadro onde "o substrato econômico, político e ético do Direito Civil desintegra-se, arrastando na queda as estruturas formais que o envolviam" porque se dobra aos imperativos do desenvolvimento.

Cria, então, o ilustre mestre, na Faculdade de Direito da Universidade Federal da Bahia, o Curso de Mestrado em Direito Econômico, em cujo conteúdo programático inseriu disciplinas como Direito e Desenvolvimento, Novos Quadros Jurídicos da Economia e Direito Constitucional da Ordem Econômica, esta última disciplina sob a regência do autor deste livro por mais de 15 anos, até a reforma curricular recente.

Nesse primeiro livro – de uma série que escreveu –, Orlando Gomes plasma o novo ramo do Direito (o Direito Econômico) como aquele que "compreende as normas relativas às relações econômicas, estejam no corpo do Código Civil, do Código Comercial ou em leis especiais, sejam de direito privado ou público, integrem este ou aquele ramo da árvore jurídica".

E indica entre as regras codificadas do direito privado como sendo de direito econômico aquelas que dizem respeito aos contratos de compra e venda, de locação, de crédito, de serviços e obras, aos negócios cambiários, às patentes de invenção, às sociedades mercantis, bem como aos direitos de propriedade e posse incidentes em bens de produção. Entre as que se encontram nas leis extravagantes: a disciplina do mercado de capitais, as do dirigismo econômico e as destinadas a punir os abusos do poder econômico.

Verifica-se, a essa altura, que nessas discussões Geraldo Vidigal forma, com essas suas opiniões emitidas em 1977, ao lado de Orlando Gomes. E tomados os entendimentos de ambos, conclui-se com Jacquemin e Schrans[112] e com Julio Olivera[113], respectivamente, que o objeto do Direito Econômico é encontrado na disciplina jurídica das relações entre as três categorias de agentes econômicos: o Estado, a empresa e os particulares. Por isso, na classificação sugerida pelos dois primeiros autores, para o estudo das relações entre empresas, está a regulamentação das relações de concorrência: concorrência desleal, propriedade industrial, práticas restritivas, monopólios e abusos de poder econômico; ou é encontrado, conforme o último dos autores, na caracterização de um sistema de normas jurídicas que 1) em um regime de economia dirigida (marco institucional) 2) regulam as atividades de mercado (objeto) 3) das empresas e outros agentes econômicos (sujeito) 4) para realizar metas e objetivos de política econômica (sentido), sistema que, por extensão, considera como parte do direito econômico as

112 Cf. Alex Jacquemin e Guy Schrans, *O direito económico*, trad. Manuel Campos e Alexandre de Freitas, Lisboa: Editorial Vega, [s.d.], p. 97-101.

113 Cf. Julio H. G. Olivera, *Derecho económico* – conceptos y problemas fundamentales, 2. ed., Buenos Aires, Ediciones Macchi, 1981, p. 24.

normas complementares de caráter formal ou penal, destinadas a assegurar a efetividade daquelas regulações.

Nesse ponto, cabe sintetizar dizendo-se que as normas de direito econômico, ao revés de serem examinadas como formando um conjunto ordenado que identifique um instituto jurídico típico, devem ser admitidas como fruto de instituições econômicas que, em cada sistema jurídico de direito positivo, toma a sua feição respectiva e se transforma em conceitos e categorias jurídicos integrativos de um direito econômico daquele sistema.

A estrutura lógica dessa norma é idêntica à das demais normas jurídicas, podendo forrar-se da natureza de princípio; por isso, pode ostentar, na sua funcionalidade, a roupagem de instrumento de realização das aspirações sociais naquele tipo de Estado que Geraldo Vidigal chama de dualista do desenvolvimento e do bem-estar social[114].

A norma jurídica, no plano lógico, tem uma estrutura binária: a endonorma e a perinorma, vinculadas pela cópula OU. Assim, cada um desses dois elementos expressa uma hipótese que se põe de modo alternativo e, por isso, ocorrendo o que está descrito por uma, exclui-se o da outra. O egologismo existencial esclarece que a endonorma faz o relato descrevendo um fato que deve ser o modelo de conduta humana, pensada em liberdade (dever ser), na sua interferência intersubjetiva – dado um fato temporal deve ser a prestação pelo sujeito obrigado face à comunidade pretensora. Já a perinorma dá o acometimento para a conduta que, socorrendo-se da liberdade, não correspondeu ao relato deôntico. Por isso, diz-se: OU dada a não prestação deve ser a sanção aplicada pelo funcionário obrigado face à comunidade pretensora.

A norma jurídica que tem objeto econômico não foge a essa formulação e, sendo as relações de concorrência matéria de natureza econômica, as respectivas normas jurídicas também, estruturalmente, guardam essa mesma formação. O fato de essa norma da concorrência estar debuxada desde a Constituição (incs. IV e V do art. 170) significa que nessa sede é que se deve buscar o relato, nas suas premissas ordenadoras. Identificado o objeto econômico dessa norma de concorrência, porque imbricada com as relações de consumo, o resto do relato, obviamente, que guarde pertinência com a fórmula constitucional, há de ser buscado nas leis infraconstitucionais emitidas ou pela União ou pelos Estados ou pelo Distrito Federal ou pelos Municípios, "ex-vi" do inciso I do art. 24 e dos incisos I e II do art. 30, todos da Constituição. O relato – reafirme-se – é matéria de *Direito Econômico*.

Já a perinorma tanto pode veicular uma sanção penal, como uma de natureza administrativa. Se for penal, a fonte normativa há de ser a União, que tem competência privativa (art. 22, I, da Constituição), mas se for

114 Cf. Geraldo Vidigal. *Fundamentos do direito financeiro*, São Paulo, RT, 1973, p. 148-158.

administrativa qualquer dos outros entes políticos tem atribuição para legislar sobre o acometimento.

Consequentemente, no sistema constitucional brasileiro, para a criminalização das ilicitudes econômicas, é admissível a Lei n. 8.137/90 como formuladora da perinorma, nos termos em que o faz; e, então, as normas jurídicas da concorrência, sob este aspecto da perinorma, têm a natureza específica de Direito Penal, exatamente porque essa norma, por descrever a sanção, não é, por natureza, norma de conteúdo econômico.

Logo, aplica-se de modo integrativo com os demais institutos, conceitos e formas desse Direito, especialmente aqueles que residem na Parte Geral do Código Penal brasileiro.

As alterações introduzidas pela Lei n. 7.209, de 11 de julho de 1984, excluíram do rol das causas extintivas da punibilidade apenas episódios tecnicamente incompatíveis com o sistema dessa codificação; tal circunstância já é bastante para afirmar que a teoria geral do direito penal tem de ser considerada quando da aplicação das sanções penais a ilícitos cometidos no campo da concorrência, mesmo com o isolamento da categoria dos crimes econômicos, em decorrência do bem ou do interesse protegidos, porque o fundamento da formação do tipo criminal é esse bem jurídico que se busca proteger, e o núcleo dessa formação é a descrição definitiva dos pressupostos da punibilidade.

Mas, essa teoria é aplicável somente na medida em que se possa tipificar o *delito econômico* como um crime. Para isso, impõe-se o deslinde da *definição de crime*, a qual passa por duas vertentes:

1ª) aquela que conceitua o crime sob o seu aspecto meramente formal; e

2ª) aquela que conceitua o crime como algo substancial.

Formalmente, bastará que se afirme ser o *crime* um fato a cuja ocorrência o legislador rejeita, sancionando aquele que o realiza, quando lhe atribui uma pena. Pergunta-se, então: o legislador é livre para escolher qualquer fato para criminalizá-lo?

Daí a existência da outra concepção, segundo a qual o conceito de crime tem de contemplar, em substância, a conduta humana na sua interferência intersubjetiva e, então, o crime não se configura somente porque o legislador resolva definir uma conduta como tal, ao apená-la.

É crime aquele fato que, agredindo valores da comunidade, aquele fato que, atuando no sentido oposto ao desses valores, o legislador apreende essa conduta faltosa, descreve-a como tal e lhe atribui uma sanção do tipo pena. Sob esse ângulo, já não é o legislador livre para apreender fatos e ao bel-prazer de uma eventual circunstância defini-lo, ou não, como crime.

Nesta ideia, é que se dá espaço ao estudo dos chamados *elementos do crime*. São eles: o bem jurídico, os sujeitos (ativo e passivo), o tipo (objetivo e subjetivo), incluído o elemento normativo, este sempre presente no tipo criminal econômico e sempre passível de tornar-se um conceito jurídico indeterminado conforme a formulação da doutrina alemã. E se o elemento normativo implica um desses conceitos, há de desgraçar o tipo que tem de ser, inarredavelmente, cerrado.

O bem jurídico, suprarreferido, corresponde aos valores sociais que estão sendo atingidos pela conduta humana, quando na sua interferência intersubjetiva. A Suprema Corte Argentina, por exemplo, vem apreciando a existência desse elemento nas definições legais dos tipos criminais.

Ora, o bem jurídico enseja a apreciação desses valores de referência aos interesses integrados ou à ordem pública em geral ou à ordem pública administrativa ou à ordem privada.

Ora, somente os bens que integram a ordem pública em geral, quando ofendidos por ilicitude econômica, importam ao direito penal.

Afastam-se, portanto, aqueles que constituem as duas outras ordens supracitadas.

Contudo, mesmo em se tratando de um bem jurídico que se integra nos chamados interesses da ordem pública em geral, impõe-se verificar se deve ser ou não criminalizada a conduta que venha a opor-se a esses valores. E esse procedimento do legislador não pode ser de sua livre escolha, mas sim vinculada a tais valores.

E, aqui, passa a ser necessária a análise do que se chama de discricionarismo político, sob a ótica de um Estado Democrático de Direito.

Essa expressão tem, nessa mensagem, um conteúdo semântico próprio da linguagem técnica. O método jurídico *lógico-linguístico* socorre-se da Semiótica e da Lógica para atribuir rigor científico ao estudo do Direito, em face de sua natureza de objeto cultural, que é, na teoria do conhecimento, o de mais difícil submissão à neutralidade axiológica, considerando-se que, nesse estudo, confundem-se o objeto investigado e o investigador.

Pois bem: a *discricionariedade política*, por isso, não está no fato de o legislador poder romper com certos critérios que a pragmática da comunicação normativa ensinou.

Apoiando-se, pois, na *Semiótica*, pode-se aduzir que toda afirmação que um emissor de uma mensagem faz para chegar, portanto, ao receptor dessa mensagem, há de ter no seu *aspecto semântico* um conteúdo que torne, completamente, clara a comunicação que se quer produzir. No seu *aspecto sintático*, o modo com que as palavras devam-se reunir para ir dissipando ambiguidade. No seu *aspecto pragmático*, essas palavras devem compor uma mensagem efetiva correspondente a um comportamento tradicional e habitual, de tal maneira que também não reste dúvida quanto ao conteúdo semântico do signo.

Essa mensagem, porém, tende a ser ambígua, na medida em que não se discipline o pensamento contido na afirmação, por isso é que se há de dar espaço à Lógica, ciência cujo objeto é instrumentalizar dessa disciplina do pensamento humano sob o aspecto da comunicação entre o seu emissor e o receptor. Esse método consiste na aplicação dos princípios da Lógica à decodificação do discurso para discipliná-lo.

Assim, pode-se afirmar que um signo não veicula conteúdo semântico que, nas relações sintática e pragmática, resulte ambíguo. O *princípio da identidade* dissipa a ambiguidade: um ser é sempre igual a si mesmo; porque, admitir-se que poderá igualar-se a algo diverso de si é ingressar no *princípio do contraditório*: A = A (princípio da identidade), e nunca: A = ñA (princípio do contraditório).

Advirta-se que a vida humana não é lógica, mas a interpretação jurídica sobre os fatos vitais, por isso mesmo, tem de ser disciplinada, tem de ser obediente ao *método lógico-linguístico* que abrange os objetos da Semiótica e da *Lógica*. E tem de ser assim porque o Direito é um objeto do conhecimento que se aloja no campo ôntico cultural e que se manifesta como linguagem.

Que seria feito do jurista se ele não pensasse dentro dessa pragmática da comunicação normativa? Que seria feito do jurista se, assim não pensando, cada geração tivesse que cunhar um conteúdo para cada signo de sua linguagem técnica, por exemplo, para o signo competência?

Então, acrescente-se: o legislador, mesmo apreendendo esses valores, ainda que seja para o efeito de criminalização de conduta que a eles se oponha, não poderá deixar de obedecer aos seguintes princípios que não se afastam do aspecto criminal, porque são necessários à caracterização do tipo criminal ou à aplicabilidade da sanção: a) razoabilidade da lei; b) proporcionalidade da sanção; c) extinção de punibilidade; d) insignificância da infração; e) oportunidade; f) subsidiariedade do direito penal; g) direito penal da culpa.

Considerando-se, por conseguinte, que, por parte do Estado, o interesse econômico nem sempre coincide com o dos particulares e se se entender a expressão interesse econômico como sinônima de proveito pecuniário, somente se legitimará a criminalização do ilícito econômico, quando o interesse econômico estatal "estiver diretamente relacionado com os interesses da coletividade e, portanto, num plano superior àqueles próprios da economia privada"[115].

Afinal, pode sintetizar-se, outrossim, que a tutela da concorrência, no sistema do direito positivo brasileiro, é matéria de direito econômico – tal como se encontra a endonorma na Constituição de 1988 –, e não de direito penal, considerando que o fato de reprimir práticas econômicas abusivas não caracteriza essa tutela como própria do direito penal, porque como qualquer norma jurídica a que rege a concorrência é provida de sanção para o seu

115 Cf. Gérson Pereira dos Santos, *Direito penal econômico*, São Paulo, Saraiva, 1981, p. 104.

descumprimento, mas não sanção penal, que é a forma de punição a quem comete uma falta no campo em que se permite identificar a culpa, elemento caracterizador do elemento subjetivo de consciência do justo e do injusto.

Tutela da concorrência no Estado dualista brasileiro

Esse tema é um daqueles que participam do denominado Direito Constitucional da Ordem Econômica. Portanto, excluída a discussão quanto à natureza específica da norma do "Direito da Concorrência", pode-se, doravante, dizer que se trata de Direito Econômico regrado a partir da Constituição – Constituição que, nessa parte, poderá ser adjetivada de Econômica e, assim, impõe que se dê uma palavra sobre o conteúdo atual do Direito Constitucional.

A ideia que se faz do Direito Constitucional é a de que se trata de um conjunto de normas de natureza jurídica, conjunto esse que disciplina relações jurídicas e tem como objeto aquilo que se denomina direitos políticos, direitos civis, direitos econômicos e direitos sociais. No passado, o Direito Constitucional tinha como único objeto os direitos políticos, ou seja, a estruturação do poder formal, a estruturação do poder político. Basta que se busquem as primeiras Constituições, se assim se possam denominar documentos normativos históricos de disciplina do poder político e de suas relações com a sociedade civil, para que se veja como eram repositórios, apenas, de normas que estruturavam o poder formal.

Falava-se, então, em soberano porque o Direito Constitucional era somente a norma que saía da cabeça do soberano. Depois esse poder do soberano foi deslocado deixando de ser a fonte de um direito divino dos reis, ou mesmo de um direito que os reis tinham pela providência divina e isso ocorreu de tal forma que até a semântica modificou: não há mais o soberano, há a soberania. Existe a soberania e ela não está integralmente com o rei; por isso, fala-se de soberania popular e de soberania nacional.

O Direito Constitucional passou a agasalhar também os *direitos civis* e, já no começo do século XX, os direitos sociais e os econômicos. Essa segunda fase por que passou esse Direito é importante para entender o porquê de, no começo desta Seção V, ter-se dito que há integração entre o "Direito da Concorrência" e o "Direito do Consumidor". Esses direitos sociais e econômicos aportam nas Constituições após a primeira grande guerra quando se perseguia, já, um Estado para assegurar o bem-estar do homem.

Algumas Constituições, como a célebre Constituição alemã da chamada República de Weimar, mais prometeram do que se poderia, efetivamente, realizar.

Outras há, nas mesmas linha e época: a dos Estados Unidos Mexicanos de 1917 e, em 1918, a Declaração dos Direitos do Povo Trabalhador e Explorado na, então, União Soviética. Têm a característica de Constituições político-socioeconômicas, seguidas pela espanhola de 1931 e a brasileira de 1934.

Daí em diante não é mais estranha a textos constitucionais modernos a questão da ordem econômica e, nesta, tudo que lhe diga respeito.

A Constituição brasileira de 1988 já disciplina, separadamente, a ordem econômica e a ordem social, estabelecendo, respectivamente, os direitos econômicos e os direitos sociais, apesar de integrá-los.

Pois bem, se o Direito Constitucional hoje é esse repositório, esse ramo do Direito que representa esse conjunto de normas jurídicas disciplinadoras de relações jurídicas cujo objeto é ou direitos políticos ou direitos civis ou direitos econômicos ou direitos sociais todos juntos, formando, todos eles, o direito da cidadania, pode-se concluir dizendo que o Direito Constitucional hoje é um instrumento de exercício da cidadania, sobre tudo.

Tudo isso permite afirmar que esse direito se desenvolve em três fases:

- o direito constitucional dos direitos políticos e civis;
- o direito constitucional dos direitos políticos, civis, econômicos e sociais; e
- o direito constitucional dos direitos da cidadania.

Este último direito constitucional engloba todos esses anteriores na linha do Estado dualista do bem-estar social e do desenvolvimento econômico surgido, como uma síntese, na expressão de Geraldo Vidigal, "dialeticamente, do choque entre a tese da plena liberdade de iniciativa e a antítese do Estado único empresário"[116].

É o Estado intervencionista que busca o desenvolvimento econômico para poder realizar o bem-estar social. Ocorrem reflexos jurídicos, em razão dessa atuação estatal no domínio econômico, podendo-se citar as transformações nas estruturas política e econômica da sociedade, por duas tendências: a primeira, a de o Estado apossar-se do indivíduo e tomando-lhe a posição de protagonista indiscutível; a segunda, a de dirigir a sociedade passando a modelá-la como um tutor[117].

No que tange ao direito positivo, as principais repercussões traduzem-se na introdução de novos conceitos na ordem jurídica, operando como princípios gerais, tais como a noção de boa-fé objetiva, a de causa, também, no sentido objetivo, o dirigismo contratual e a teoria do abuso de direito.

Aqui, tem-se um reflexo enorme na doutrina do direito constitucional, porque se começou a classificar as suas normas em: normas constitucionais propriamente ditas e normas constitucionais por extensão, isto é, respectivamente, normas material e formalmente constitucionais.

Não perfilhamos essa distinção porque entendemos que toda e qualquer norma inserida na Constituição é materialmente compatível com a sua

116 Cf. *Fundamentos do direito financeiro*, cit., p. 148.

117 Cf. Edvaldo Brito, *Direito tributário:* imposto, tributos sinalagmáticos, contribuições, preços e tarifas, empréstimos compulsórios, São Paulo, Atlas, 2015, p. 18.

natureza de repositório do direito da cidadania que atina com regras sobre sociedade civil, pluralismo, soberania popular etc. e que põe em confronto soberania e cidadania para exigir a integração entre ambas. Esse reflexo opera-se, outrossim, nas fontes do Direito Constitucional, que, antes, somente era a Constituição.

E quais são essas fontes?

A preeminente continua sendo a Constituição, a fonte formal por excelência, mas ela própria indica quais as outras a que se pode socorrer para colmatar as suas lacunas. A brasileira de 1988 relaciona: o seu regime, os seus princípios e os tratados internacionais firmados pelo Brasil.

Quanto ao *regime constitucional*, entre nós, efetivamente, ele não é um só, porque na nossa Constituição encontram-se dois regimes: um da democracia liberal (arts. 1º, IV; 170), quando dispõe que a livre iniciativa é um valor. O outro, o da democracia social (arts. 1º, IV; 6º a 11; 193 a 204).

Então, a nossa lei constitucional agasalha os dois regimes e os integra, devendo o aplicador dessas normas atinar para a *ponderação dos bens*, ao interpretá-las, pois eles estão categorizados como valor e/ou como princípio, porque ora há de prevalecer o regime liberal da economia, ora o intervencionista.

Circunstâncias existem, porém nas quais a ponderação leva o operador do Direito a utilizar-se de ambos os regimes de forma integrativa, e não ora um, ora o outro. Fenômenos econômicos, como consumo de massa, fazem com que se interpretem as normas da concorrência, na ótica da defesa do consumidor. Portanto, tutela-se a concorrência, não por ela em si, mas, para proteger o consumidor. A livre concorrência é uma garantia de um consumo de qualidade inserido na existência de uma vida com dignidade humana.

Estando o Direito positivo em mora com os fatos, diante da galopante velocidade destes, os Tribunais entraram nessa linha de promoção do bem-estar social por causa do desenvolvimento econômico. E quando o Código Civil não regrava o princípio do equilíbrio contratual ou o da boa-fé objetiva, as decisões tinham-se incumbido de elaborar um direito pretoriano que vinha suprindo as lacunas. São inúmeros os julgamentos sobre *responsabilidade pré-contratual* ou sobre *responsabilidade contratual* que equacionam questões de concorrência[118].

As agências reguladoras são outros instrumentos que o direito brasileiro tem utilizado para dar às suas decisões o caráter de laudos técnicos que assessoram o juiz na tomada de decisão.

O Supremo Tribunal Federal, antes mesmo de a Constituição de 1988 ter adotado, como princípio, a prática da *livre concorrência*, que atina com o controle da atividade estatal sobre o domínio econômico, na perspectiva do

118 Cf. a seção VI seguinte sobre controle do mercado, como defesa do consumidor.

bem-estar, vem-se pautando nessa perspectiva, que é a do Estado dualista. Inspirado em estudo de Bilac Pinto, publicado em 1940[119], abordando "uma nova doutrina sobre a inconstitucionalidade das leis fiscais", decidiu, mais de uma vez, em 1971[120], pela *inconstitucionalidade material* de norma legal quando aplicável no caso concreto.

Agora, a Corte Suprema continua fazendo o mesmo. Veja-se o acórdão lavrado na Ação Direta de Inconstitucionalidade 319-4 – Distrito Federal, a partir do voto proferido pelo ilustre Ministro Moreira Alves, em que decidiu assim, conforme se colhe da respectiva ementa, quando apreciou a Lei n. 8.039, de 30 de maio de 1990, que dispõe sobre critérios de reajuste das *mensalidades escolares*:

> Em face da atual Constituição, para conciliar o fundamento da livre iniciativa e do princípio da livre concorrência com os da defesa do consumidor e da redução das desigualdades sociais, em conformidade com os ditames da justiça social, pode o Estado, por via legislativa, regular a política de preços de bens e de serviços, abusivo que é o poder econômico que visa o aumento arbitrário dos lucros.
>
> Não é, pois, inconstitucional a Lei 8.039, de 30 de maio de 1990, pelo só fato de ela dispor sobre critérios de reajuste das mensalidades das escolas particulares.

A decisão considera que a livre iniciativa como um valor que serve de alicerce à *ordem econômica* não poderia ser interpretada de modo a infirmar o objetivo dessa ordem, que é o de assegurar a todos existência digna, em conformidade com os ditames da *justiça social*, que é distributiva.

As conclusões de Geraldo Vidigal sobre esse Estado dualista cabem nessa ideia de conciliação dos princípios da *livre iniciativa* e da *livre concorrência* como meio de realizar a justiça social, porque o ilustre jurista festeja, em sua obra, a imagem de um "Estado que é a um tempo impulso e partícipe da atividade empresarial, árbitro da distribuição e senhor da organização dos mercados", mas, sempre, para as imposições de eficiência e redistribuição vinculadas aos ideais de bem-estar, nunca para reeditar a imagem obsoleta do Estado inarredável[121].

---

119 Cf. A crise da ciência das finanças – os limites do poder fiscal do Estado – uma nova doutrina sobre a inconstitucionalidade das leis fiscais. *Revista Forense*, jun. 1940, p. 11-26.

120 Cf. RE 72.071-GB, Pleno, rel. Min. Thompson Flores. *RTJ* n. 58, p. 692-701; RE 72.054-GB, 2ª Turma, rel. Min. Bilac Pinto. *RTJ* n. 59, p. 301-303.

121 Cf. Geraldo de Camargo Vidigal, *Fundamentos do direito financeiro*, São Paulo, Editora Revista dos Tribunais, 1973, p. 156-157.

Seção VI – Controle do mercado como defesa do consumidor

Histórico do controle da economia de mercado

O *mercado* somente existe onde há liberdade de iniciativa e consumo livre. Um sistema econômico de plano coletivista não tem mercado, aqui entendido na sua acepção de fenômeno resultante da decisão dos consumidores sobre aquilo que deve ser produzido, ou seja, resultante das preferências manifestadas quanto ao que pretendem adquirir, abstraídas, aqui, as técnicas, modernamente conhecidas na sociedade de consumo, de condução de tais preferências.

Essa concepção das trocas, adversa àquela das trocas realizadas em condições decididas anteriormente pelo Estado quando este se constitui no sujeito econômico privilegiado, impõe, contudo, o planejamento da economia, isto é, a organização econômica na linha de um intervencionismo oficial, o qual somente é compatível com a dignidade da pessoa humana, se for moderado, porque a sua função é assegurar a competição para beneficiar o consumidor, impedindo o abuso do poder econômico que resulta, também, do *ato de concentração.*

A história reconduz, sob este ângulo, à lei norte-americana antitrust, de 1890, o Sherman Act, cujo objetivo foi a proteção do comércio interestadual contra as restrições da concorrência e foi o impedimento para que se formassem os monopólios. Os tribunais a aplicaram muito timidamente, embora ela terminasse por atingir um dos agrupamentos de empresas mais expressivos do mundo, a Standard Oil Trust Company.

Trust porque nisto consiste uma forma jurídica de administração de bens de propriedade alheia, tornando-se, porém, poderosos organismos que se transformaram nos maiores compradores de petróleo bruto, influenciando decisivamente na formação do preço da matéria-prima, ao mesmo tempo em que, sendo os principais refinadores desse petróleo, estabeleciam também o preço de venda do produto final. Assim, os produtores da matéria-prima eram seus dependentes e os consumidores do produto refinado não tinham alternativa, porque a característica saliente do trust é a preponderância de uma só empresa ou mesmo a divisão desta, apenas formal, em diversas outras, mas sob uma direção comum.

Aqui, pois, encontra-se o fenômeno da concentração de forma mais acentuada, embora não exclusiva.

Esta lei (Lei Pública n. 190, aprovada em 2 de julho de 1890), da iniciativa do Senador Sherman, dispunha, no seu art. 1º, ser ilegal o contrato de que resultasse a combinação em forma de trust ou em outra que limitasse a liberdade de atividade ou de comércio entre os Estados ou com nações estrangeiras. No seu art. 2º proibia o monopólio. Enquadrava o infrator no delito de ofensa, além da multa de US$5.000 (cinco mil dólares).

A aplicabilidade da legislação antitrust, nos Estados Unidos, opera-se mediante a Antitrust Division e a Federal Trade Comission, com dupla natureza: a judicial e a administrativa. A Federal tem na sua organização, à semelhança do nosso CADE – Conselho Administrativo de Defesa Econômica –, um colegiado sob mandato, a comissão plena, que é o seu órgão máximo.

A maioria dos países, assim como o norte-americano, protege-se dessas práticas ilícitas de domínio de mercado. A preocupação internacional quanto a esse fato está demonstrada na Resolução n. 39/248 da Organização das Nações Unidas, datada de 1985, e no Tratado de Roma, que fundamenta a União Europeia. O Brasil não ficou atrás. Assim, o legislador cuidou, sempre, de definir como crime as práticas contra a economia popular, evoluindo para a elaboração de outros tipos, na abrangência que deu à repressão ao abuso do poder econômico, tipos que viabilizam a atuação de coação do Estado no domínio econômico.

As Constituições de 1824 e de 1891 não cogitaram de intervenção no *domínio econômico*. A primeira dessas duas consagra o liberalismo na sua feição mais clássica e buscou proteger o administrado do excessivo poder do Estado. A segunda, o Estado guardião ou mero espectador das atividades nesse domínio.

A Constituição de 1934 já ensaia uns passos na direção dessa intervenção, ao estabelecer que dentro dos limites da justiça e do atendimento das necessidades da vida nacional, de modo a possibilitar a todos existência digna, a liberdade econômica seria garantida (cf. o art. 115).

Ela regra, pela primeira vez, em nível constitucional no Brasil, a organização da economia, e isso, certamente, sob a influência das constituições econômicas conhecidas no mundo a partir da Constituição do Estados Unidos Mexicanos, de 1917, passando pela Declaração dos Direitos do povo trabalhador e explorado, de 1918, na União Soviética, a Constituição de Weimar, de 1919, até chegar à espanhola de 1931 – ainda que se diga ter surgido, em 1771, o conceito de Constituição econômica com o trabalho escrito por Baudeau, intitulado "Première Introduction à la Philosophie Économique"[122].

É, porém, na Constituição de 1937 que se encontra a disciplina da intervenção do Estado no domínio econômico. A atuação direta é prevista nos mesmos moldes que ainda permanece nos nossos dias, ou seja, para suprir deficiências da iniciativa privada e a indireta, para, sobretudo, coordenar os fatores de produção, evitando que o jogo das competições individuais excluísse o pensamento dos interesses da Nação, representados pelo Estado (cf. art. 135). Centra-se, novamente, na proteção à economia popular, considerando as práticas ilícitas como crimes contra o Estado, devendo a lei

---

122 Cf. Edvaldo Brito, *Limites da revisão constitucional*, Porto Alegre, Sergio Antonio Fabris, 1993, p. 55-56.

cominar-lhes penas graves prescrevendo-lhes processos e julgamentos adequados à sua pronta e segura punição (art. 141).

É dessa fase o Decreto-lei n. 869, de 18 de novembro de 1938, que regulou os crimes contra a economia popular. Pode-se falar, então, de primeiro documento normativo antitruste em nível infraconstitucional no Brasil porque veicula sanções para reprimir a concentração financeira, quando impede o bloqueio da concorrência mediante acordos ou organizações de que viesse a resultar o monopólio de segmentos econômicos ou a dificultar a livre competição.

O Ministro da Justiça, Agamenon Magalhães, dava o embrião do que, hoje, é o sistema de interferência no domínio econômico, quando inspirou o Presidente da República, Getúlio Vargas, a editar o Decreto-lei n. 7.666, de 22 de junho de 1945, visando coibir atos contrários à ordem moral e econômica, tornando-se, assim, a primeira lei brasileira repressora de trustes ou de quaisquer formas de combinação que pudessem dominar mercado (cf. o seu art. 1º).

Essa lei, porém, teve curta duração porque sobreveio a redemocratização e, pelo Decreto-lei n. 8.167, de 9 de novembro de 1945, foi revogada. O seu objetivo foi retomado pela Constituinte e disso resultou o art. 148 da Constituição que elaborou, promulgada a 18 de setembro de 1946, com a participação do referido Agamenon, já ex-ministro da Justiça, membro dessa Assembleia Constituinte. Ele foi o responsável pela alteração redacional da Emenda n. 3.245 do Deputado Ferreira de Sousa, ao introduzir-lhe a expressão "seja qual for a sua natureza", tal como ficou o texto final do art. 148.

Cabe a Agamenon Magalhães[123] lugar de destaque na luta do Estado contra os abusos do poder econômico, porque além de todo o exposto *supra*, ainda deve ser-lhe creditada a apresentação do projeto de Lei n. 122/48, como deputado à primeira legislatura após a Constituição de 1946. Em 1955, quando já havia falecido, o seu filho, então Deputado Paulo Magalhães, reapresentou o projeto, agora, sob o n. 3-A/55, que se transformou na Lei n. 4.137, de 10 de setembro de 1962, afinal revogada pela Lei n. 8.884, de 11 de junho de 1994, após ter sido objeto de algumas alterações ao longo do tempo.

Outras leis sucederam à de n. 8.884/94, até que, dessa, sobraram apenas dois dos seus artigos – 86 e 87 –, que introduziram, respectivamente, modificações no Código de Processo Penal e no Código de Defesa do Consumidor.

123 Cf. Agamenon Magalhães, Abuso do poder econômico, Recife, *Folha da Manhã*, 1949; Nelson de Azevedo Branco e Celso Albuquerque Barreto, *Repressão ao abudo do poder econômico (lei antitruste)*, São Paulo, Atlas, (s./n.), p. 51; Carlos Barbieri Filho, *Disciplina jurídica da concorrência* – abuso do poder econômico, Prefácio de Ives Gandra da Silva Martins, São Paulo, Resenha Tributária, 1984, p. 34 e ss.

Essas leis subsequentes mostram que o legislador busca alcançar as novas modalidades de infrações, aplicando-lhes sanções capazes de dar efetividade à punição e a abranger, assim, as peculiaridades das ilicitudes praticadas pelos agentes que atuam no *domínio econômico*.

Assim, é destaque a disciplina dos acordos em investigações de cartéis, mediante os *TCCs – Termos de Compromisso de Cessação* –, regulamentados pelo CADE, através do disposto nos arts. 179 e seguintes do seu Regimento alterado pela Resolução n. 5, de 6 de março de 2013, nos termos do art. 85 da Lei n. 12.529/2011.

Cabe a celebração do TCC nos procedimentos administrativos instaurados para prevenção, apuração e repressão de infrações à ordem econômica, nos seguintes casos:

1) procedimento preparatório de inquérito administrativo para apuração de infrações à ordem econômica;
2) inquérito administrativo para apuração de infrações à ordem econômica; e
3) processo administrativo para imposição de sanções administrativas por infrações à ordem econômica.

São hipóteses *numerus clausus* que operam como pressupostos do compromisso de cessação, cujos requisitos, trazidos pela Resolução n. 5, são:

1) a *confissão*; e
2) o *compromisso de colaboração* com a instrução processual.

A confissão, como condição para a assinatura do TCC, é inconstitucional, além de poder esbarrar ou com a coação ou com o estado de perigo.

A inconstitucionalidade configura-se, porque ninguém pode ser compelido a produzir prova contra si nem será obrigado a fazer ou deixar de fazer alguma coisa senão em virtude de lei.

A Quinta Emenda à Constituição dos Estados Unidos, adicionada em 1791, proclama: ninguém poderá ser constrangido a depor contra si próprio; ela inspira o *direito fundamental a permanecer calado*, isto é, a não produzir prova contra si (art. 5º, LXIII, da Constituição de 1988, no Brasil).

O segundo vício de inconstitucionalidade está na ofensa ao inciso II do art. 5º da Constituição brasileira, porque a Lei n. 12.529/2011 em nenhum dispositivo do seu art. 85 obriga à confissão para a celebração do compromisso de cessação, de cujo termo deverá constar, apenas, os seguintes elementos:

> I – a especificação das obrigações do representado no sentido de não praticar a conduta investigada ou seus efeitos lesivos, bem como obrigações que julgar cabíveis;
>
> II – a fixação do valor da multa para o caso de descumprimento, total ou parcial, das obrigações compromissadas;

III – a fixação do valor da contribuição pecuniária ao Fundo de Defesa de Direitos Difusos quando cabível.

Tratando-se da investigação da prática de infração da ordem econômica consistente em:

I – acordar, combinar, manipular ou ajustar com concorrente, sob qualquer forma:

a) os preços de bens ou serviços ofertados individualmente;

b) a produção ou a comercialização de uma quantidade restrita ou limitada de bens ou a prestação de um número, volume ou frequência restrita ou limitada de serviços;

c) a divisão de partes ou segmentos de um mercado atual ou potencial de bens ou serviços, mediante, dentre outros, a distribuição de clientes, fornecedores, regiões ou períodos;

d) preços, condições, vantagens ou abstenção em licitação pública;

II – promover, obter ou influenciar a adoção de conduta comercial uniforme ou concertada entre concorrentes.

Então, entre as obrigações a que se refere o item I *supra* figurará, necessariamente, a obrigação de recolher ao Fundo de Defesa de Direitos Difusos um valor pecuniário que não poderá ser inferior ao mínimo previsto no art. 37 da referida Lei n. 12.529/2011.

Nada autoriza a confissão imposta, pelo Regimento do CADE, como condição para a assinatura do TCC.

A *natureza jurídica do TCC* é a de um *negócio jurídico*, em face dos elementos que dele deverão constar, por determinação legal, a qual, não impondo a confissão, faculta, por um lado, o exercício da *autonomia da vontade* e, por outro lado, em razão desse exercício, porque outorga faculdade de gozo, ao dar-lhe o direito subjetivo de ser compromissário, nos termos que estabelece.

A circunstância negocial atrai a possibilidade de vícios da vontade do tipo psíquico, porque pode haver irregularidade no processo de formação dessa vontade, tornando anulável o negócio.

É o caso da coação e do estado de perigo, tais como disciplinados pelos arts. 151[124]e 156[125], todos do Código Civil.

O *compromisso de colaboração* com a instrução processual é o outro requisito para que o compromissário celebre o TCC.

---

124 A coação, para viciar a declaração da vontade, há de ser tal que incuta ao paciente fundado temor de dano iminente e considerável à sua pessoa, à sua família, ou aos seus bens.

125 Configura-se o estado de perigo quando alguém, premido da necessidade de salvar-se, ou a pessoa de sua família, de grave dano conhecido pela outra parte, assume obrigação excessivamente onerosa.

Aqui, há transversalidade com o *Programa de Leniência* estabelecido pelo art. 86 da Lei n. 12.529/2011, em razão do qual é possível a celebração de acordo de leniência entre o acusado e o CADE para que aquele colabore efetivamente com as investigações e o processo administrativo e que dessa *colaboração* resulte:

> I – a identificação dos demais envolvidos na infração; e
>
> II – a obtenção de informações e documentos que comprovem a infração noticiada ou sob investigação.

O acusado terá de preencher, cumulativamente, os seguintes requisitos:

> I – a empresa seja a primeira a se qualificar com respeito à infração noticiada ou sob investigação;
>
> II – a empresa cesse completamente seu envolvimento na infração noticiada ou sob investigação a partir da data de propositura do acordo;
>
> III – a Superintendência-Geral do CADE não disponha de provas suficientes para assegurar a condenação da empresa ou pessoa física por ocasião da propositura do acordo; e
>
> IV – a empresa confesse sua participação no ilícito e coopere plena e permanentemente com as investigações e o processo administrativo, comparecendo, sob suas expensas, sempre que solicitada, a todos os atos processuais, até seu encerramento.

As pessoas físicas poderão celebrar acordos de leniência desde que cumpridos os requisitos referidos nos itens II, III e IV *supra*.

O *acordo de leniência* estipulará as condições necessárias para assegurar a efetividade da colaboração e o resultado útil do processo.

A transversalidade está evidente, pois TCC e acordo de leniência são categorias distintas, mas, como na exigência legal dos requisitos para a celebração do primeiro não está sendo imposta a obrigatoriedade da colaboração, a qual a lei somente exige para o segundo, então as regras regimentais do CADE estão em sentido contrário ao da lei e confundem as duas categorias, não podendo prevalecer essa confusão.

O TCC pressupõe que há uma prática sob investigação que se quer cessar. A *leniência*, à semelhança da *delação premiada* do direito processual penal, permite ao participante do cartel que denuncie a prática dessa forma direta de concentração, cooperando com as investigações que buscam saber se há a prática e, então, receba, pela colaboração, imunidade ou redução das sanções, abreviando-se a apuração.

Mas se as duas categorias imbricam-se, como pretendem as regras regimentais, aqui, censuradas, então nenhuma das duas categorias operará os efeitos para os quais o legislador as previu, ademais com as inconstitucionalidades já apontadas.

Tanto mais quanto são categorias de origem estranha ao *sistema jurídico continental europeu*, uma vez que são filhas do *sistema jurídico anglo-norte-americano*, ainda que haja o similar italiano *patteggiamento*, que consiste em um pacto para a aplicação da pena por solicitação das partes a fim de terminar antecipadamente o processo, com o benefício da redução da pena ou de algumas alternativas à detenção.

A *delação premiada* ou *traição benéfica*, no campo penal, e a *leniência*, no campo econômico, são similares do *plea bargain* do direito norte-americano, que consiste em um acordo entre acusação e defesa pelo qual o acusado colabora com a acusação e recebe um relaxamento em sua pena, negociando a confissão.

Adotado nos fins do século XIX e começo do XX, a Suprema Corte chegou a declarar a inconstitucionalidade, em 1958, mas, nos anos de 1970, no caso Brady vs. United States, admitiu o acordo como próprio da lei penal, embora, à época da pena de morte, adotada na punição da maioria dos crimes, o *plea bargain*, a confissão seria o mesmo que suicidar-se.

O *plea bargain* também não se confunde com o *state's evidence* do direito norte-americano, porque este consiste em um testemunho dado, ou por um réu, ou por um partícipe[126], de referência à prática de um crime, *confessando-o* ou expondo a *culpa* de outros agentes no *concurso de pessoas*, disto resultando, também, uma barganha, quanto a dosimetria da *sanção* do confessor ou a retirada de todas as acusações criminais, dependendo da extensão do seu testemunho e da generosidade do órgão de persecução. Enfim, no *plea bargain*, o réu é um confessor; no *state's evidence*, é também um meio de obtenção de prova sobre os fatos investigados, inclusive aqueles não inerentes a si próprio.

A *delação premiada* surge com a Lei n. 8.072, de 25 de julho de 1990, que dispõe sobre os crimes hediondos, prática de tortura, tráfico ilícito de entorpecentes e drogas afins ou terrorismo, ao estabelecer, no seu art. 8º, a pena de reclusão de 3 a 6 anos, prevista no art. 288 do Código Penal, mas abrandando-a com a redução de um a dois terços para o participante e o associado que denunciar à autoridade o bando ou a quadrilha, possibilitando seu desmantelamento. Já no seu art. 7º, ao acrescentar o § 4º ao art. 159 do Código Penal, deu-lhe redação, na mesma linha: "se o crime é cometido por quadrilha ou bando, o coautor que denunciá-lo à autoridade, facilitando a libertação do sequestrado, terá sua pena reduzida de um a dois terços".

A traição benéfica não é unanimidade: há aqueles que lhe são favoráveis, em razão de que facilitaria a desagregação dos agentes do crime organizado, por meio da permissão à sociedade de desmontar grupos criminosos,

---

126 Cf. Edvaldo Brito, *Direito tributário e constituição*: estudos e pareceres, São Paulo, Atlas, 2016, p. 156.

e aqueles contrários, pelo que essa categoria representa de negação de valores humanos, porque premia o traidor.

Aqui, a posição contrária assumida, por este autor, tem escopo jurídico, qual seja o da *inconstitucionalidade*, consoante o que se fundamentou linhas atrás.

Esse vício acompanha o similar da traição benéfica que é, no campo econômico, o acordo de leniência, instituído no Brasil, a partir da Lei n. 10.149, de 21 de dezembro de 2000, ao acrescentar o art. 35-B à Lei n. 8.884, de 11 de junho de 1994.

Hoje, a sua disciplina está nos arts. 86 e 87 da Lei n. 12.529, de 30 de novembro de 2011, nos seguintes termos:

> DO *PROGRAMA DE LENIÊNCIA*
>
> Art. 86. O CADE, por intermédio da Superintendência-Geral, poderá celebrar acordo de leniência, com a extinção da ação punitiva da administração pública ou a redução de 1 (um) a 2/3 (dois terços) da penalidade aplicável, nos termos deste artigo, com pessoas físicas e jurídicas que forem autoras de infração à ordem econômica, desde que colaborem efetivamente com as investigações e o processo administrativo e que dessa colaboração resulte:
>
> I – a identificação dos demais envolvidos na infração; e
>
> II – a obtenção de informações e documentos que comprovem a infração noticiada ou sob investigação.
>
> § 1º O acordo de que trata o caput deste artigo somente poderá ser celebrado se preenchidos, cumulativamente, os seguintes requisitos:
>
> I – a empresa seja a primeira a se qualificar com respeito à infração noticiada ou sob investigação;
>
> II – a empresa cesse completamente seu envolvimento na infração noticiada ou sob investigação a partir da data de propositura do acordo;
>
> III – a Superintendência-Geral não disponha de provas suficientes para assegurar a condenação da empresa ou pessoa física por ocasião da propositura do acordo; e
>
> IV – a empresa confesse sua participação no ilícito e coopere plena e permanentemente com as investigações e o processo administrativo, comparecendo, sob suas expensas, sempre que solicitada, a todos os atos processuais, até seu encerramento.
>
> § 2º Com relação às pessoas físicas, elas poderão celebrar acordos de leniência desde que cumpridos os requisitos II, III e IV do § 1o deste artigo.
>
> § 3º O acordo de leniência firmado com o CADE, por intermédio da Superintendência-Geral, estipulará as condições necessárias para assegurar a efetividade da colaboração e o resultado útil do processo.

§ 4º Compete ao Tribunal, por ocasião do julgamento do processo administrativo, verificado o cumprimento do acordo:

I – decretar a extinção da ação punitiva da administração pública em favor do infrator, nas hipóteses em que a proposta de acordo tiver sido apresentada à Superintendência-Geral sem que essa tivesse conhecimento prévio da infração noticiada; ou

II – nas demais hipóteses, reduzir de 1 (um) a 2/3 (dois terços) as penas aplicáveis, observado o disposto no art. 45 desta Lei, devendo ainda considerar na gradação da pena a efetividade da colaboração prestada e a boa-fé do infrator no cumprimento do acordo de leniência.

§ 5º Na hipótese do inciso II do § 4º deste artigo, a pena sobre a qual incidirá o fator redutor não será superior à menor das penas aplicadas aos demais coautores da infração, relativamente aos percentuais fixados para a aplicação das multas de que trata o inciso I do art. 37 desta Lei.

§ 6º Serão estendidos às empresas do mesmo grupo, de fato ou de direito, e aos seus dirigentes, administradores e empregados envolvidos na infração os efeitos do acordo de leniência, desde que o firmem em conjunto, respeitadas as condições impostas.

§ 7º A empresa ou pessoa física que não obtiver, no curso de inquérito ou processo administrativo, habilitação para a celebração do acordo de que trata este artigo, poderá celebrar com a Superintendência-Geral, até a remessa do processo para julgamento, acordo de leniência relacionado a uma outra infração, da qual o CADE não tenha qualquer conhecimento prévio.

§ 8º Na hipótese do § 7º deste artigo, o infrator se beneficiará da redução de 1/3 (um terço) da pena que lhe for aplicável naquele processo, sem prejuízo da obtenção dos benefícios de que trata o inciso I do § 4º deste artigo em relação à nova infração denunciada.

§ 9º Considera-se sigilosa a proposta de acordo de que trata este artigo, salvo no interesse das investigações e do processo administrativo.

§ 10. Não importará em confissão quanto à matéria de fato, nem reconhecimento de ilicitude da conduta analisada, a proposta de acordo de leniência rejeitada, da qual não se fará qualquer divulgação.

§ 11. A aplicação do disposto neste artigo observará as normas a serem editadas pelo Tribunal.

§ 12. Em caso de descumprimento do acordo de leniência, o beneficiário ficará impedido de celebrar novo acordo de leniência pelo prazo de 3 (três) anos, contado da data de seu julgamento.

Art. 87. Nos crimes contra a ordem econômica, tipificados na Lei n. 8.137, de 27 de dezembro de 1990, e nos demais crimes diretamente relacionados à prática de cartel, tais como os tipificados na Lei n. 8.666, de 21 de junho de 1993, e os tipificados no art. 288 do Decreto-lei n. 2.848, de 7 de dezembro de 1940 – Código Penal, a celebração de acordo de leniência, nos termos desta Lei, determina a suspensão do curso do prazo prescricional e impede o oferecimento da denúncia com relação ao agente beneficiário da leniência.

Parágrafo único. Cumprido o acordo de leniência pelo agente, extingue-se automaticamente a punibilidade dos crimes a que se refere o *caput* deste artigo.

A transcrição do regime jurídico, estabelecido nos dispositivos legais copiados acima, demonstra a afirmativa, feita linhas *supra*, de que, embora haja transversalidade, o *Programa de Leniência* não se confunde com o *Compromisso de Cessação*, objeto do TCC.

Fundamentos do controle do mercado

Controlar o mercado é salutar, na medida em que se tenha como objetivo manter a sadia concorrência entre os seus agentes, impedindo a concentração ilícita. Contudo, essa operação não é um fim em si mesma. O seu fundamento é, efetivamente, o consumidor, titular de um direito subjetivo de defesa que se finca no princípio do bem-estar social.

Essa é a razão de a Constituição de 1988, além de ser a fonte imediata desse *direito subjetivo público de defesa do consumidor* (cf. art. 5º, XXXII), outorgar competência concorrente para os entes federados legislarem sobre o consumo e sobre a responsabilidade por dano ao consumidor, ter determinado prazo para a edição de uma lei específica, o Código de Defesa do Consumidor (cf. art. 48 do Ato das Disposições Constitucionais Transitórias e Lei n. 8.078, de 11 de setembro de 1990); também erigiu em nível de princípio da organização da economia, a defesa do consumidor imbricada com a livre concorrência (cf. art. 170, IV e V).

O fundamento maior do controle do mercado é a defesa do consumidor; por isso, essa matéria continua sendo expressa no art. 1º da Lei n. 12.529, de 30 de novembro de 2011, que regula a norma respectiva da Constituição, sucedendo a Lei n. 8.884, de 11 de junho de 1994.

Juridicamente, há enormes reflexos desse fundamento, como resultado das já aludidas, neste livro, transformações nas estruturas política e econômica da sociedade, dentre as quais avulta a noção de ordem pública da economia inspiradora da absorção de suas exigências pelo contrato.

Farjat[127]fala de *ordem pública econômica de proteção* (assimilação dos direitos originados da lei aos direitos nascidos do contrato) e de *ordem pública econômica de direção* (utilização de categorias do direito clássico, como o regime da nulidade absoluta).

127 Cf. Gerard Farjat, *Droit économique*, Paris, Presses Universitaires de France, 1971, p. 50 e ss.

A ordem jurídica brasileira restaura, no seu direito positivo, princípios de ordem social, como o do *equilíbrio contratual*, para corrigir desproporção entre as partes, como o da *lesão especial* para reparar situação de vulnerabilidade entre elas.

O *equilíbrio contratual* atina, de um lado, com uma orientação de direitos e deveres e, de outro, com o problema do *equilíbrio econômico*.

O *Código de Defesa do Consumidor* – Lei n. 8.078, de 11 de setembro de 1990 –, ao dispor sobre *cláusulas abusivas*, embora de modo impreciso, cuida desse *equilíbrio dos direitos e deveres* (art. 51, IV, e item II do § 1º do art. 51). Sob a orientação francesa acerca de cláusulas abusivas, enquadra-se em uma orientação mais própria do direito brasileiro, qual seja a de ver no desequilíbrio, inicialmente, um problema entre prestação e contraprestação e, portanto, trata a questão do ponto de vista da causa ou do sinalagma, entre uma coisa e outra.

O desequilíbrio dos direitos e deveres cabe, efetivamente, na ideia de boa-fé.

O desequilíbrio econômico permite examinar as figuras que consagram a sua solução concreta, como é o caso, basicamente, da lesão, cuja ocorrência se dá na formação do contrato e como é o caso daquelas categorias que decorrem das técnicas de solução do desequilíbrio ocorrido depois de celebrado o contrato, a exemplo da *cláusula rebus sic stantibus*.

A *lesão consumerista* é a que decorre do sistema do Código de Defesa do Consumidor; caracteriza-se pela existência de *desequilíbrio objetivo*, diversamente da lesão disciplinada pelo Código Civil, pela qual se apura a desproporção em razão da inexperiência ou da premente necessidade de uma parte em relação à outra, portanto, *desequilíbrio subjetivo*.

Esta, a do Código Civil, é a *lesão especial* de que fala Antônio Junqueira de Azevedo[128], porque nela há possibilidade da desproporção e de uma situação de vulnerabilidade.

A desproporção objetiva não carece de prova para que o negócio seja anulado.

O Código Civil, no texto de 2002, inclui a *lesão* entre os defeitos do negócio jurídico, ou seja, entre os *vícios da vontade*, que são irregularidades no processo de formação da vontade. Portanto, defeito de natureza psíquica.

Vige, também, a Medida Provisória n. 2.172-32, de 23 de agosto de 2001, que inquina de *nulidade de pleno direito*, e não de *anulabilidade*, as *estipulações usurárias*, assim consideradas as que estabeleçam:

---

128 Cf. *Negócio jurídico e declaração negocial*, 1986, p. 204-208. Cf., também, Edvaldo Pereira de Brito, *A teoria do contrato e o contrato com pessoa a declarar no projeto de Código Civil*, tese apresentada ao concurso para Professor Titular de Direito Civil, São Paulo, USP – Universidade de São Paulo, [S.l.: s.n], 2001, p. 206.

I – nos contratos civis de mútuo, taxas de juros superiores às legalmente permitidas, caso em que deverá o juiz, se requerido, ajustá-las à medida legal ou, na hipótese de já terem sido cumpridas, ordenar a restituição, em dobro, da quantia paga em excesso, com juros legais a contar da data do pagamento indevido;

II – nos negócios jurídicos não disciplinados pelas legislações comercial e de defesa do consumidor, lucros ou vantagens patrimoniais excessivos, estipulados em situação de vulnerabilidade da parte, caso em que deverá o juiz, se requerido, restabelecer o equilíbrio da relação contratual, ajustando-os ao valor corrente, ou, na hipótese de cumprimento da obrigação, ordenar a restituição, em dobro, da quantia recebida em excesso, com juros legais a contar da data do pagamento indevido.

São igualmente nulas de pleno direito as disposições contratuais que, com o pretexto de conferir ou transmitir direitos, são celebradas para garantir, direta ou indiretamente, *contratos civis de mútuo* com estipulações usurárias.

A configuração do lucro ou vantagem excessivos leva a considerar-se a vontade das partes, as circunstâncias da celebração do contrato, o seu conteúdo e natureza, a origem das correspondentes obrigações, as práticas de mercado e as taxas de juros legalmente permitidas.

O ordenamento jurídico tem se preparado em função da nova tutela estatal surgida com a proteção dos *interesses sociais indisponíveis*, dos *interesses difusos*, criando não somente normas de direito material, mas também outras disciplinadoras da aplicação desse direito substantivo como verdadeiras garantias a ser reivindicadas perante órgãos de sua estrutura administrativa e judicial.

São exemplos os órgãos públicos de proteção ou defesa do consumidor, os chamados PROCONs, os contenciosos administrativos, os conselhos nacionais de defesa do consumidor e da concorrência, os juizados especiais e os setores especiais do Ministério Público com titularidade para as ações civil e penal públicas.

É *l'etá del diritti*, na feliz expressão de Bobbio[129], a era dos direitos do homem como cidadão, e não a dos seus deveres, exclusivamente, como se fosse súdito. Afirma o ilustre pensador que o problema dessa nossa época é estreitamente ligado aos da democracia e da paz. O reconhecimento e a proteção dos direitos do homem estão na base das Constituições democráticas modernas, porque direitos do homem, democracia e paz são três momentos necessários do mesmo movimento histórico: sem direitos do homem reconhecidos e protegidos, não há democracia; sem democracia,

129 Cf. Norberto Bobbio, *A era dos direitos*, trad. Carlos Nelson Coutinho, Rio de Janeiro, Campus, 1992, p. 1-3, 49 e ss.

não existem as condições mínimas para a solução pacífica dos conflitos. A democracia é a sociedade dos cidadãos na qual os súditos tornam-se cidadãos, porque, nessa fase, passa-se das prioridades dos *deveres dos súditos* à prioridade dos *direitos do cidadão*.

Ora, em uma sociedade de massas na qual o consumo caracteriza relações inassimiláveis pelo individualismo jurídico, o intervencionismo estatal impõe-se – como acentuado linhas atrás – para um planejamento da economia, isto é, para a organização econômica na perspectiva de uma interferência oficial moderada, cuja função é assegurar a competição para beneficiar o consumidor, impedindo o abuso do poder econômico.

A Constituição do Brasil determina que a organização da economia tenha como objetivo assegurar a todos uma existência digna, conforme os ditames do *bem-estar social*; por isso, vincula, entre si, três princípios como núcleo a ser observado para a consecução dessa finalidade:

- a função social da propriedade;
- a livre concorrência; e
- a defesa do consumidor.

A jurisprudência já se pronunciou sobre este *controle de mercado* pela via da integração desses três princípios: O Supremo Tribunal Federal, no julgamento da Ação Direta de Inconstitucionalidade 319-4 do Distrito Federal, na qual se pretendeu impugnar os critérios de reajuste das mensalidades escolares estabelecidos pela Lei n. 8.039, de 30 de maio de 1990, entendeu que, "em face da atual Constituição, para conciliar o fundamento da livre iniciativa e do princípio da livre concorrência com os da defesa do consumidor e da redução das desigualdades sociais, em conformidade com os ditames da justiça social, pode o Estado, por via legislativa, regular a política de preços de bens e serviços, abusivo que é o poder econômico que visa o aumento arbitrário dos lucros".

Não se deve, porém, confundir essa regulação, que se insere no *arbítrio conformador moderado*, por isso, compatível com a interferência estatal defendida neste trabalho, com medidas oficiais – legislativas ou administrativas –que restringem o exercício de direitos outorgados pela Constituição, como é o caso da restauração da sanção de *devedor remisso*[130] que se encontrava no inciso II do art. 24 da Lei n. 8.884/94, repetido no inciso II do art. 38 da Lei n. 12.529/2011, e que será objeto de considerações linhas *infra*.

Outrossim, o fato de as normas que regem essa interferência estatal serem de ordem pública, não significa que possam estar gerando *antinomia real* com as da Constituição, *v. g.*, a da hipótese da eficácia plena e aplicabilidade imediata em desrespeito ao inciso XXXVI do art. 5º da Constituição, situação que, também, será objeto de exame adiante.

---

130 V. p. 236.

Enfim, o Supremo Tribunal Federal entende que, nessa matéria, quem atua no domínio econômico tem a iniciativa, mas ela é conformada por todo o bem-estar social. Em outras palavras, quem vai atuar nesse campo já vai atuar sabendo que suas atividades estão limitadas pelo bem-estar social.

Nenhum direito subjetivo pode ser exercido, no âmbito dessa organização, sem o arbítrio conformador do Estado nessa sua *atuação intervencionista moderada* ditada pela *ordem pública econômica* surgida para atender as *necessidades da assistência vital*, nos termos descritos, em linhas anteriores.

Não há atuação livre nesse âmbito: o *poder econômico* é sempre objeto do controle oficial para evitar seu exercício abusivo.

Reflexos jurídicos da atuação do Estado no domínio econômico

A transformação na estrutura econômica provocada pelo surgimento da sociedade de massas gerou, também, a já estudada modificação da estrutura política, como já se acentua neste livro, a ponto de o Estado liberal ceder lugar ao Estado social dualista do bem-estar social e do desenvolvimento econômico, tipicamente intervencionista e adepto integral do dirigismo econômico.

Os reflexos dessa nova tendência na ordem jurídica – já se disse antes – são evidentes:

O âmbito da própria Administração Pública deixa notar-se:

- as mutações na noção de serviço público;
- o aparecimento do Estado empresário;
- o aparecimento de uma noção de ordem pública econômica; e
- o aparecimento da atividade administrativa intervencionista mediante:
  - coação,
  - estímulo ou persuasão, e
  - prestação, ainda que supletiva.

A Administração teve de adaptar-se, sob pena de acentuar-se a *crise da noção de serviço público*, descentralizando-se para uma atuação flexível – *Administração de soberania simples* – desprovida da rigidez burocrática atribuída aos órgãos da estrutura centralizada – *Administração de soberania propriamente dita*.

Essa adaptação vem sendo feita com a adoção do modelo de exploração da atividade econômica pela *empresa pública* e pela *sociedade de economia mista*.

O âmbito da atuação privada deixa contar-se, dentre outras repercussões, as seguintes:

a) noção objetiva de causa;

b) noção de boa-fé objetiva, ao lado da subjetiva;

c) adoção da teoria do abuso de direito; e

d) a publicização do contrato e a sua adaptação com a admissão de limites à autonomia da vontade, como o da sua função social e o da dignidade da pessoa humana.

Nesse contexto entra, espontaneamente, o *controle do mercado*, sobretudo para evitar a concentração danosa aos interesses do consumidor, entendendo-se, por isso, a livre concorrência como um direito subjetivo, também, dele consumidor.

Disciplina jurídica do ato de concentração econômica no Brasil

Natureza jurídica do CADE

A história narrada *supra* sobre a disciplina jurídica da interferência do Estado brasileiro no *domínio econômico* dá bem a nota de como evoluiu a sua atuação de uma fase liberal para a atual intervencionista, e, nesta última fase, a evolução da simples tipificação e repressão a crimes contra a economia popular para a da complexa repressão do abuso do poder econômico.

É aceitável a afirmação de que o Brasil inspirou-se – nessa era que se inicia com as investidas de Agamenon Magalhães – no *modelo norte-americano* no que tange à dicotomia de ação administrativa e ação judicial, a partir da existência de entidades com funções específicas e distintas: a *Antitrust Division* e a *Federal Trade Commission*.

A Antritust Division (Divisão Antimonopólios) é uma agência reguladora a que compete o combate à *concentração ilícita*, promovendo, junto ao Judiciário, a aplicação das sanções cabíveis. É sua função a de fazer cumprir as leis antitruste; compartilha essa função com a Federal Trade Commission. Seu chefe é um Procurador-Geral Adjunto de Defesa da Concorrência, nomeado pelo presidente dos Estados Unidos.

A Federal Trade Commission é, também, uma agência administrativa, com competência mais ampla no combate ao abuso do poder econômico, sobretudo com atuação preventiva da formação ou mesmo da ampliação de atividades empresariais que possam assumir caracteres monopolísticos. Existe desde 1914 e tem a função principal de promover a defesa do consumidor e a eliminação e prevenção de práticas negociais monopolísticas ou anticompetitivas. É uma comissão de comércio federal com poderes regulamentares, representando uma alternativa para a lentidão dos tribunais, diante da velocidade da atuação negocial que, por isso, necessita ser vigiada, permanentemente, em tempo real, para evitar que resvale para circunstâncias irregulares de operação do mercado.

O Brasil, desde o Decreto-lei n. 7.666/45 previu uma Comissão Administrativa de Defesa Econômica com as atribuições típicas de uma agência reguladora, tal como essas comissões foram definidas por Bilac Pinto[131], na sua tese de concurso para professor catedrático de Direito Administrativo da Faculdade Nacional de Direito da Universidade do Brasil, embora o modelo não incluísse as funções jurisdicionais propostas por esse ilustre autor.

O *CADE* – Conselho Administrativo de Defesa Econômica – nasceu sob essa inspiração da Comissão, criado pelo art. 8º da Lei n. 4.137, de 10 de setembro de 1992, com a competência de apurar e reprimir os abusos do poder econômico, dando execução à lei nos termos das atribuições que ela lhe conferiu no seu art. 17.

Muita tinta e muito papel foram consumidos para identificar a natureza jurídica do CADE.

Talvez, uma das mais expressivas discussões[132] foi a que ocorreu em face de representação de um assessor do presidente da República, no sentido de que os arts. 48, 60 e 61 da Lei n. 4.137/62 eram inconstitucionais porque, não sendo, então, o CADE uma autarquia não poderia requerer e ingressar em juízo.

Opôs-se a essa opinião o então Procurador do Conselho, Luiz Rafael Mayer, sob a alegação de que residir em juízo seria uma determinação do legislador que criou o órgão e, assim, esse legislador teria deixado implícita a sua natureza de órgão autônomo e personificado ao lhe conferir atribuição para requerer em juízo.

O Conselheiro Nestor Duarte concluiu, por isso, que o CADE era um órgão "sui generis" por não se comportar ou se prender "ao quadro de simples repartição pública ligada e presa ao que se chama administração direta"; quanto à ida a juízo, através do seu procurador, não haveria estranheza porque "os procuradores da República não estão sempre em juízo em nome da União, mas do Estado".

Essa discussão está superada desde o advento da Lei n. 8.884, de 11 de junho de 1994, que estabelece no seu art. 3º a natureza jurídica de autarquia federal para o CADE, vinculando-o ao Ministério da Justiça. A Lei n. 12.529/2011 repete-o no seu art. 4º.

Mas o debate mais relevante, juridicamente, é outro: é o da eficácia de suas decisões, sobretudo quando se lhe outorga a atribuição de aplicar penalidades (cf. art. 7º, II, da Lei n. 8.884/94, agora, inciso II do art. 9º da Lei n. 12.529/2011).

A matéria não parece ser inquinada porque o legislador dividiu-a em razão das funções constitucionais de cada qual dos dois Poderes – o Executivo e o Judiciário – quando no item II do art. 9º da Lei n. 12.529/2011, deu competência ao CADE para deliberar sobre a existência da infração à ordem

131 Cf. *Regulamentação efetiva dos serviços de utilidade pública*, 2. ed. atualizada por Alexandre Santos de Aragão, Rio de Janeiro, Forense, 2002, especialmente p. 118 e ss.

132 Cf. *Revista de Direito Econômico*, ano I, n. I, set./75, publicação do CADE, p. 25 e ss.

econômica, aplicando as penalidades previstas na lei, mas no item XIII desse mesmo artigo, deu-lhe a atribuição de requerer ao Poder Judiciário a execução de suas decisões, até porque sua atribuição é para a aplicação de sanções às infrações da ordem econômica, ou seja, sanções de que são exemplos a multa ou aquelas privativas de certos direitos, em razão da prática de atos ilícitos, sob qualquer forma, independentemente de culpa, os quais tenham por objeto produzir os efeitos que, adiante, serão listados, ainda que esses efeitos não tenham sido alcançados.

Nítida a similitude com a dicotomia norte-americana.

Ora, essa execução de suas decisões, em face ao disposto no inciso XXXV do art. 5º da Constituição, inclui, obviamente, o *efeito devolutivo*, por isso, todo o mérito há de ser reapreciado sob pena de infirmar-se o dispositivo constitucional que consagra os princípios da *jurisdição única* e o do *direito subjetivo público de ação*, sob pena de, assim, agir-se ao contrário desses princípios e transformar-se, inconstitucionalmente, o ato jurisdicional em ancilar do ato administrativo.

Já basta a inconstitucional sanção de *devedor remisso*, adiante analisada.

A solução do problema da eficácia das decisões do CADE será mais fácil se a análise partir do art. 174 da Constituição, que elege o Estado como *agente regulador da atividade econômica* e, nesta qualidade, exercerá, na forma da lei, as *funções de fiscalização, incentivo e planejamento*.

Se as funções de incentivo e de planejamento podem ser exercidas concorrentemente até pelos três Poderes, certamente que a de fiscalização somente se adequa às atividades desempenhadas pelo Executivo.

Não tem cabimento a dúvida plantada quanto a ser o CADE agência ou tribunal, na oportunidade em que se divulgou pelo Diário Oficial da União, de 26 de outubro de 2000, seção I, p. 3, a consulta pública sobre o anteprojeto de lei para a criação da Agência Nacional de Defesa do Consumidor e da Concorrência.

A natureza jurídica de autarquia federal dada ao CADE indubitavelmente não o afasta das características de uma *agência reguladora*, tão bem ao gosto da obra de Bilac Pinto, antes invocada, com a exclusão de sua proposta sobre o exercício da função jurisdicional, porque esta não cabe senão ao Poder Judiciário no sistema brasileiro de *jurisdição única*, consagrado no inciso XXXV do art. 5º da Constituição.

O ato de concentração como forma de abuso do poder econômico

O *ato de concentração* tem uma interface com a concorrência, por isso, ele pode ser lícito, quando não a ofende, e ilícito, quando a dificulta ou a elimina. Nem sempre ele é facilmente identificável, razão por que o legislador sempre descreve hipóteses para configurá-lo em situações disfarçadas de legitimidade.

Os *processos de eliminação da concorrência* ofendem, em primeiro plano, o consumidor que fica à mercê de preços abusivos e de bens para a sua subsistência, abaixo do padrão de qualidade.

Existindo a concorrência, instaura-se a possibilidade de escolha desses bens, apurando-se sobre quais são os melhores.

Costuma-se classificar a concentração em horizontal e vertical, conforme, respectivamente, os bens sejam produzidos na mesma unidade econômica, com o objetivo de atender diferentes necessidades ou um só agente realizar todos os estágios de fabricação, desde a matéria-prima até o produto acabado.

A legislação brasileira disciplina, da forma abaixo, o que chama de relações horizontais e verticais:

> "Ocorre uma *relação horizontal* quando duas ou mais empresas atuam num mesmo mercado como vendedoras de produtos similares (leia-se substitutos) ou quando duas ou mais empresas atuam num mesmo mercado como compradoras.
>
> Ocorre uma *relação vertical* quando uma empresa opera como vendedora no mercado de insumos de outra, mesmo não havendo uma relação comercial entre elas[133]."

Costuma-se, outrossim, dizer que a concentração é uma técnica economicamente boa porque racionaliza a atividade pela eliminação de custos. Contudo, observe-se que em um caso ou no outro – horizontal ou vertical – termina existindo apenas uma organização que, operacionalmente, elimina concorrência e, considerando-se que com que este fato reúne, em seu poder, todas as etapas de um processo produtivo, centraliza as condições de fixação de preços sem o temor da competição, prejudicando o consumidor.

Em regra, realiza-se uma *operação de concentração*:

a) quando duas ou mais empresas, anteriormente independentes, fusionam-se; ou

b) quando seja uma ou mais pessoas detendo o controle de pelo menos uma empresa, seja uma ou mais empresas adquirindo, direta ou indiretamente, seja por participação no capital ou compra de elementos do ativo, contrato ou qualquer outro meio, o controle do todo ou de parte de uma ou mais empresas.

Essa é a noção geral do *Code Européen de la Concurrence*[134]. A lei brasileira não discrepa dessa regra geral, mas a desdobra em várias hipóteses, de modo a impedir a atuação disfarçada, algumas das quais se destacarão a seguir.

---

133 Cf. ANEXO II da Resolução CADE n. 18, de 25 de novembro de 1998, D.O.U. de 13-12-99 – itens 1.4 e 1.5.

134 Cf. *Code européen de la concurrence* – procédure juridictionnelle communitaire, Paris, Dalloz, 1996.

O art. 36 da Lei n. 12.529/2011, à guisa de definir *infrações da ordem econômica*, estabelece a responsabilidade, independentemente de culpa, pela prática de atos – ainda que não tenham alcançados os efeitos – correspondentes a:

> I – limitação, falseamento ou qualquer outra forma que resulte em prejudicar a livre concorrência ou a livre iniciativa;
>
> II – a dominação do mercado relevante de bens ou de serviços;
>
> III – o aumento arbitrário dos lucros;
>
> IV – o exercício abusivo de posição dominante.

O *mercado relevante* é, também, um conceito cunhado na legislação e se classifica em *mercado relevante do produto e mercado relevante geográfico*.

O *primeiro* compreende todos os produtos/serviços considerados substituíveis entre si pelo consumidor em virtude de suas características, preços e utilização.

Um *mercado relevante do produto* pode, eventualmente, ser composto por um certo número de produtos/serviços que apresentam características físicas, técnicas ou de comercialização que recomendem o agrupamento.

Um *mercado relevante geográfico* compreende a área em que as empresas ofertam e procuram produtos/serviços em condições de concorrência suficientemente homogêneas em termos de preços, preferências dos consumidores, características dos produtos/serviços.

A definição de um mercado relevante geográfico exige também a identificação dos obstáculos à entrada de produtos ofertados por firmas situadas fora dessa área.

As firmas capazes de iniciar a oferta de produtos/serviços na área considerada após uma pequena mas substancial elevação dos preços praticados fazem parte do mercado relevante geográfico.

Nesse mesmo sentido, fazem parte de um mercado relevante geográfico, de modo geral, todas as firmas levadas em cota por ofertantes e demandantes nas negociações para a fixação dos preços e demais condições comerciais na área considerada[135].

A *posição dominante* caracteriza-se de modo expresso ou presumido.

É *expressa* quando uma empresa ou um grupo dela controla parcela substancial de mercado relevante como fornecedor, intermediário, adquirente ou financiador de um produto, serviço ou tecnologia a ele relativa.

É *presumida* quando os agentes nessas mesmas expressões numéricas controlam 20% (vinte por cento) de mercado relevante ou percentual fixado pelo CADE para setores econômicos específicos.

---

135 Cf. o mesmo Anexo e a mesma Resolução já citados, itens 1.6.1 e 1.6.2.

O direito da concorrência estabelece, portanto, as regras contrárias à concentração porque esta é prejudicial à concorrência. É o que justifica que seja intervencionista também a relação do Estado brasileiro com a economia. Ele pode mesmo ter CADE? Ele pode ter a legislação tão drástica que tem sobre a concorrência?

Não se analisam, aqui, detalhes dessa legislação, mas adverte-se que, em nome da *legitimidade da repressão ao abuso do poder econômico,* não se pode garrotear o cidadão nos seus direitos, restaurando-se, por exemplo, figuras execráveis como a do *devedor remisso* conhecida na ditadura de 1937, mas banida pelo Presidente da República, o general João Baptista de Oliveira Figueiredo, embora corifeu de um outro governo forte. Agora, volta, por ironia, em um governo dito democrático de direito.

Devedor remisso é a categoria de inadimplente sujeito passivo da obrigação tributária – seja o contribuinte, seja o chamado responsável tributário, seja o fiador – que é impedido de despachar mercadorias nas Alfândegas ou Mesas de Rendas, adquirir estampilhas dos impostos de consumo e de vendas mercantis e de transigir, por qualquer outra forma, com as repartições públicas do país.

Esta é a definição do art. 1º do Decreto-lei n. 5, de 13 de novembro de 1937.

O Decreto-lei n. 1.715, de 22 de novembro de 1979, em boa hora, estabelece o seu art. 5º: "Fica extinta, para todos os efeitos legais, a declaração de devedor remisso à Fazenda Nacional".

Profliga-se, aqui, o malfadado item II do art. 24 da Lei n. 8.884/94, que o recriou, bem assim o inciso II do art. 38 da Lei n. 12.529/2011, que o restaura, na oportunidade da revogação dessa Lei n. 8.884/94, ao cominar a pena de proibição de contratação com instituições financeiras oficiais e de participação em licitações públicas, na administração pública federal, estadual, municipal e do Distrito Federal, bem como em entidades da administração indireta.

Restaura a sanção ditatorial, plenamente ofensiva ao disposto no inciso XIII do art. 5º da Constituição, que consagra a liberdade de trabalho, ofício ou profissão, enquanto atendidas as respectivas qualificações legais.

Novamente, há de recorrer-se à noção de direito da concorrência para, com base nela, coibir os *excessos na repressão ao abuso do poder econômico.*

Essa noção não deve ser aquela tradicionalmente posta de que trata de um conjunto de normas que permite aos empresários competirem entre si.

Até porque, no caso brasileiro, o direito da concorrência é mais do que um direito de competitividade entre os que atuam como agentes da iniciativa privada. É um direito que está integrado com o *direito de defesa do consumidor,* porque é assim que a Constituição de 1988 estabelece.

É um direito que corresponde à disciplina jurídica das relações entre os agentes econômicos em benefício do consumidor, e a declaração de devedor remisso está na contramão, porque restringe o campo da competição, diminuindo para o consumidor a possibilidade de escolhas, quando o agente da satisfação das *necessidades da assistência vital* for uma das entidades da administração indireta com a qual não pode transacionar o chamado devedor remisso.

Se é esta – como efetivamente o é – a noção, então há de buscar-se a solução de um outro problema, qual seja o da *natureza da norma jurídica* que veicula o direito subjetivo nesse campo do ordenamento jurídico.

Pensou-se, até certo tempo, que essas normas tinham natureza de direito penal. Era um pensamento correto, porque o Brasil preocupava-se exatamente em punir as empresas – e era só isso. Hoje o que se diz é que a *natureza jurídica da norma do direito da concorrência* é de direito econômico.

O que isso significa? Ser norma jurídica de direito econômico?

Se é norma jurídica de direito econômico, então enquadra-se na de *ordem pública econômica*, e, enquadrando-se aí, a norma toma certos caracteres, entre tantos, o de ser cogente. E, sendo cogente, é de aplicabilidade compulsória.

Isso é diferente das normas do Direito Privado, que têm variada natureza, inclusive a supletiva. A regra geral é, em todo o campo do direito das obrigações, a das normas supletivas.

Torna-se importante essa análise, considerando que no direito da concorrência entra o direito das obrigações, e não se deve supor que todas as normas do direito da concorrência são dessas do tipo supletivo ou, ao contrário, que todas as normas do direito da concorrência são cogentes.

Volte-se a afirmar que se torna importante essa análise porque tanto o Supremo Tribunal Federal – STF – quanto o Superior Tribunal de Justiça – STJ – têm se manifestado sobre a matéria.

O STJ entendeu que, sendo essas normas as que compõem as *normas de ordem pública*, passam a ter aplicação imediata, alcançando os contratos em curso (cf. REsp 6.412 (90.0012269-4)/SP, rel. Min. Barros Monteiro, publicado no Diário da Justiça de 25-2-1991).

Nesse julgado, discutiu-se sobre o problema de *tablita*, título de renda prefixada, *tabela de deflação*, e a ementa é a seguinte: "as normas de direito econômico, de ordem pública, são de aplicação imediata, alcançando os contratos em curso. Alegação de direito adquirido repelida".

A *tablita* era a tabela que indicava os descontos aplicáveis ao valor das dívidas contraídas na inflação alta brasileira, quando houve o *congelamento de preços* instituído pelo *Plano Cruzado*, que foi um conjunto de medidas econômicas adotadas pelo Governo, com base no Decreto-lei n. 2.283, de 27 de fevereiro de 1987.

Essa decisão do STJ é extremamente complicada, tanto que, em sentido contrário, há uma OUTRA do STF, no RE 188.366-9/SP, rel. Min. Moreira Alves, que, em matéria da mesma natureza, manda respeitar o direito adquirido.

Lembre-se: para o STJ, se a lei é de ordem pública, os contratos não são atos jurídicos perfeitos inatingíveis pelas regras de direito positivo posteriormente emitidas. Essa lei nova alcança os contratos em curso, se regidos por tais normas.

O caso consistiu em um sujeito, que contratou com um Banco, em 26 de janeiro de -1987, a aplicação de duzentos mil *cruzados novos* mediante título de renda prefixada com vencimento para 27 de julho de 1987, portanto seis meses depois. Reduzido o valor do resgate por força da incidência da tablita aplicada sobre o valor da origem do investimento, pretendia esse sujeito, por meio de uma ação, haver do Banco a diferença correspondente à deflação.

A sentença, em primeiro grau, considerou inconstitucional o dispositivo no qual se baseou o Banco e acolheu o pedido, mandando que o Banco pagasse a importância correspondente a tantas OTNs (Obrigações do Tesouro Nacional) quantas correspondessem ao *valor de troca* da moeda corrente.

O "valor de troca é o que se traduz no poder aquisitivo da moeda, na quantidade de bens que se podem adquirir com certa porção de dinheiro"[136].

O Tribunal de Justiça de São Paulo manteve a decisão. O Banco, inconformado, interpôs o referido Recurso Especial e sustentou que não retirou do investidor qualquer ganho, mas, tão somente, a inflação futura que não se efetivou. O STJ, contudo, concluiu:

> "em vários precedentes o tribunal já decidiu que, em se tratando de contrato de execução diferida, celebrado em 27-1-1987, o vencimento da obrigação foi determinado para 27 de julho do mesmo ano, portanto seis meses depois. Perfeitamente constitucional é o art. 13 do Decreto-lei n. 2.335/87"[137].

Invoca, então, o precedente, o REsp 2.595/SP, rel. Min. Sálvio de Figueiredo, no qual se fundamentou:

> "o permissivo constitucional é patente 'a uma, porque a matéria versada encontra-se albergada na conceituação de finanças públicas, na qual o controle do sistema econômico se agasalha por elastério. Nesse sentido merece referência a seguinte lição de Alberto Deodato: na verdade de-

136 Cf. Orlando Gomes, *Obrigações*, 17. ed. revista, atualizada e aumentada, de acordo com o Código Civil de 2002 por Edvaldo Brito, Rio de Janeiro, Forense, 2007, p. 56.

137 O Decreto-lei n. 2.335, de 12 de junho de 1987, dispunha sobre o congelamento de preços e aluguéis, reajustes mensais de salários e vencimentos e instituiu a URP – unidade de referência de preços. O art. 13 estabelecia: "as obrigações contratuais pecuniárias e os títulos de crédito que tenham sido constituídos em cruzados, no período de 1º de janeiro a 15 de junho de 1987, sem cláusula de reajuste ou de correção monetária ou com cláusula de correção monetária prefixada, serão deflacionados no dia do vencimento dividindo-se o montante expresso em CRUZADOS pelo fator de deflação a que se refere o § 1º deste artigo". Outros Decretos-Lei da época: os de n. 2.336/87 e 2.337/87.

pois das duas grandes guerras, o conteúdo da ciência das finanças sofreu uma transformação profunda. Era estudada como disciplina que ensinava apenas os meios pelos quais o Estado procurava e utilizava os recursos necessários à cobertura das despesas públicas. (...) A ciência das finanças, hoje, ensina a procura desses meios, mas também os utiliza com o fim intervencionista em matéria econômica social e política. Os tributos são empregados com finalidades extrafiscais. Os empréstimos estão servindo para bombardear parte dos bilhetes em circulação, a fim de evitar a desvalorização da moeda. O orçamento não é, apenas, uma exposição financeira, mas um quadro orgânico da economia nacional (*Manual da ciência das finanças*, 20. ed., Saraiva, 1984, p. 11). A duas, porque as normas de direito econômico se aplicam imediatamente, alcançando os contratos em curso, notadamente os de execução diferida ou de trato sucessivo mercê do caráter de norma de ordem pública de que desfrutam (a propósito, REsp 1.816/SP, de 6-3-1990, DJ de 23-4-1990). Orlando Gomes, em obra dedicada ao direito econômico, analisando os aspectos jurídicos do dirigismo econômico, nos dias atuais, após assinalar que a sanção pela transgressão de norma de ordem pública é a nulidade, afirma: outro princípio que sofre alteração frente à ordem pública dirigista é o da intangibilidade dos contratos. Sempre que uma nova lei é editada nesse domínio o conteúdo dos contratos que atinge tem de se adaptar às suas inovações. Semelhante adaptação verifica-se por força de aplicação imediata das leis desse teor sustentada como prática necessária à funcionalidade da legislação econômica dirigista. Derroga-se com o princípio da aplicação imediata a regra clássica do direito intertemporal que resguarda os contratos de qualquer intervenção legislativa decorrente de lei posterior à sua conclusão' (*Direito Econômico*, Saraiva, 1977, p. 59)."

O julgado cita outros Recursos Especiais, na mesma linha: 03, 29, 557, 602, 667, 692, 701, 815, 819, "nos quais a tese jurídica central é a da aplicação imediata de *normas de direito econômico* cujo caráter de ordem pública afasta a alegação de direito adquirido".

Data venia, essa interpretação não pode prosperar diante do próprio princípio do direito adquirido, mas, sobretudo, do princípio do ato jurídico perfeito insculpido no art. 5º, XXXVI, da Constituição.

Daí o contraponto que se deve buscar em julgado de nove anos após, do Supremo Tribunal Federal, o RE 188.366-9/SP, rel. Min. Moreira Alves, em matéria regida, também, por norma de ordem pública:

> "em nosso sistema jurídico, a regra de que a lei nova não prejudicará o direito adquirido, o ato jurídico perfeito e a coisa julgada, por estar inserida no texto da Carta Magna (art. 5º, XXXVI), tem caráter constitucional, impedindo, portanto, que a legislação infraconstitucional, ainda quando de ordem pública, retroaja para alcançar o direito adquirido, o ato jurí-

dico perfeito ou a coisa julgada, ou que o juiz a aplique retroativamente. E a retroação ocorre ainda quando se pretende aplicar de imediato a lei nova para alcançar os efeitos futuros de fatos passados que se consubstanciam em qualquer das referidas limitações, pois ainda nesse caso há retroatividade – a retroatividade mínima –, uma vez que se a causa do efeito é o direito adquirido, a coisa julgada, ou o ato jurídico perfeito, modificando-se seus efeitos por força da lei nova, altera-se essa causa que constitucionalmente é infensa a tal alteração."

Lembra o acórdão que "essa orientação é firme na Corte" Suprema brasileira.

Acresça que, no julgado do STJ, ainda há a ponderar o seu sentido contrário ao princípio da *defesa do consumidor*, enquanto se sabe que a interpretação tende a ser sempre mais favorável ao consumidor, por todas as razões que, no plano jurídico, fazem-no *hipossuficiente*.

Nesse ponto impõe-se, novamente, a busca da noção de *poder econômico* e da identificação do seu exercício abusivo. A Constituição defere à lei a repressão desse exercício abusivo quando ele objetivar:

a) a dominação dos mercados;

b) a eliminação da concorrência; e

c) o aumento arbitrário dos lucros.

O que será, então, poder econômico?

Quando se examina o tema, no plano jurídico, em regra, toma-se em consideração apenas a associação dessa expressão poder econômico ao que fosse abuso do seu exercício. Mas, qual é mesmo a noção que se tem de poder econômico? No plano jurídico, nenhuma. Não se tem, propriamente, um conceito de poder econômico, porque não há nenhuma norma jurídica que o descreva. Mas é uma expressão que está, a todo momento, sendo utilizada em campos jurídicos segmentados: ora na legislação eleitoral, ora na legislação propriamente de defesa da economia.

À mingua, pois, de uma noção jurídica para examiná-lo no direito da concorrência, diga-se que o poder econômico demonstra-se quando ele se manifesta por uma força do capital que venha ser confrontante com todas as outras forças vivas ou de poder que existem na sociedade, especialmente quando esse confronto se faz com o poder chamado de formal, ou seja, o poder político, o poder de dominação, propriamente dito.

O problema é que o *poder político*, o *poder formal*, o *poder de dominação*, às vezes, confina-se a determinado território. E, às vezes, ele pode até ser identificado em pessoas, em instituições e, portanto, pode até ser tolhido, pode até ser limitado por forças em contrário.

Sabe-se do poder formal mediante as instituições que ele encarna, o *Congresso Nacional*, por hipótese. Sabe-se até onde vai a sua competência. Sabe-se que existe, também, por hipótese, um conjunto de pessoas formando uma situação de mando chamada de Poder Judiciário, cujas atribuições estão estabelecidas de modo a perceber-se a sua autuação. E assim por diante.

Ora, sabendo-se qual é a sua competência, quais pessoas exercem essas atribuições e qual é o procedimento que essas pessoas vão ter de observar para exercer essas atribuições tem-se, enfim, a perfeita consciência do que é um poder dessa natureza formal. E, portanto, tem-se perfeita consciência de qual é a superfície ou os limites do exercício desse poder, assim, no espaço.

Poder econômico é noção que gera dificuldade já por causa de todas essas comparações entre ele e o *poder formal*. Assim, não se sabe quais são as suas atribuições, quais são os seus agentes "stricto sensu", quais são os seus limites no espaço globalizado. Ora, como não se sabe nada sobre esse poder, tem-se dificuldades enormes de saber-se como ele age e quem são os seus agentes. Não adianta dizer que ele é exercido pelos grandes conglomerados econômicos. Pode não ser. Não adianta dizer que as suas atribuições resumem-se às fases da economia: produzir, colocar em circulação de modo que no mercado se consuma e fazer com que se distribua o justo resultado na medida da participação de quantos produziram. Não adianta dizer isso porque há determinadas formas de exercício na área econômica que terminam sendo formas que, sob certas circunstâncias, elas se vão transformando de regulares em abusivas, pela expressão de poder que representam.

Por outro lado, há momento em que um procedimento pode ser abusivo pelas circunstâncias e, em outro, não. Em um espaço pode ser abusivo e, em outro, não. Então, as formas de abuso do exercício do poder econômico podem variar no espaço e no tempo.

Essas considerações sobre a noção de poder econômico, sobre a impossibilidade de encontrar sua forma, tudo isso demonstra como ele é perigoso porque não tem forma; é igual à nuvem que fica no céu, a cada instante mudando a forma em razão da sua própria sobrevivência. Então essa é a primeira questão que se tem de resolver: a da noção e a do exercício abusivo do poder econômico.

Se se passa para o sistema jurídico brasileiro tem-se que partir da *Constituição Econômica* que está inserida na Constituição Jurídica e, por seu intermédio, colher uma noção de como é que essa Constituição estabelece regras sobre poder econômico. E se verifica que ela cuida da matéria de modo relativo porque ela própria não tem uma noção do que é poder econômico para a orientação jurídica.

Assim, analisada a Constituição do Brasil, encontra-se no § 4° do seu art. 173 a seguinte dicção: "a lei reprimirá o abuso do poder econômico". O que é poder econômico? Já se viu, ela não o diz. Mas, ela confina a noção quando estabelece que há abuso quando o exercício tenha como objetivo:

I – a dominação dos mercados;

II – a eliminação da concorrência; e

III – o aumento arbitrário dos lucros.

Então, pode-se construir um conceito no plano da Constituição do Brasil, na tentativa de dar uma disciplina jurídica do poder econômico no sistema jurídico brasileiro, simplesmente, assim: quando a atividade econômica representar uma dominação dos mercados aí existe um poder econômico e ele está sendo exercido de modo abusivo.

Tem-se, dessa forma, uma noção de poder econômico em função do exercício irregular que é a dominação das partes, tentando eliminar a concorrência. Então, cada vez que se verificar estar a concorrência em perigo é ela porque ela está para ser eliminada; porque pode estar ameaçada por essa ou aquela forma, mas, se não for na linha da eliminação, não é abuso do poder econômico; Em outros termos, não é exercício abusivo do poder econômico e, por fim, a obtenção de lucros, pelo seu aumento arbitrário.

Mas, em que consistem esses três elementos? O que é dominar mercado? O que é eliminar concorrência? O que é obtenção de lucros de modo a ser extorsivo? Então, por essa razão, é que se reitera serem sempre relativas essas noções que compõem a noção de poder econômico no tempo e no espaço, ou, mais propriamente, a noção de exercício abusivo.

Aqui, ainda, é necessário examinar essa questão no direito da concorrência porque, em princípio, o legislador não confundiu *eliminação da concorrência* com *dominação do mercado*. Não confundiu dominação do mercado, eliminação da concorrência com aumento *arbitrário de lucro*. Dessa forma, cabe a pergunta: como é que se chega à conclusão de que isso está ocorrendo? A resposta está na análise das circunstâncias e, por isso, é que, nas linhas *supra*, foram comentados os julgados para que se verificasse que somente o Poder Judiciário pode construir, nas circunstâncias, o que é que representam esses três elementos que compõem a noção de poder econômico e do exercício abusivo desse poder.

Daí é que, também, tentou-se fazer essa ligação com o *mercado*.

Quer dizer, só se pode entender que há um abuso do exercício do poder econômico se se comparar esse exercício com as circunstâncias regulares de operação do mercado. E comparando com o mercado, já se pode absorver a noção de poder econômico e a de eliminação da concorrência para identificar o exercício abusivo.

Ao contrário, são circunstâncias irregulares de operação do mercado aquelas que são formas diretas e indiretas de concentração.

O que são formas diretas?

São as técnicas consagradas nas conceituações, especialmente no campo da economia: o cartel; o monopólio, sendo este que, entre nós, só o Estado pode praticá-lo e, assim mesmo, por meio da União, nos casos antes mencionados; o oligopólio; o monopsônio; o oligopsônio.

As indiretas são técnicas ainda não tipificadas, por isso, não têm uma *facti species*; essa é a razão pela qual a legislação formula hipóteses que absorvem os disfarces, anteriormente definidos como concentração vertical e concentração horizontal.

A legislação analisada revela a preocupação, sobretudo com o cartel, que é a forma de organização de ordem econômica com o propósito de desafiar a concorrência, agindo da maneira mais proveitosa e durável para todos quantos dela participam, mas com prejuízo para o consumidor, por isso a existência do CADE para surpreendê-las com as sanções, também, já citadas.

Seção VII – A função das agências reguladoras na defesa da concorrência e do consumidor

Fala-se, na contemporaneidade, de um *Direito Administrativo Sancionador*, que consiste em a Administração Pública estar legitimada para prevenir infrações no seio de suas relações, conforme um plexo de normas jurídicas, que exprimam seu poder punitivo, em face do administrado. Esse *Direito*, portanto, constitui o regime jurídico disciplinador da competência punitiva da Administração, cujo limite é a Constituição. Seu conteúdo, consequentemente, são os princípios constitucionais que disciplinam as relações entre: a) a Administração e o administrado; b) a Administração e seus integrantes. Trata-se de um *conceito jurídico indeterminado*.

Agora, busca-se também um *Direito* com normas de *regulação* dentro desta ligação entre a Administração e o administrado, para disciplinar as *prestações* e as *prescrições* no âmbito do que a Doutrina alemã chama de *assistência vital*.

Esta *regulação*, de um lado, garante, diretamente, vantagens imediatas aos indivíduos, as quais os vinculam tanto, a ponto de não lhes deixarem margem para escolher se querem, ou não, aceitar as *prestações* administrativas oriundas dessa *assistência*, mas também, de outro lado, é uma *regulação* com conteúdo punitivo, portanto, emite *prescrições administrativas*.

Assim, a Administração, aqui, socorre-se, como visto, de *técnicas* que fogem à tradicional noção de *serviço público* e busca adaptar-se às circunstâncias da vida contemporânea, de que é exemplo essa organização das *agências reguladoras*.

É nesse ambiente que elas surgem, com origem atribuída à Inglaterra do começo do século XIX, quando o Parlamento teria decidido criar órgãos autônomos para atender necessidades coletivas.

Isso teria inspirado, nos Estados Unidos da América do Norte, o *Interstate Commerce Comission* ou *Interstate Commerce Act*, um ato de 1887, estabelecendo a regulação do tipo semelhante às agências da Administração brasileira.

O Brasil editou a Lei n. 13.848, de 25 de junho de 2019, dispondo sobre a gestão, a organização, o processo decisório e o controle social desses entes administrativos autônomos, com funções de atendimento de demandas sociais, dotados também de prerrogativas para promover a adoção de medidas e ações destinadas à prevenção, à detecção, à punição e à remediação de fraudes e atos de corrupção.

O cumprimento dos objetivos dessa legislação brasileira incumbe a onze agências nacionais: energia elétrica (ANEEL); petróleo, gás natural e biocombustíveis (ANP); telecomunicações (ANATEL); vigilância sanitária (ANVISA); saúde suplementar (ANS); água (ANA); transportes aquaviários (ANTAQ); transportes terrestres (ANTT); cinema (ANCINE); aviação civil (ANAC); mineração (ANM).

Romper o ranço de autoritarismo com que o Poder Executivo promove a gestão pública tem sido o desafio dessas *agências*, que se têm apoiado na demanda social, que exige prontas atividades dessa gestão; pressiona a eficácia de providências administrativas, especialmente, porque a lei estabelece uma interação entre elas e os órgãos de defesa da concorrência, e a sua articulação com aqueles de *defesa do consumidor* e do *meio ambiente*.

Pugna-se para que esse novo modelo de satisfação das *necessidades públicas* prospere, cumprindo as determinações do legislador.

Fundamento jurídico das agências

Afirma-se que as *agências* são *reflexos jurídicos* na Administração, que se inserem na *ordem pública econômica* e, na expressão de Forjat[138], consistem, em sentido amplo, no conjunto de providências adotadas pelo poder público tendentes a organizar as relações econômicas.

O legislador tem atribuído às *agências reguladoras* a natureza jurídica de *autarquia*, portanto, integrantes da Administração e tem-lhes outorgado a qualificação de *autarquia especial*, o que significa uma modalidade específica de *autonomia administrativa*, diferenciada das demais entidades autárquicas. Parece que essa qualificação desses órgãos administrativos surgiu com a Lei n. 5.540, de 28 de novembro de 1968, quando, no art. 15, assim batiza as Universidades.

A legitimidade dessa qualificação, dada pelo legislador, está na Constituição, ao estabelecer os princípios que devem ser obedecidos pela Administração Pública, atuando como *cabeça de capítulo* o da *legalidade*.

Razão tem Fritz Fleiner[139], quando induz ao entendimento de que a *vontade do administrador* é a *vontade do legislador*, porque a fonte principal do Direito Administrativo é a lei, que, em virtude da Constituição, tem a faculdade de criar esse Direito. Por isso, o juiz e o funcionário administrativo têm de averiguar, pela interpretação, quais conceitos e ideias inspiram as palavras empregadas pela lei e quais fatos e aspectos ela teria querido *regular*.

---

138 Cf. Gérard Farjat, *Droit économique*, deuxième édition refondue. Paris: Presses Universitaires de France, 1982, p. 49.

139 Cf. *Instituciones de Derecho Administrativo*, traducción de Sabino A. Gendin, Barcelona, Editoral Labor, 1933, p. 56-75, 107.

O Estado Constitucional introduz o *princípio da Administração regulada*, quer dizer, a sujeição da Administração à lei, cuja origem, de natureza política, é a necessidade de um freio à onipotência do Poder Executivo.

A efetividade da atuação do Estado no domínio econômico também passa pela eficácia da atuação dessas *agências*, cuja qualificação, acima noticiada, caracteriza-se pela ausência da tutela ou de subordinação hierárquica, pela autonomia funcional, decisória, administrativa e financeira e pela investidura a termo de seus dirigentes que têm estabilidade durante os mandatos, cuja gestão está monitorada apenas pelo controle externo exercido pelo Congresso Nacional, com auxílio do Tribunal de Contas. Por isso, a nomeação desses dirigentes é ato do Presidente da República para cumprirem mandato de 5 (cinco) anos, não coincidente com o do nomeante, vedada, em regra, a recondução, após a prévia aprovação do Senado Federal, por voto secreto depois de arguição pública.

A participação dos administrados: A AIR

O *princípio democrático no procedimento administrativo* foi objeto de decisão do Supremo Tribunal Federal[140] e defendido como uma construção da democracia em um Estado Democrático de Direito por respeito ao *princípio da legalidade*, tudo isso fundamentando uma *democracia administrativa* pela qual os recursos interpostos pelo particular "constituem uma forma de participação do administrado na ação administrativa, introduzindo, assim, um elemento democrático nesta".

O processo decisório das agências reguladoras insere uma fase que denomina de AIR – *Análise de Impacto Regulatório* –, na qual se examinaram informações e dados sobre possíveis efeitos do ato normativo editado, indicando-se os pressupostos de fato e de Direito que determinaram a decisão que observará, por sua vez, a devida adequação entre meios e fins, vedada a imposição de obrigações, restrições e sanções em medida superior àquela necessária ao atendimento do interesse público.

A *participação do administrado* é assegurada, não só pelas audiências públicas convocadas por deliberação colegiada para formação de juízo e tomada de decisão sobre matéria considerada relevante, mas também pelo resultado decorrente dessa audiência disponibilizado na sede da agência e no respectivo sítio na *internet* no prazo de 30 dias úteis.

A AIR tem o efeito de orientar a decisão da agência de modo a que sua manifestação indique se os impactos estimados recomendam a adoção de ato normativo e, quando for o caso, quais os complementos necessários.

---

140 Cf. voto do ministro Joaquim Barbosa no RE 388.359 – PE Tribunal Pleno, em 20-4-2006.

A operacionalização da AIR é uma *atividade administrativa complexa*[141] porque se forma com a conjugação de vontades de mais de um agente envolvido na sua efetivação.

Seção VIII – Declaração de Direitos de Liberdade Econômica

O recente *intervencionismo* do Estado brasileiro manifesta-se, recentemente, pela Lei n. 13.874, de 20 de setembro de 2019, instituindo a *Declaração de Direitos de Liberdade Econômica,* estabelecendo normas de proteção à livre iniciativa, proteção ao livre exercício de atividade econômica e sobre a atuação do Estado como agente normativo e regulador.

Introduz normas reguladoras da aplicação e da interpretação do Direito Civil, Empresarial, *Econômico,* Urbanístico, e do Trabalho, nas relações jurídicas que se encontrem regidas por esses campos respectivos e, na ordenação pública, com abrangência sobre exercício das profissões, comércio, juntas comerciais, registros públicos, trânsito, transporte, e proteção ao meio ambiente.

O fundamento de validez pretende ser as disposições constitucionais sobre os valores sociais do trabalho e da livre iniciativa, que baseiam a *ordem econômica,* isto é, a organização da economia, cuja regra geral é a titularidade do particular, independentemente de autorização de órgãos públicos, ratificando, assim, que o Estado somente por *exceção* pode exercer uma atividade de *prestação,* uma vez que lhe são próprias as de *coação* e de *estímulo* ou *persuasão.*

Assim, fica reiterada a função estatal brasileira, normativa e reguladora da atividade econômica, traduzida pelas ações de fiscalização, incentivo e planejamento, ainda que *indicativas* para o setor privado.

Interpretação do Direito Econômico

As normas jurídicas nesse campo do Direito devem ser interpretadas em favor da liberdade econômica, da boa-fé, e do respeito aos contratos, aos investimentos e à propriedade. Isso significa que todas as normas de ordenação pública, sobre as atividades econômicas privadas, terão o significado ditado pelos novos critérios de interpretação objetiva, ditados pela nova lei.

A liberdade é uma garantia do exercício das atividades econômicas; a boa-fé do particular é regra geral perante o poder público, reconhecida a sua vulnerabilidade perante o Estado, que, por isso, terá intervenção subsidiária e excepcional sobre o exercício das atividades econômicas.

Essa intervenção, que resulta em um regime intervencionista que assegura a liberdade econômica, merece cautela, para que não deixe de assegurar a

141 Cf. Hely Lopes Meirelles, *Direito administrativo brasileiro,* 37. ed., atualizada por Eurico de Andrade Azevedo et all., São Paulo, Malheiros Editores, 2011, p. 176.

justiça social e não se retorne a um pensamento liberal que, ao prestigiar exacerbadamente a autonomia, enfraqueça os laços de solidariedade, tal como já se advertiu aqui, à p. 41.

A Declaração de Direitos de Liberdade Econômica consagra, dentre outros direitos, de toda pessoa, natural ou jurídica, os de: desenvolver atividade econômica de baixo risco, sem a necessidade de quaisquer atos públicos de liberação; desenvolver atividade em qualquer horário ou dia da semana, observadas apenas as normas de proteção ao meio ambiente, as restrições advindas do contrato, sempre gozando da presunção de boa-fé.

A contrapartida da administração pública é evitar o abuso do poder regulatório, tal como estabelecido *numerus clausus*.

Os novos critérios de interpretação objetiva trazem o significado normativo para o contrato, em acréscimo à chamada *interpretação objetiva*.

Assim, a *interpretação* do contrato, pelo juiz, na busca de dirimir um litígio, terá de observá-los, adotando-os como normas subsidiárias da interpretação subjetiva, por isso aplicável somente em favor do respeito aos contratos, uma vez que são de ordenação pública sobre atividades econômicas privadas.

Foram instituídos como *Declaração de Direitos de Liberdade Econômica* com o objetivo de proteger a livre iniciativa e o livre exercício de atividade econômica.

São critérios de caráter *consequencialista*, de resto, já estabelecidos antes, em termos gerais, pela Lei de Introdução às Normas do Direito Brasileiro[142], segundo os quais também na esfera judicial não se decidirá com base em valores jurídicos abstratos sem que sejam consideradas as *consequências* práticas da decisão, cuja motivação demonstrará – se for o caso – a necessidade da invalidação do contrato, inclusive em face das possíveis alternativas, cuja invalidação deverá indicar de modo expresso suas *consequências* jurídicas e, se estabelecer *interpretação* nova, deverá prever regime de transição quando indispensável para que o novo dever seja cumprido de modo proporcional, equânime e eficiente e sem prejuízo aos interesses gerais, considerando-se como orientações gerais as *interpretações* contidas em jurisprudência judicial de amplo conhecimento público.

A *interpretação objetiva*, disciplinada originalmente no texto de 2002 do Código Civil, acolhe, para subsidiar a intenção das partes, somente o *princípio da boa-fé* e o *dos usos do lugar da celebração do contrato*[143].

Alarga-se, doravante, para que a *interpretação objetiva*, além desses dois *princípios*, atribua ao contrato o sentido que: a) for confirmado pelo comportamento das partes posterior à sua celebração; b) corresponder aos usos, costumes e práticas do mercado relacionados com o respectivo tipo contratual;

142 Cf. Lei n. 13.655, de 25 de abril de 2018.

143 Cf. art. 113.

c) for mais benéfico à parte que não redigiu o instrumento do contrato, tal como se possa provar; e d) corresponder ao que seria a razoável negociação das partes sobre a questão discutida, inferidas das demais disposições do contrato e da racionalidade econômica das partes, consideradas as informações disponíveis no momento de sua celebração.

Destaque-se, nesse novo paradigma, a *interpretatio contra proferentem*, expressa na regra da atribuição do sentido mais benéfico para a parte que não contribuiu com a redação do instrumento, portanto, contra aquele em cujo favor se tenha celebrado o contrato.

Essa regra demanda prova, porque aquele que fundamenta sua pretensão, em um contrato, deve provar qual era a intenção, para que se encontre o significado da cláusula que restou ambígua; por isso, a expressão legal *"se identificável"*.

A *contra proferentem* é um critério que os tribunais usam no caso dos contratos de adesão, *interpretando-os contra* quem redigiu o instrumento e em *favor* do aderente e, em regra, o critério pressupõe a ambiguidade de uma cláusula contratual e se limita ao âmbito das chamadas *condições gerais do contrato*.

Assim foi na Itália, com o Código de 1942[144], e na Alemanha, com a inclusão da Unklarheitenregel, uma regra de ambiguidade a serviço de um sistema complexo de proteção da parte hipossuficiente.

A opção brasileira, diferentemente, é de aplicação generalizada, o que exige um cuidado, uma precisão no seu uso porque, no fundo, o Código de Defesa do Consumidor já estabelece que as cláusulas contratuais serão interpretadas de maneira mais favorável ao consumidor, impregnando o contrato de interesses sociais, contrariamente à tradicional impregnação da liberdade de forma.

O certo seria esse novo paradigma conter-se nos limites da proteção de uma categoria de sujeitos, como a dos consumidores; mas a generalização adotada chega ao ponto de permitir às partes pactuarem, diversamente do que dispõe a lei, regras de interpretação de preenchimento de lacunas e de integração dos contratos, do que se conclui a transformação da natureza dessa lei em supletiva, salvo se o contrato for silente porque, então, ela será cogente[145].

Contratos paritários e simétricos

A Declaração de Direitos da Liberdade Econômica, na mesma linha do prestígio à proteção da *livre iniciativa* e ao *livre exercício da atividade*

144 Cf. art. 1.370 **Interpretazione contro l'autore della clausola**. – Le clausole inserite nelle condizioni generali del contratto o in moduli o formulari predisposti da uno dei contraenti s'interpretano, nel dubbio, a favore dell'altro.

145 Cf. Edvaldo Brito, "Nota de atualização", em conjunto com Reginalda Paranhos de Brito, da 28ª edição do livro *Contratos*, de Orlando Gomes, Rio de Janeiro, Forense, 2022, p. 216.

econômica, estabelece a *presunção* de *paridade* e *simetria* para os contratos civis e empresariais, até que se apresentem elementos concretos que justifiquem o afastamento dessa *presunção*, garantindo às partes a *autonomia* para estabelecer parâmetros de *interpretação objetiva* para cláusulas negociais, seus pressupostos de revisão, ou de resolução; alocação de riscos que as partes venham a definir, sendo que a revisão contratual somente ocorrerá de maneira excepcional.

Enfim, inspira-se no Direito italiano, que adota a intenção dos contratantes para determinar o sentido do negócio jurídico celebrado[146], quando estabelece que este sentido busca-se pela confirmação do comportamento das partes, posterior à celebração do negócio.

Além disso, prestigia, na identificação do significado, o sentido que corresponder: a) aos usos, costumes e práticas do mercado, respectivos ao tipo de negócio; b) à boa-fé; c) à razoável negociação das partes sobre a questão discutida, e consideradas as informações disponíveis no momento da formação do negócio; d) ao que for mais benéfico à parte que não redigiu o texto, se isto for identificável, reconduzindo, assim, a teoria da hipossuficiência.

A *presunção* da *paridade* e da *simetria* restaura grande extensão do *princípio da autonomia da vontade*, tão excepcionado no auge em que se encontra a sociedade dos chamados *contratos de massa*.

Este *princípio* contrapõe-se ao regime dos *contratos de adesão*[147].

O legislador, nesse novo modelo, disciplina a *igualdade* entre os sujeitos do contrato por considerá-los capazes de declarar vontade suscitando efeitos reconhecidos e tutelados pela ordem jurídica para fazerem nascer prerrogativas e deveres.

Cria por *presunção* – presunção legal – *relativa* porque admite prova em contrário ao dispor que ela se mantém até a presença de elementos concretos que justifiquem o seu afastamento.

É, assim, *juris tantum*, ou seja, válida até que afastada a *condição* em que se fundamenta.

Constata-se uma contradição porque, a cada momento da *massificação* contratual, veio identificando-se a vulnerabilidade de uma das partes no negócio, mesmo que fosse uma empresa, porque passível, esta, de integrar uma relação contratual na qualidade de compradora de produto ou de contratante de um serviço, fazendo-o na condição de *destinatária final*.

---

146 Cf. art 1.362 do Código Civil italiano: Na interpretação dos contratos deve-se indagar qual tenha sido a intenção comum das partes e não ficar limitado ao sentido literal das palavras. Para determinar a intenção comum das partes, deve-se avaliar o comportamento delas, no seu conjunto, mesmo posterior à conclusão do contrato.

147 Cf. Orlando Gomes, *Contratos de adesão*: condições gerais dos contratos, São Paulo, Editora Revista dos Tribunais, 1972.

O exercício abusivo de *posição dominante*, infringindo a ordem econômica, é frequente em setores econômicos altamente concentrados em poucos fornecedores.

A *assimetria*, então, é assente.

Aqui está a contradição porque, indistintamente, contratos civis e empresariais são submetidos à regra da *paridade* e *simetria*, regulados nas "Disposições Gerais" aplicadas a todos os contratos e a todas as relações obrigacionais, as quais são *fontes mediatas* da maior parte dos contratos.

A ressalva do legislador, que exclui os regimes jurídicos previstos em leis especiais e as garantias, a seguir listadas, comprova essa contradição revelada na inclusão das novas regras desses *contratos paritários*, os quais consistem em as partes encontrarem-se em *igualdade* de condições para discutirem os termos do ato negocial, fixando as cláusulas e condições contratuais, como se o mundo ainda estivesse no tempo em que era possível as partes sentarem-se para dialogar sobre o *conteúdo do contrato* e pudessem discutir vírgula e ponto e vírgula.

Essa possibilidade de fixação de cláusula e de condições já não existe, mesmo nas relações conhecidas como *interempresariais*.

Cresce de condenação esse novo regime, na medida em que ele prevê a *revisão* contratual como possível unicamente de maneira excepcional e limitada.

Ora, de qualquer contrato pode resultar a *onerosidade excessiva* da execução da prestação, que enseja a *revisão* e/ou a *resolução do contrato*, impossíveis de previsão por elaboração de parâmetros objetivos para a *interpretação* das cláusulas negociais e de seus pressupostos de *revisão* ou de *resolução*.

Por outro lado, tecnicamente, os *riscos* são os prejuízos que ocorrem nas hipóteses de *caso fortuito* e nas hipóteses de *força maior* (*acaso*), resultante de impossibilidade superveniente de cumprimento da *prestação*. É, no dizer de Trabucchi[148], o *perigo* no contrato.

Quando muito, esta situação jurídica permite que de modo abstrato e genérico venham a se prever *prejuízos* que sejam ocasionados por inadimplemento, além daqueles já estabelecidos pelo Código Civil[149].

Ora, é atecnia ou é baboseira de legislador assessorado pelas imposições econômicas?

As garantias, listadas nessa nova disciplina legal, são, por conseguinte: a) o estabelecimento, pelas partes negociantes, de parâmetros objetivos de *interpretação* das cláusulas negociais e de seus pressupostos de *revisão* ou de

148 Cf. Alberto Trabucchi, *Istituzioni di Diritto Civile*, 10. ed., Padova: Dott. Antonio Milani, 1957, p. 659.

149 Cf., por exemplo: arts. 492, §§ 1º e 2º, 494, 567, 575, 583, 613, 636, 642 do Código Civil.

resolução; b) respeito e observação, pelas partes, da alocação de riscos que elas tenham definido; e c) excepcionalidade e limitação da *revisão* contratual[150].

Seção IX – Regime jurídico da emergência

Regime jurídico da emergência no Direito Privado

O melhor exemplo deste regime jurídico da emergência está na conhecida Lei Faillot, de 21 de janeiro de 1918, publicada no *Journal Officiel de la République Française*, edição de 23 subsequente, estabelecendo um regime jurídico relativo às transações ainda a cumprir e a outros contratos comerciais concluídos antes da guerra mundial, no período iniciado em 1º de agosto de 1914, durante a guerra e até a expiração de uma moratória de três meses a partir do fim das hostilidades.

Essa lei francesa flexibilizava a rigidez da *pacta sunt servanda* do Código Napoleão.

O Código Civil brasileiro, na edição de 2002, estabelece um regime jurídico para essas situações de emergência, tal como se vê das normas que disciplinam os defeitos e a invalidade do negócio jurídico ou, mais especificamente, das regras do inadimplemento fortuito, inclusive cobrindo toda a teoria do risco, ou seja, a teoria dos prejuízos nas hipóteses do acaso, vale dizer, a "teoria do perigo do contrato".

Apesar disto, surgiu, especificamente por causa da pandemia, a lei que dispõe sobre o Regime Jurídico Emergencial e Transitório no campo do Direito Privado, a de n. 14.010, de 10 de junho de 2020.

Regime jurídico da emergência no Direito Tributário

Houve toda uma atuação legislativa, no plano federal, com algumas iniciativas do respectivo legislador, a qual serviria ao menos de exemplo para as outras entidades federadas, considerando a autonomia política. A União editou, de logo, a Instrução Normativa RFB n. 1930, de 1º de abril de 2020, com a qual postergou o prazo para apresentação da Declaração Anual do Imposto de Renda da Pessoa Física por 60 (sessenta) dias, bem assim do recolhimento do tributo devido; a prorrogação do prazo para pagamento da contribuição previdenciária patronal PIS/PASEP e da COFINS; prorrogação do cumprimento de várias obrigações acessórias como a entrega da EFD-Contribuições; entrega da Declaração de Débitos e Créditos Tributários Federais (DCTF); redução do IOF – imposto sobre operações de crédito, câmbio e seguro, ou relativas a Títulos ou Valores Mobiliários, incidente sobre operações financeiras, por 90 (noventa) dias.

---

150 Cf. Edvaldo Brito, "Nota de atualização", em conjunto com Reginalda Paranhos de Brito, da 28ª edição do livro *Contratos*, de Orlando Gomes, Rio de Janeiro, Forense, 2022, p. 42.

Tudo isto, estimada, na União, uma renúncia fiscal de R$ 7 bilhões.

Ora, nada de extraordinário, porque o Brasil é um Estado Democrático de Direito do desenvolvimento econômico para a realização do bem-estar social (arts. 1º e 3º da Constituição).

O Brasil é, sob o aspecto político, uma Federação solidarista, por isso o Preâmbulo da Constituição plasma o princípio da fraternidade, ao definir a sociedade brasileira como fraterna.

A Constituição estabelece, por isso, no plano financeiro, a distribuição das receitas tributárias, mediante os impostos de participação e os chamados fundos de participação dos Estados e de participação dos Municípios. Estabelece, também, as transferências voluntárias e compulsórias.

Ora, a alegação de que a receita do Estado ou a do Município cairia, por força da pandemia ou em consequência dela, pelas providências para preservar a capacidade contributiva, não se justificaria porque o Congresso Nacional, observado esse regime jurídico brasileiro das finanças públicas, editou norma de ajuda financeira da União a Estados e a Municípios, no valor de R$ 60 bilhões, por causa da pandemia.

Todos, enfim, estavam se compatibilizando com essa situação de pandemia.

Assegurado, assim, o equilíbrio financeiro, conforme o previsto nesse respectivo regime jurídico disciplinador da situação financeira, cumpre examinar a seguir o regime jurídico de natureza tributária para essa situação de emergência.

O primado da Constituição em matéria tributária é lição que Geraldo Ataliba legou-nos a nós os seus contemporâneos e a quantos o sucedem, a partir dos debates nas aulas do Curso de Especialização em Direito Tributário, no ano de 1975, na PUC-São Paulo.

Portanto, é na disciplina constitucional da tributação que se encontra o fundamento de validez para ela na situação de emergência.

Começa pela proteção do sujeito passivo da relação jurídica tributária, que está no Estatuto do Contribuinte ao qual se submete a exigência coativa das prestações, a serem cumpridas pelo particular em favor da coletividade, através da entidade pública a que está outorgada a competência tributária.

A tributação é um fenômeno porque é um acontecimento observado pelos seres humanos, cuja essência somente se encontra na interação do cérebro e da mente com o mundo exterior. Os fenômenos constituem o mundo como nós o experimentamos.

Pois bem: a tributação é um fenômeno social. Não saiu da cabeça de Minerva, a deusa da sabedoria, mas da experiência da vida em grupo, porque o homem é um animal com instinto gregário.

A Antropologia – ciência que estuda as peculiaridades do ser humano – explica esse fenômeno social, através dos chamados excedentes sociais trocados diretamente entre as pessoas na sociedade primitiva no seu estágio de sociedade camponesa; ou nas transferências desses excedentes sociais para as mãos de um grupo dominante, constituído pelos que governavam e eram utilizados para assegurar o próprio nível de vida, distribuindo-se o restante entre os grupos da sociedade que deveriam ser alimentados. Esses excedentes sociais constituíam fundos, como, por exemplo, o fundo cerimonial.

Então, em que consiste a tributação? Tributação é uma técnica de transferência do patrimônio do particular – como se fosse um excedente – para o patrimônio da coletividade.

Essa técnica tem origem no mecanismo de transferência dos excedentes sociais para as mãos de um grupo dominante, hoje constituído pelos que governam, excedentes utilizados também para assegurar o próprio nível de vida e para distribuir o restante entre os grupos da sociedade que devem ser alimentados. Significa que parcela de todo o patrimônio do particular, quando este o adquire, pertence à coletividade.

Conclusões

A necessária função conformadora do Estado, manifestada pela modificação autoritária da ordem social e pela participação ativa estatal na vida social, decorreu da inarredável intervenção no domínio econômico para restabelecer o seu equilíbrio abalado pelo liberalismo.

Essa intervenção deu azo ao surgimento do Estado social e se processou de formas diferentes, resumidas nas seguintes circunstâncias: ou o Estado esvaziou ou suprimiu o conteúdo das liberdades individuais (Estado social radical) ou o Estado, ao contrário, intervém para assegurar a liberdade econômica, oferecendo garantias e outorgando direitos sociais ao indivíduo (Estado social moderado).

Este último tem se incumbido, no campo social, de atenuar os desequilíbrios e os desajustamentos decorrentes das oscilações da vida econômica pela dúplice iniciativa promocional do bem-estar social e do desenvolvimento econômico.

Temas de conteúdo variável, estes dois exigem identificação no tempo e no espaço para se precisar em que perspectiva estão se processando, mas podem ser submetidos como o fizemos a uma análise generalizante diante das tendências em que se direcionam, a fim de, afinal, caracterizá-los dentro do quadro brasileiro.

Porém, toda a temática foi colocada para buscar os aspectos jurídicos que lhe adornam, procurando demonstrar as recíprocas influências que há entre as mudanças nas técnicas de atuação do Estado no domínio econômico e a evolução do Direito.

A ordem jurídica sofre os reflexos das mutações, mas, em um processo de retroalimentação, conforma-as, agindo como instrumento necessário à realização delas. Certo que há uma tendência para exagerar esta função instrumental do Direito, cabendo ao jurista podá-la sem a imprudência de tentar reconduzir a realidade jurídica a modelo incompatível com os novos tempos.

Nessa linha de raciocínio, fizemos desfilar, diante das novas técnicas de ação do Estado social moderado, as novas figuras jurídicas, inclusive as surgidas no Brasil consequentes de numerosos diplomas legais que introduziram mecanismos jurídicos antes desconhecidos para regular elementos decisivos para a política de bem-estar social e de desenvolvimento econômico, quais sejam o planejamento, a poupança e o equilíbrio da autonomia das unidades federadas, quando a forma de Estado é a federação e o regime de governo é a democracia.

E se o planejamento da política estatal da iniciativa dualista objetiva eficácia, não se poderá descurar dos desníveis entre as diversas regiões, tendo como escopo evitar que se cultivem tais diferenças sob pena de ocorrer o desequilíbrio regional prejudicial à plenitude dos fins visados pela política adotada.

No campo institucional é necessário admitir uma diversificação no ordenamento jurídico de modo que, regrando desigualmente os fatos ocorridos em áreas desiguais, possa ser atingida a igualdade essencial ao sucesso da política.

Se é verdade que as normas jurídicas podem ser causa de aceleração ou de atraso do desenvolvimento, certo será que, na medida em que se desajustam com a realidade, fatalmente serão impedimentos para o progresso almejado. Entre nós, reafirmamos, aqui, ser impossível submeter os dois Brasis ao mesmo sistema institucional na consecução da política de bem-estar e de desenvolvimento, tanto que todas as novas técnicas introduzidas pela Lei do Mercado de Capitais ou não medraram no Nordeste ou têm dificuldades de ver adaptada a região a elas.

Afinal, vale a advertência de que "o fenômeno econômico, apesar de suas mutações, ou em razão delas mesmas, inspira e modela, em grande parte, a formação das normas jurídicas e lhes demarca a exegese e a eficácia", logo as regiões econômicas diferentes não comportam normas jurídicas iguais pela incompatibilidade daquela que não as inspirou ou modelou.

Por isso, o Brasil, apesar de ter modelado seus sistemas tributário e fiscal à política do bem-estar social e do desenvolvimento econômico, tem se debatido em relação ao Nordeste pela dificuldade de fazê-lo absorver técnicas modeladas e inspiradas pela realidade econômica dos centros de decisão do País.

Enfim, pela influência exercida em todos os setores sociais por meio da política de poupança compulsória instrumentalizada na tributação, concluímos pela vinculação entre o desenvolvimento econômico e os sistemas tributário e fiscal.

Bibliografia

ALCAZAR, Mariano Baena del. *Régimen jurídico de la intervención administrativa en la economía*. Madrid: Tecnos, 1966. 398p.

ALESSI, Renato. *Instituciones de derecho administrativo*. Barcelona: Bosch, 1970.

ALMEIDA, Candido Antonio Mendes de. *Perspectiva atual da América Latina*. Rio de Janeiro: MEC/ISEB, 1959. 48p.

ASCARELLI, Tullio. *Problemas das sociedades anônimas e direito comparado*. 2. ed. São Paulo: Saraiva, 1969.

ATAIDE, Augusto de. *Elementos para um curso de direito administrativo da economia*. Lisboa: Ministério das Finanças, 1970. 250p.

ATALIBA, Geraldo. Contribuições. *Temas para uma nova estrutura tributária no Brasil*. I Congresso Brasileiro de Direito Financeiro. São Paulo: Mapa Fiscal Editora, 1978.

ATALIBA, Geraldo. *Sistema constitucional tributário brasileiro*. São Paulo: RT, 1968.

AZEVEDO, Antonio Junqueira de. *Negócio jurídico e declaração negocial*. Tese de Cátedra, Universidade de São Paulo. São Paulo: [s.n.], 1986.

BALEEIRO, Aliomar. Da competência tributária. In: *Curso sobre teoria do direito tributário*. São Paulo: Secretaria da Fazenda do Estado de São Paulo, 1975.

BALEEIRO, Aliomar. *Uma introdução à ciência das finanças*. 12. ed. Rio de Janeiro: Forense, 1978. 517p.

BALEEIRO, Aliomar. *Uma introdução à ciência das finanças*. 2. ed. revista e aumentada. Rio de Janeiro. Forense, 1958. v. II.

BALEEIRO, Aliomar. *Cinco aulas de finanças e política fiscal*. 2. ed. São Paulo: Bushatsky, 1975. 150p.

BALEEIRO, Aliomar. *O direito tributário da Constituição*. Rio de Janeiro: Edições Financeiras, 1959. 202p.

BALEEIRO, Aliomar. *Limitações constitucionais ao poder de tributar*. 5. ed. Rio de Janeiro: Forense, 1977. 420p.

BARBIERI FILHO, Carlos. *Disciplina jurídica da concorrência* – abuso do poder econômico. São Paulo: Resenha Tributária, 1984.

BARBOSA, Ruy. *Comentários à Constituição Federal brasileira*. São Paulo: Saraiva, 1933. v. II.

BARRÈRE, Alain. *Institutions financières*. Paris: Dalloz, 1972. 578p.

BELTRAME, Pierre. *Os sistemas fiscais*. Trad. J. L. da Cruz Vilaça. Coimbra: Almedina, 1976. 216p.

BILAC PINTO. Regulamentação efetiva dos serviços de utilidade pública. 2. ed. atualizada por Alexandre Santos de Aragão. Rio de Janeiro: Forense, 2002.

BILAC PINTO. A crise da ciência das finanças – os limites do poder fiscal do Estado – uma nova doutrina sobre a inconstitucionalidade das leis fiscais. *Revista Forense*, n. 82, jun. 1940.

BOBBIO, Norberto. *A era dos direitos*. Trad. Carlos Nelson Coutinho. Rio de Janeiro: Campus, 1992.

BONIFAZ, Beatriz Dolores Chapoy. *El régimen financiero del Estado en las constituciones latinoamericanas*. México: UNAM, 1973. 69p.

BRACHET, Bernard. *Manuel de droit fiscal*. Paris: LGDJ, 1972. 229p.

BRANCO, Nelson de Azevedo; BARRETO, Celso Albuquerque. *Repressão ao abuso do poder econômico (lei antitruste)*. São Paulo: Atlas, [s.d.].

BRASIL. *Comissão de Reforma do Ministério da Fazenda*. Reforma Tributária Nacional. Publicação n. 17. Rio de Janeiro: Fundação Getulio Vargas, 1966.

BRITO, Edvaldo. *A teoria do contrato e o contrato com pessoa a declarar no projeto de Código Civil*. Tese apresentada ao concurso para professor titular de direito civil, na Faculdade de Direito da Universidade de São Paulo – USP. São Paulo, 2001.

BRITO, Edvaldo. O Sistema Financeiro Nacional. In: *A Constituição Brasileira 1988:* interpretações. 2. ed. Rio de Janeiro: Forense Universitária, 1988. p. 393-404.

BRITO, Edvaldo. Problemas jurídicos da contribuição para o fundo PIS. In: *Contribuições especiais para o PIS/PASEP*. São Paulo: Resenha Tributária, 1977 (Cadernos de Pesquisa Tributária n. 2).

BRITO, Edvaldo. *Problemas jurídicos do ICM*. Salvador: LJF, 1974. 106p.

BRITO, Edvaldo. *Reflexos jurídicos da atuação do Estado no domínio econômico*. 2 ed. São Paulo: Saraiva, 2016. 264p.

BRITO, Edvaldo. As novas regras dos precatórios. Interfaces tributárias. In: MARTINS, Ives Gandra da Silva; MEYER-PFLUG, Samantha Ribeiro (Coord.). *A intervenção do Estado no domínio econômico:* condições e limites. São Paulo: LTr, 2011. p. 363-384.

BRITO, Edvaldo. *Limites da revisão constitucional*. Porto Alegre: Sergio Antonio Fabris, 1993.

BRITO, Edvaldo. *Contribuições sociais e econômicas:* natureza jurídica e prescrição. São Paulo: Resenha Tributária, 1976. 28p. (Apresentado na 2ª Reunião Regional Latino-Americana de Direito Tributário, 1976).

BRITO, Edvaldo. *Direito tributário*: imposto, tributos sinalagmáticos, contribuições, preços e tarifas, em préstimos compulsórios. São Paulo: Atlas, 2015.

BRITO, Edvaldo. *Direito Tributário e Constituição*: estudos e pareceres. São Paulo: Atlas, 2016. 1.144p.

BRITO, Edvaldo. É necessária uma reforma tributária para o Nordeste. In: *A desconcentração econômica do Brasil:* Norte/Nordeste. São Paulo: Resenha Universitária, 1978.

CABRAL, Pedro Manso. *Discriminação de rendas.* Salvador: Progresso, 1960. 104p.

CAMPOS, Roberto. Arrancada e colapso – a peripécia dos países em desenvolvimento. In: *A nova economia brasileira.* Rio de Janeiro: José Olympio, 1974.

CANOTILHO, José Joaquim Gomes. *Direito constitucional.* 4. ed. Coimbra: Livraria Almedina, 1987.

CARVALHO, Paulo de Barros. *Dificuldades jurídicas emergentes da adoção dos chamados "tributos fixos".* São Paulo: Resenha Tributária, 1975. 30p. (Trabalho apresentado no 2º Congresso Interamericano de Direito Tributário, 1975).

CARVALHOSA, Modesto Souza Barros. *Direito econômico.* São Paulo: Revista dos Tribunais, 1973.

CASASANTA, Simão Pedro. *Ação fiscal e desenvolvimento econômico.* Belo Horizonte: Univ. Minas Gerais, 1962. 183p.

CESARINO JR., A. F. *Direito social brasileiro.* São Paulo: Saraiva, 1979. v. I.

CHANDERNAGOR, André. *Un parlement pour quoi faire?* Paris: Gallimard, 1967.

CHENOT, Bernard. *Organisation économique de l'État.* Paris: Dalloz, 1951. 528p.

COBOS, J. A. de Cienfuegos. *Curso de economía política.* Madrid: Reus, 1955.

COSSIO, Carlos. *La Teoria Egologica del Derecho* y el concepto juridico de libertad. 2 ed. Buenos Aires: Abeledo-Perrot, 1964. 821p.

CUNLIFFE, Marcus. *Propriedade liberdade e o Estado. Diálogo.* Trad. Waldir Ribeiro do Val. Rio de Janeiro: 4(11), 1978.

DALTON, Hugh. *Princípios de finanças públicas.* Trad. Maria de Lourdes Modiano. Rio de Janeiro: Fundação Getulio Vargas, 1960. 316p.

DEODATO, Alberto. *Manual de ciências das finanças.* 8. ed. São Paulo: Saraiva, 1963. 412p.

DIAZ, Carlos Otero. *Una investigación sobre la influencia de la economía en el derecho.* Madrid: Instituto de Estudios Políticos, 1966. 141p.

DÓRIA, Antonio Roberto Sampaio. *Discriminação de rendas tributárias.* São Paulo: Bushatsky, 1972. 217p.

DUVERGER, Maurice. *Institutions financières.* Paris: PUF, 1957. 440p.

EIZIRICK, Nelson. *O Poder Judiciário e a jurisprudência sobre sociedades anônimas e instituições financeiras.* Rio de Janeiro: IBMEC, 1980.

ERDMAN, Paul E. *A crise de 79*. Trad. Milton Persson. Rio de Janeiro: Nova Fronteira, 1976. 334p.

EUROPA. Leis. *Code Européen de la Concurrence*. 2. ed. Paris: Saraiva, 1996.

FAGUNDES, M. Seabra. Novas perspectivas do federalismo brasileiro. *Revista de Direito Público* 3(10):7-8, out./dez. 1969.

FALCÃO, Amilcar de Araújo. *Sistema tributário brasileiro discriminação de rendas*. Rio de Janeiro: Edições Financeiras, 1965. 156p.

FALLA, Fernando Garrido. *Tratado de derecho administrativo*. 5. ed. Madrid Instituto de Estudios Políticos, 1974.

FALSEA, Angelo. Efficacia giuridica. In: *Voci di teoria generale del diritto*. Milano: Giuffrè, 1976.

FANUCCHI, Fábio. *Curso de direito tributário brasileiro*. 3. ed. São Paulo: Resenha Tributária/MEC, 1975.

FARIA, Sylvio Santos. *Iniciação financeira*. Salvador: Univ. da Bahia, 1958.

FARIA, Sylvio Santos. *Problemas jurídicos e econômicos da tributação*. Salvador: Artes Gráficas, 1958. 180p.

FARIA, Sylvio Santos. A intervenção do Estado no domínio econômico. *Legislação e Jurisprudência Fiscal – Uma Revista da Bahia*, ano 21, 1977.

FARJAT, Gerard. *Droit économique*. Deuxième édition refondue. Paris: Presses Universitaires de France, 1982.

FERNANDEZ, Alberto Vicente. *Función creadora del juez*. Buenos Aires: Abeledo-Perrot, 1980.

FERREIRA FILHO, Manoel Gonçalves. *Comentários à Constituição brasileira*. São Paulo: Saraiva, 1975.

FERREIRA FILHO, Manoel Gonçalves. *Curso de direito constitucional*. 4. ed. São Paulo: Saraiva, 1973.

FERREIRA FILHO, Manoel Gonçalves. *A democracia possível*. São Paulo: Saraiva, 1972.

FERREIRA, Geraldo Sobral. O sistema bancário. Juros. Problemas legais. In: *Revereor* – Estudos jurídicos em homenagem à Faculdade de Direito da Bahia. São Paulo: Saraiva, 1981.

FORSTHOFF, Ernst. *Tratado de derecho administrativo*. Madrid: Instituto de Estudios Políticos, 1958. 768p.

FRAY, Luigi. *Desenvolvimento econômico e estrutura do mercado financeiro*. Trad. Affonso Blacheyre. Rio de Janeiro: Zahar, 1961. 258p.

FREITAS, Augusto Teixeira de. *Vocabulário jurídico*. São Paulo: Saraiva, 1983. t. I.

GAMA, Afonso Dionysio. *Theoria e prática dos contractos por instrumento particular no direito brasileiro*. Rio de Janeiro: Freitas Bastos, 1935. 604p.

GANNAGÉ, Élias. *Financement du développement*. Paris: PUF, 1969. 212p.

GIARDINA, Emilio. *Le basi teoriche del principio della capacità contributiva*. Milano: Giuffrè, 1961. 469p.

GOMES, Orlando. *Contratos*. Atualizadores Edvaldo Brito [Coordenador] e Reginalda Paranhos de Brito. 28. ed. Rio de Janeiro: Forense, 2022. 541p.

GOMES, Orlando. *Direito e desenvolvimento*. 2 ed. ver. e atual. por Edvaldo Brito. Rio de Janeiro: GZ Editora, 2022. 124p.

GOMES, Orlando. *Direito econômico e outros ensaios*. Salvador: Distr. Salvador, 1975. 129p.

GOMES, Orlando. *Direito privado* (novos aspectos). Rio de Janeiro: Freitas Bastos, 1961.

GOMES, Orlando. Influência do direito público sobre o direito privado. In: *Fórum*, 1955. v. 5.

GOMES, Orlando. *A crise do direito*. São Paulo: Max Limonad, 1955.

GOMES, Orlando. *Responsabilidade civil*. Texto revisado, atualizado e ampliado, de acordo com o Código Civil de 2002 por Edvaldo Brito. Rio de Janeiro: Forense, 2010.

GOMES, Orlando. *Obrigações*. 19. ed. atualizador Edvaldo Brito. Rio de Janeiro: Forense, 2019. 288p.

GOMES, Orlando. Prática eventual de atos próprios das instituições financeiras. *Legislação e Jurisprudência Fiscal – Uma Revista da Bahia*, 10:1, ano 11, out. 1967.

GOMES, Orlando. Procedimento jurídico do Estado intervencionista. *Revista da Procuradoria Geral do Estado de São Paulo* (7):19-32, dez. 1975.

GOMES, Orlando. *Questões mais recentes de direito privado*. São Paulo: Saraiva, 1988.

GOTTSCHALK, Egon Felix. Conclusões e recomendações sobre o programa de integração. *Revista Problemas Brasileiros*, São Paulo: SENAC, ano 8, n. 86, p. 48-51, 1970.

GRAU, Eros Roberto. *Planejamento econômico e regra jurídica*. São Paulo: RT, 1977. 152p.

GRESSAYE, Brethe de La; LABORDE-LACOSTE, Marcel. *Introduction générale a l'etude du droit*. Paris: Librairie du Recueil Sirey, 1947.

GRIZIOTTI, Benvenuto. *Principios de política, derecho y ciencia de la hacienda*. Madrid: Reus, 1958. 543p.

GUITTON, Henri. *Economia política*. Tradução, apresentação e notas do Prof. Oscar Dias Corrêa. Rio de Janeiro: Editora Fundo de Cultura, 1960. v. III.

JACQUEMIN, Alex; SCHRANS, Guy. *O direito económico*. Trad. Manuel Campos e Alexandre de Freitas. Lisboa: Editorial Vega, [s.d.].

KELSEN, Hans. *Teoria pura do direito*. Trad. João Baptista Machado. 3. ed. Coimbra: Armênio Amado, 1974.

KRANZBERG, Melvin. Tecnologia e valores humanos. *Diálogo*. Trad. Waldir Ribeiro do Val. Rio de Janeiro: 4(11), 1978.

LACOSTE, Yves. *Os países subdesenvolvidos*. 9. ed. São Paulo: Difusão Europeia do Livro, 1974. 127p.

LAJUGIE, Joseph. *Os sistemas econômicos*. 2. ed. São Paulo: Difusão Europeia do Livro, 1965. 134p.

LEÃO XIII. *Sobre a condição dos operários*. 4. ed. Rio de Janeiro: Vozes, 1954 (Encíclica "Rerum Novarum").

LEWIS, W. Arthur. *A teoria do desenvolvimento econômico*. Trad. Alfredo Moutinho dos Reis e Olavo Miranda. Rio de Janeiro: Zahar, 1960. 584p.

LIMA SOBRINHO, Barbosa. *As transformações da compra e venda*. Rio de Janeiro: Borsoi, [s.d.], 261p.

LIMA, Ruy Cirne. *Princípios de direito administrativo*. Porto Alegre: Globo, 1939. 815p.

MAC IVER, Robert M. *A democracia e os problemas econômicos*. Trad. Octavio Alves Velho. Rio de Janeiro: Civilização Brasileira, 1955. 142p.

MAGALHÃES, Agamenon. *Abuso do poder econômico*. Recife: Folha da Manhã, 1949.

MAGANO, Octávio Bueno. *Introdução ao direito econômico*. São Paulo: Editora Juriscrédi Ltda., [s.d.].

MARINHO, Josaphat. *Compatibilidade do orçamento cíclico e da planificação com a Constituição de 1946*. Salvador: Artes Gráficas, 1950. 44p.

MARINHO, Josaphat. *Poderes remanescentes na Federação brasileira*. Bahia: Artes Gráficas, 1954. 72p.

MARTINS, Ives Gandra da Silva. Tributação sobre solo criado e as prefeituras do Norte. In: COLASSUONO, Miguel (Coord.). *A desconcentração econômica no Brasil*: Norte/Nordeste. São Paulo: Resenha Universitária, 1978. (Estudos sobre o Amanhã, Caderno n. 3).

MASCARENHAS, Augusto da Silveira. *Os programas de desenvolvimento comunitário*. Salvador: Universidade da Bahia, 1978.

MATEO, Martín R.; SOSA, Wagner F. *Derecho administrativo económico*. Madrid: Ed. Pirámides, 1974. 285p.

MAYNARD, Geoffrey. *Desenvolvimento inflação e preços*. Trad. Luciano Miral. Rio de Janeiro: Zahar, 1963. 316p.

MEIRELLES, Hely Lopes. *Direito administrativo brasileiro*. . 37 ed. atualizada por Eurico de Andrade Azevedo, et al. São Paulo: Malheiros Editores, 2011.

MELLO, Celso Antonio Bandeira de. *Prestação de serviços públicos e administração indireta*. 2. ed. São Paulo: Revista dos Tribunais, 1979. 182p.

MELLO, Celso Antonio Bandeira de. *Natureza e regime jurídico das autarquias*. São Paulo, 1967.

MESSINEO, Francesco. *Manuale di diritto civile e commerciale*. 9. ed. Milano: Giuffrè, 1957.

MICHELI, Gian Antonio. *Curso de direito tributário*. Trad. Marco Aurélio Greco e Pedro Luciano Merrey Jr. São Paulo: Revista dos Tribunais, 1978.

MINAHIM, Maria Auxiliadora. *Autonomia e frustração da tutela penal*. São Paulo: Saraiva, 2015.

MISES, Ludwig Von. *Uma crítica ao intervencionismo*. Trad. Arlette Franco. Edição do Instituto Liberal e de Editorial Nórdica Ltda., Rio, 1977.

MOOJEN, Guilherme. *Orçamento público*. Rio de Janeiro: Edições Financeiras, 1959. 351p.

MORAES, Bernardo Ribeiro de. Sistema tributário da Constituição de 1969. In: *Curso de direito tributário*. São Paulo: Revista dos Tribunais, 1973. 532p.

MOREIRA, Vital. *Economia e Constituição para o conceito de Constituição econômica*. Coimbra, Faculdade de Direito, 1971. 180p.

MORSELLI, Emanuele. *Curso de ciência das finanças públicas*. Trad. Elza Meschick. Rio de Janeiro: Edições Financeiras, 1959. 119p.

MOSCHETTI, Francesco. *Il principio della capacità contributiva*. Padova: CEDAM, 1973.

MUSGRAVE, Richard Abel. *Problemas jurídicos do ICM*. Salvador: LJF, 1974.

NEUMARK, Fritz. *Problemas económicos y financieros del Estado intervencionista*. Madrid: Editorial de Derecho Financiero, 1964. 473p.

NEUMARK, Fritz. *Principios de la imposición*. Trad. José Zamit Ferrer. Madrid: Instituto de Estudios Fiscales, 1974. 476p.

NEVIN, Edward. *O capital nos países subdesenvolvidos*. Rio de Janeiro: Fundo de Cultura, 1964. 142p.

NUNES, Castro. *Da Fazenda Pública em juízo*. 2 ed. Rio de Janeiro: Freitas Bastos, 1960.

NURKSE, Ragnar. *Problemas de formação de capital em países subdesenvolvidos*. Rio de Janeiro: Civilização Brasileira, 1957.

NUSSBAUM, Arthur. *Teoría jurídica del dinero*. Trad. Luis Sancho Seral. Madrid Librería General de Victoriano Suárez, 1929.

OLIVEIRA, Julio H. G. *Derecho económico* – conceptos y problemas fundamentales. 2. ed. Buenos Aires: Ediciones Macchi, 1981.

OLIVEIRA, Régis Fernandes de; BELTRAME, José Alonso; STOCO, Rui. *O procedimento na cobrança da dívida ativa da Fazenda Pública:* (Lei n. 6.830, de 22 de setembro de 1980). São Paulo: Revista dos Tribunais, 1981.

PACHECO, José da Silva. *Comentários à Nova Lei de Execução Fiscal:* Lei n. 6.830, de 22-9-1980. São Paulo: Saraiva, 1981.

PAGE, Henri de. *Traité élémentaire de droit civil belge*. Tome troisième. Deuxième édition. Bruxelles: Établissements Émile Bruylant, 1950.

PAJISTE, Bernard. *Investimentos*. 2. ed. Rio de Janeiro: Edições Financeiras, 1958.

PANTALEONI, Maffeo. *Teoria della traslazione dei tributi*. Milano: Giuffrè, 1958. 371p.

PEDRÃO, Fernando Cardoso. *Breve curso de desenvolvimento econômico*. Salvador: Universidade da Bahia, 1959. 137p.

PESSOA, A. Aspectos jurídico-institucionais do uso do solo urbano. *Revista de Administração Pública*, Rio de Janeiro, v. 12, n. 2, 1978. p. 58.

PINA, Rolando E. *Cláusulas constitucionales operativas y programáticas:* ley fundamental de la República Federal de Alemania. Buenos Aires: Astrea, 1973. 24p. e ss.

POLÍTICA de desenvolvimento para a América Latina: Brasil. Trad. Raul Monteiro. Rio de Janeiro: Presença, 1968.

RANGEL, Ignácio. *Desenvolvimento e projeto.* Separata da Revisa da Faculdade de Ciências Econômicas da Universidade de Minas Gerais, Belo Horizonte: (9), 1957. 173p.

RANGEL, Ignácio. *Introdução ao estudo do desenvolvimento econômico brasileiro.* Salvador: Universidade da Bahia, 1957. 125p.

RECKTENWALD, Horst Claus. *Teoría de la traslación de los impuestos.* Trad. Pedro Moles Roca. 2. ed. Madrid: Editorial de Derecho Financiero, 1970. 221p.

REINO, E. Gómez. *Curso de derecho administrativo económico.* Madrid: Instituto de Estudios de Administración Local, 1970.

RIBEIRO, C. J. de Assis. *Financiamento de obras públicas.* Rio de Janeiro: Edições Financeiras, 1956. 259p.

RIVERO, Jean. *Droit administratif.* 5. ed. Paris: Dalloz, 1971.

RUFFIA, Paolo Biscaretti di. *Direito constitucional (Instituições de direito público).* Trad. Maria Helena Diniz. Revisão de Ricardo Olivo. São Paulo: Revista dos Tribunais, 1984.

SAMPAIO, Nelson. *Perfil sesquicentenário.* Separata da *Universitas.* Salvador: n. 14, jan./abr. 1973.

SANTI ROMANO. *Princípios de direito constitucional geral.* Tradução de Maria Helena Diniz. São Paulo: Revista dos Tribunais, 1977.

SANTOS BRIZ, J. *Derecho económico y derecho civil.* Madrid: Revista de Derecho Privado, 1963.

SANTOS, Gérson Pereira dos. *Direito penal econômico.* São Paulo: Saraiva, 1981.

SAVATIER, René. *Du droit civil au droit public.* 2. ed. Paris: LGDJ, 1950. 180p.

SCANTIMBURGO, João de. *Ilusões e desilusões do desenvolvimento.* São Paulo: Comercial, 1976. 616p.

SCHMOLDERS, Gunter; DUBERGÉ, Jean. *Problemas de psicología financiera.* Trad. José María Martín Oviedo. Madrid: Editorial de Derecho Financiero, 1965. 433p.

SCHUMACHER, E. F. *O negócio é ser pequeno; um estudo de economia que leva em conta as pessoas.* Rio de Janeiro: Zahar, 1977.

SCHUMPETER, Joseph A. *Teoría del desenvolvimiento económico.* México: Fondo de Cultura Económica, 1911. 63p.

SILVA, Fernando Antonio Rezende da. *O imposto sobre a renda e a justiça fiscal.* Rio de Janeiro: IPEA/INPES, l 7. 115p.

SILVEIRA, Delfim M. *Orçamento e planificação*. Porto Alegre: Sulina, 1960. 337p.

SIMONSEN, Mario Henrique et al. O modelo brasileiro de desenvolvimento. In: *Ensaios econômicos*. Rio de Janeiro: Fundação Getulio Vargas/Ed. Expressão e Cultura, 1974. 206p.

SMITH, Adam. *Investigación sobre la naturaleza y causas de la riqueza de las naciones*. Trad. Gabriel Franco. Sexta reimpresión. México: Fondo de Cultura Económica, 1990.

SODRÉ, Nelson Werneck. *Raízes históricas do nacionalismo brasileiro*. Rio de Janeiro: MEC/ISEB, 1959.

SOUSA, Rubens Gomes de. *Comentários ao Código Tributário Nacional*. São Paulo: Revista dos Tribunais/EDUC, 1975.

SOUSA, Rubens Gomes de. *Compêndio de legislação tributária*. São Paulo: IBET/Resenha Tributária, 1975.

SOUZA, Carlos Inglez de. *A anarchia monetaria e suas consequencias*. São Paulo: Monteiro Lobato & Cia. Editores, 1924.

STONE, Donald. O planejamento como processo de administração. *Revista do Serviço Público*, Rio de Janeiro: DASP, nov. 1942.

TALLEDA, Héctor Adolfo Schuldreich. *Derecho administrativo y legislación fiscal*. Buenos Aires: Editorial Ergorni, 1970.

TEMER, Michel. *Elementos de direito constitucional*. 3. ed. São Paulo: Revista dos Tribunais, 1985.

TRABUCCHI, Alberto. *Istituzioni di Diritto Civile*. 10. ed. Padova: Dott. Antonio Milani, 1957. 659p.

TRAGTENBERG, Maurício. *Planificação:* desafio do século XX. São Paulo: Senzala, 1967. 168p.

UMBREIT; HUNT; KINTER. *Economia, princípios e problemas*. Trad. Diógenes Machado e Leopoldo Fontenele. Rio de Janeiro: Fundo de Cultura, 1962.

VARELA, J. M. Antunes. *Direito das obrigações*. Rio de Janeiro: Forense, 1977. 383p.

VIDIGAL, Geraldo. *Fundamentos do direito financeiro*. São Paulo: Revista dos Tribunais, 1973.

WALD, Arnoldo. *A cláusula de escala móvel* – um meio de defesa contra a depreciação monetária. 2. ed. Rio de Janeiro: Editora Nacional de Direito, 1959.

WILHEIM, Jorge. *Planejamento para o desenvolvimento*. São Paulo: Secretaria de Economia e Planejamento, 1978. 220p.

Índice alfabético e remissivo

C

D